GTB
Gütersloher Taschenbücher
1442

Roland H. Bainton

Frauen der Reformation

Von Katharina von Bora bis Anna Zwingli
10 Porträts

*Aus dem Englischen übersetzt
und bearbeitet von Marion Obitz*

Gütersloher Verlagshaus

Deutsche Erstausgabe

Der Band basiert auf Teil I der englischen Originalausgabe »Roland H. Bainton, Women of the Reformation in Germany and Italy«, © Augsburg Fortress, Minneapolis. *1941 erschienen*

Die Deutsche Bibliothek – CIP-Einheitsaufnahme

Bainton, Roland H.:
Frauen der Reformation: von Katharina von Bora bis Anna Zwingli; 10 Porträts / Roland H. Bainton.
Aus dem Engl. übers. und bearb. von Marion Obitz. –
Dt. Erstausg., 3., durchges. Aufl. –
Gütersloh : Gütersloher Verl.-Haus, 1996
     (Gütersloher Taschenbücher; 1442)
     ISBN 3-579-01442-0
NE: Obitz, Marion [Bearb.]; GT

ISBN 3-579-01442-0
3., durchgesehene Auflage, 1996
© der deutschen Erstausgabe: Gütersloher Verlagshaus, Gütersloh 1995

Umschlaggestaltung: Dieter Rehder, Aachen, unter Verwendung je eines Porträts von *Katharina von Bora,* © Archiv für Kunst und Geschichte, Berlin, sowie von *Wibrandis Rosenblatt* und *Anna Zwingli* (Verlagsarchiv).
Satz: Weserdruckerei Rolf Oesselmann GmbH, Stolzenau
Druck und Bindung: Clausen & Bosse, Leck
Gedruckt auf chlorfrei gebleichtem Werkdruckpapier
Printed in Germany

Inhalt

Vorwort des Verfassers

I.

In diesem Buch werden kurze biographische Porträts von Frauen vorgestellt, die in der protestantischen Reformbewegung des frühen 16. Jahrhunderts eine herausragende Rolle gespielt haben.

Mehrere Gründe haben mich zu dieser Arbeit bewogen. Zum ersten war ich schon immer an Menschen und Gruppen interessiert, denen man die ihnen gebührende Aufmerksamkeit vorenthalten hat. Deshalb habe ich meine frühen Studien jenen Gruppen in der Reformation gewidmet, die man als Häretiker oder Ketzer bezeichnet hat und die von katholischer wie von protestantischer Seite verfolgt wurden.

Mein zweites Anliegen war es, zu beobachten, auf welchen Wegen sich die Reformbewegung ausbreitete. Frauen stellten und stellen die Hälfte der Bevölkerung dar. Hätten sie damals die Reformation abgelehnt, so wäre das ohne jeden Zweifel deren Ende gewesen.

Mein drittes Interesse besteht darin, genauer wahrzunehmen und einzuschätzen, welche Wirkung die Reformation auf die soziale Ordnung hatte. Mir liegt daran, die charakteristischen Merkmale der Familie und die Funktion und Bedeutung der Frauen in Gesellschaft und Kirche zu sehen und zu beschreiben.

Nach meinem Urteil hat die Reformation stärker in den Bereich der Familie hineingewirkt als etwa in den politischen oder wirtschaftlichen Bereich. Die Reformation beendete weder die Machtkämpfe des ausgehenden Mittelalters noch konnte sie menschliche Raffgier und Besitzstreben eindämmen. Eine erste Einwirkung auf die familiären Strukturen aber war indirekt schon durch die Auflösung der Klöster gegeben. Folgerichtig wurde »das Haus«, bzw. die Familie, der Raum par excellence, in dem sich die wesentlichen christlichen Tugenden zu bewähren hatten: Liebe, Sanftmut, Gütergemeinschaft, Selbstverleugnung, Demut, Versöhnungsbereitschaft, Mitleid und das wechselseitige Tragen der Lasten. Hätte Reinhold Niebuhr sein Buch *Moral Man and Immoral Society* (Moralischer Mensch und unmoralische Gesellschaft) im Mittelalter geschrieben, hätte sich der grundlegende gesellschaftliche Konflikt als Dualismus zwischen dem Menschen in der Welt einerseits und dem Menschen hinter Klostermauern andererseits dargestellt. Nach der Reformation war es der Kampf zwischen Rathaus und Marktplatz auf der einen und der Familie, dem »Haus«, also der privaten Sphäre, auf der anderen Seite.

Es mag sein, daß Leserinnen und Leser der Kurzbiographien die im folgenden vorgeführten Fakten nicht als ausreichend empfinden, diese These zu stützen. Die Reformatoren selbst haben die Sachlage natürlich nicht in die von uns gewählten Begriffe gefaßt. Sie waren mit konkreten Situationen und Fragen beschäftigt. Die darüber hinausgehende Reflexion kam erst später. In der Anfangszeit der Reformation betonten sie die Funktion der Ehe als Heilmittel gegen das Konkubinat, die nicht erlaubten außerehelichen Beziehungen der Kleriker und der Mönche. Bischöfe gaben gegen Gebühr Dispens für das Zusammenleben mit Frauen und für uneheliche Kinder. Die Argumentation der Reformatoren ging dahin, die Ehe als remedium peccati, Heilmittel gegen die Sünde, gerade für solche Kleriker hinzustellen, die die Gabe der Keuschheit nicht besaßen. Als die Priesterehe im protestantischen Bereich anerkannt war, verschob sich der Akzent hin zu einer stärkeren Betonung des pädagogischen Nutzens: Ehe als Charakterschule. Luther sah das so, und Bucer meinte einmal, der einzige Fehler seiner zweiten Frau bestünde darin, daß sie nie Kritik an ihm übe. Gegenseitige Kritik aber sei eine Notwendigkeit im Zusammenleben von Eheleuten.

Von Beginn an existierte am Rande schon ein weiterer Aspekt im Eheverständnis, der mit der Zeit immer mehr in den Mittelpunkt rückte. Die Ehe wurde als partnerschaftliche Bemühung zur Erziehung der Kinder in der Furcht Gottes und als gemeinsame Arbeit im Weinberg des Herrn verstanden. Diese gemeinsame Verantwortung und Verpflichtung stellte ein starkes Band zwischen den Eheleuten dar. Wenn andererseits diese Gemeinsamkeit, die wechselseitige Verpflichtung fehlte, entstanden in der Ehe belastende Spannungen, die bis zu Trennungen führten. Als der Protestantismus sich etabliert hatte, achtete man sehr darauf, daß innerhalb des »eigenen Stalles« geheiratet wurde; ein deutlicher Unterschied gegenüber der ersten Generation, in der nicht selten ein(e) Partner(in) zum Protestantismus übergetreten war, der(die) andere hingegen nicht. Wir werden auf mehr als einen Fall von Trennung und harter Scheidung stoßen.

Wenn von der Rolle der Frau in der westlichen Gesellschaft und Kirche die Rede war, galt bisher immer die Meinung, der Bereich der Frauen sei das Haus, die Familie gewesen, nicht die Politik, nicht die Literatur. Große Staatsmänner, Soldaten und Feldherren, aber auch Philosophen, Lehrer, Dichter und Komponisten konnten nur Männer sein – so die durchgängige Sicht der Dinge. Dennoch – es gab bemerkenswerte Ausnahmen. Es wäre übertrieben, Frauen in der westlichen Welt in einem fortgesetzten Zustand der Unterdrückung und ausschließlich als passive Opfer darzustellen.

II.

Man muß nicht lange nachdenken, um auf berühmte und geschichtlich bedeutsame Frauen zu stoßen. Im Alten Testament lesen wir von Sarah, Rahel, Miriam, Rahab, Hanna, Naomi, Esther, Judith und Jael, ganz zu schweigen von Eva. Ähnlich verhält es sich im Neuen Testament. Maria und Martha, Maria Magdalena, Phoebe, Lydia, Chloe, Rhoda, Lois, Eunice, Priscilla, die normalerweise immer vor ihrem Mann genannt wird, und natürlich Maria, die Mutter Jesu, spielen wesentliche und unverzichtbare Rollen in der Jesus- und der frühen Kirchengeschichte.

In der klassischen Welt sind etwa Aspasia und Sappho zu nennen. Im homerischen Pantheon sind die Göttinnen ebenso mächtig wie die Götter. In der römischen Geschichte stoßen wir auf Lucretia und Virginia, Tullia und die Tochter Ciceros. Arria war die Frau des Konsuls Paetus, der in eine Verschwörung gegen Kaiser Claudius verwickelt war und auf den Befehl zu seiner Hinrichtung wartete. Vor den Augen ihres Mannes bohrte Arria sich den Dolch in die eigene Brust und reichte ihn dann ihrem Mann mit den Worten: »Paetus, es schmerzt nicht.«[1] Die Frauen der Caesaren erscheinen zusammen mit ihren Männern auf den alten Münzen, und Ferrero widmet den »Women of the Caesars« (Frauen der Caesaren) einen ganzen Band.

Berühmte Königinnen der Antike waren Kleopatra und Zenobia von Palmyra. Helena, die Mutter Konstantins, wurde von ihrem Sohn hoch in Ehren gehalten. Euxodia, Kaiserin zur Zeit des Kirchenvaters Chrysostomos, war dessen gefährliche Gegenspielerin. Im 6. Jahrhundert übte Theodora, die Kaiserin Justinians, starken politischen Einfluß aus. Im 8. Jahrhundert war es Kaiserin Irene, die nach dem Bilderstreit die Bilderverehrung wiedereinführte.

Im Westen warf die Invasion barbarischer Völker das kulturelle Leben zurück. Aber obwohl sich militärischer Erfolg höchster Wertschätzung erfreute, konnten selbst in so rauhen Zeiten Frauen im politischen Leben an herausragender Stelle stehen; man denke an Brunhild und Fredegund.

Das literarische Leben der Zeit spielte sich in den Klöstern ab. Hier finden wir Roswitha von Gandersheim. Im 11. Jahrhundert waren Agnes, die Mutter Heinrichs IV., und die Herzogin Mathilda bedeutsam. Die Entstehung einer Laienkultur im späten Mittelalter betraf Männer stärker als Frauen. In der Renaissance dagegen lebten in allen Ländern Europas eine große Zahl hochgebildeter Frauen, die allerdings alle dem Adel zuzurechnen sind. Politisch einflußreich wurden Frauen als Witwen oder Mütter von Herrschern, als Herrscherinnen sonst nur, falls kein männlicher Erbe vorhanden war.

III.

Die durchschnittliche Haltung gegenüber den Frauen spiegelt sich in der *querelle des dames*, der Auseinandersetzung zwischen den Verteidigern und den Verächtern des Weiblichen. Frauenverachtung war ein männlicher Sport. Und da es in der Regel die Männer waren, die sich mit dem Schreiben befaßten, war denen, die nur am Spinnrad ausgebildet und geübt waren, die Möglichkeit einer Gegendarstellung genommen. Zwei Quellen speisten hauptsächlich die Verachtung der Frau. Eine war die platonische Herabsetzung des Fleisches als Hindernis, als Fessel und Gefängnis für den Geist. Sexualität war ein Aspekt des Fleischlichen, und Frauen galten als Verführerinnen. Noch radikaler war der Manichäismus, der die Sexualität an sich verdammte. Die Kirche wies diese Position in ihrer offiziellen Lehre zwar standhaft ab, teilte jedoch das Mißtrauen gegen die Sexualität als eine verderbenbringende, verunreinigende Kraft.

Die zweite Quelle der Frauenverachtung in der Kirche war das Neue Testament selbst. Es verknüpft den Sündenfall, verursacht von einer Frau, mit der Erwartung des baldigen Weltendes und stellt aufgrund dieser Motivverbindung fest, es sei nicht ratsam zu heiraten. In 1 Timotheus 2, 11-15 wird Eva für den Sündenfall verantwortlich gemacht und getadelt, nicht Adam. Deshalb soll sie sich unterordnen und schweigen. Weil Paulus das Ende der Zeit bald erwartete, wollte er niemanden ermutigen, seinen sozialen Stand zu verlassen; er riet den Sklaven, nicht nach Freiheit, und den Ehelosen, nicht nach Heirat und Ehe zu streben (1 Korinther 7). Auch er forderte, daß die Frau dem Manne untertan sein und in der Gemeinde schweigen müsse (1 Korinther 14, 33-36).

In der christlichen Literatur der ersten Jahrhunderte gab es zeitweise eine befremdlich ambivalente Haltung. Tertullian z.B. konnte Frauen »das Tor zur Hölle« nennen und gleichzeitig ein bezauberndes Bild entwerfen, wie Mann und Frau in gemeinsamer Hingabe an Gott miteinander verbunden sein können. Die Kirche erlaubte Frauen nicht die volle Ausübung des Priesteramtes, aber es gab schon vor dem 3. Jahrhundert Ordnungen für das Amt der Witwen, der Jungfrauen und der Diakoninnen. Märtyrerinnen wie Blandina, Perpetua und Felicitas wurden sehr verehrt. Julian Apostata kann als Zeuge für den Einfluß stehen, den die Nachfolgerinnen des Galiläers hatten. Er sagte, ein Mann geht als Heide ins Bett und wacht als Christ auf.

Das Mönchtum war in seinen Anfängen keineswegs ein Aufstand gegen die Sexualität oder gegen die Frauen. Der Ruf der frühen Mönche war nicht: Fliehet die Frauen! sondern: Fliehet die Menschen! Sie lehnten die Verweltlichung des christlichen Glaubens ab, die eine Folge des massenhaften Zustroms von Namenschristen in die Kirche war – ihrerseits eine Folge der konstantinischen Wende. Das streng von jeder menschlichen Gemeinschaft abgeschottete Leben der frühen Mönche, der Eremiten, brachte allerdings eine Fixierung auf die Sexualität mit sich. Sie wurde zu einer Art Zwangsvorstellung. Mit der Zeit lockerte sich die strenge Geschlechtertrennung. Hieronymus schätzte sich glücklich, bei seiner Bibelübersetzung auf die Unterstützung zweier gebildeter Frauen, Paula und Eustochium, rechnen zu können.

Im Westen wurde die Verachtung des Weiblichen durch die Reform Gregors im 11. Jahrhundert, d.h. durch die Einführung des Zölibats für den Klerus, wesentlich verschärft. In der die Reform begleitenden

Propagandaliteratur werden Ehe und weibliches Geschlecht durchweg herabgesetzt. Gegenüber dieser Haltung bildeten sich noch einmal zwei Extreme. Das eine war ein Wiederaufleben des Manichäismus mit seiner Ablehnung alles Geschlechtlichen überhaupt. Wir finden dieses Extrem in der als häretisch eingestuften Bewegung der Albigenser. Das andere Extrem zeigte sich in einem neuen Verständnis von Liebe, nämlich einem romantisierenden Liebesbegriff. Die Huldigung der »hohen Frau« wurde zu einer Kulthandlung mit durchaus religiösem Beisinn. Die romantische Form der Liebe spielte sich außerhalb der Ordnung der Ehe ab. Eleonore von Aquitanien sagte, Liebe und Ehe seien unvereinbar. Sie wußte aus beträchtlicher Erfahrung, wovon sie sprach. Im späten Mittelalter wurden romantische Liebe und Ehe wieder stärker miteinander verbunden.

Die *querelle des dames* feierten weiter fröhliche Urständ. »Les Quinze Joyes de Mariage« (Die fünfzehn Freuden der Ehe), satirische Schrift eines unbekannten Geistlichen vom Ende des 14. oder Anfang des 15. Jahrhunderts, behandelt die Plagen des Ehelebens mit ausgesuchter Niedertracht gegenüber Frauen. Ein ganzer Band beschreibt die Minderwertigkeit der Frauen in der Renaissance. Auf der anderen Seite gab es Boccaccio, Syphorien Champier, Erasmus, Vives und Rabelais. Aber was immer Männer über Frauen zu sagen hatten: Die Frauen selbst lauschten ihrem Wort, unterwarfen sich ihnen oft genug, erlaubten ihnen, über sie zu verfügen und schenkten ihnen doch nur wenig Glauben.

IV.

Wie groß der Einfluß der protestantischen Reformation auf die Rolle der Frau in Gesellschaft und Kirche war, läßt sich schwerlich genau bestimmen. Jemand hat die These gewagt, daß der Protestantismus den Frauen den Schritt aus dem Haus in die Öffentlichkeit ermöglicht hat. Dessen bedurfte es allerdings nicht. Man denke nur an die Karriere der Katharina von Medici, einer Katholikin. Die politische Bedeutung der Frauen hing weit eher von dem Stand ab, dem sie angehörten, als von ihrer Konfession. Alle englischen Königinnen des 16. Jahrhunderts waren in die öffentlichen Auseinandersetzungen verwickelt unabhängig davon, ob sie katholisch oder protestantisch waren. Grund war der schlichte Tatbestand, daß sie eben Königinnen waren. Man kann allgemein sagen, daß jede revolutionäre Zeit Menschen jeden Glaubens, jeden Alters und Geschlechts in eine aktive Rolle stoßen kann.

Umgekehrt wurde auch die Beschuldigung erhoben, die Reformation habe die Frauen aus Funktionen verdrängt und um Möglichkeiten der Selbstverwirklichung gebracht, z. B. durch die Auflösung von Klöstern. Man darf es sicher als eine Kompensation, als Ausgleich verstehen, wenn die Protestanten im späten 16. Jahrhundert das Diakonenamt für Frauen wiederbelebten, das für die Verteilung der Almosen und die Krankenpflege verantwortlich war. Bedeutsamer als die protestantische Reformation ist die Gegenreformation für die Rolle der Frauen in der Gesellschaft gewesen. In seinem Buch »The Spirit of the Counter-Reformation« (Der Geist der Gegenreformation) macht Evenett auf den »versteckten Einfluß vieler, bemerkenswerter Frauen in den kontemplativen Konventen Italiens« aufmerksam, ebenso wie auf die »beatas« in Spanien und die französischen Mystikerinnen. Er hält Forschungen über den geistlichen Einfluß der Frauen in der Gegenreformation für dringend erforderlich. Ihre Wirksamkeit erstreckt sich in erster Linie auf den Bereich der Frömmigkeit und der Frömmigkeitsgeschichte. Es gibt keinen Hinweis darauf, daß die Frage nach dem Priesteramt für Frauen diskutiert wurde. Weder Katholiken noch Protestanten dachten auch nur von ferne daran, Frauen zu ordinieren.

An einem Punkt hatte die Reformation eine tiefgreifende Auswirkung auf Frauen und sie umgekehrt auf die Reformation. Die Übersetzung der Bibel in die jeweilige Landessprache und ihre Verbreitung durch die junge Druckindustrie gab der Alphabetisierung, der Lese- und Schreibfähigkeit und dem Interesse am Lesen enormen Auftrieb. Die Frauen, die auf den folgenden Seiten beschrieben werden, waren intensiv mit der Bibel vertraut. Selbst die vergleichsweise weniger Gebildeten, auf die wir in den Märtyrerverzeichnissen und in den Ketzerprozessen treffen, machten es ihren Richtern nicht leicht. Jedes die Bibel betreffende Thema war ihnen geläufig, und sie waren ungewöhnlich sicher im Umgang mit der Bibel.

V.

Meine allgemeinen Forschungsinteressen und die genannten Beobachtungen zusammen haben mich zu diesem Buch angeregt. Nicht zuletzt jedoch haben mich die vielen Beispiele mutigen Lebens und Bekennens bewegt, denen ich unter den Frauen der Reformation begegnet bin. Ich habe einmal gegenüber einer Freundin die Bemerkung Luthers zitiert, der Tod seiner kleinen Tochter habe ihn schwach gemacht: »schwach wie eine Frau«.[2] Meine Zuhörerin wies das implizite Urteil des Reformators über »die Frau« empört zurück. Sie war im Recht; wie sehr, wird die Lektüre dieser Kurzbiographien zeigen.

VI.

Zuvor möchte ich kurz die wichtigsten Ereignisse der Reformation in Deutschland skizzieren, denn sie bilden den Rahmen für die im folgenden erzählten Lebensgeschichten.

In der Zeit, in der die hier vorgestellten Frauen in das Geschehen verwickelt wurden, stand der Ablaßstreit, den Luther mit der Veröffentlichung seiner 95 Thesen angezettelt hatte, merkwürdigerweise nicht mehr im Vordergrund der Auseinandersetzungen. Seine Lehre von der Rechtfertigung aus Glauben war dennoch ein großer Trost für angefochtene Menschen geblieben. Jetzt ging es in erster Linie um Luthers Ansichten zu Ehe und Mönchtum. In seinem Sendschreiben an den christlichen Adel deutscher Nation vom Sommer 1520 hatte er bereits gefordert, Priester sollten die Freiheit haben, zu heiraten. Im Frühjahr 1521 wurde durch das Wormser Edikt der Kirchenbann und gleichzeitig die Reichsacht über ihn verhängt. Nur der Schutz seines Landesherrn Friedrichs des Weisen bewahrte ihn vor dem Scheiterhaufen. Ein Jahr lang lebte er versteckt auf der Wartburg. Während seiner Abwesenheit begannen Mönche in Wittenberg zu heiraten. Das zwang Luther, die Frage der Gelübde zu untersuchen. In einem Traktat forderte er schließlich die Abschaffung der klösterlichen Gelübde. 1522 wurde er nach Wittenberg zurückgerufen, um wieder Ordnung in den allzu turbulenten Gang der dortigen Reformen zu bringen.

Luther heiratete 1525, im Jahr der Bauernkriege. Auf dem Reichstag von Augsburg 1530 konnte er nicht in eigener Person erscheinen, weil er unter Bann und Acht stand. Er hielt sich heimlich auf der Feste Coburg in der Nähe von Augsburg auf. Auf dem Reichstag legten die protestantischen Stände das Augsburger Bekenntnis (Confessio Augustana) vor. Der Kaiser lehnte es ab und drohte den Protestanten mit Krieg. Er stellte ihnen ein Ultimatum: Innerhalb eines Jahres sollten sie sich unterwerfen. Weil er aber selbst militärisch vollauf von den Auseinandersetzungen mit Frankreich, dem Papst und den Türken in Anspruch genommen war, konnte er ein Vierteljahrhundert lang seine Drohung nicht wahrmachen.

In den Jahren nach 1520 waren in der Schweiz und in Süddeutschland reformatorische Bewegungen entstanden. Hier spielten Zwingli, Oekolampad und Bucer zusammen mit Capito und Zell eine wichtige Rolle. Erst nach Luthers Tod 1546 hatte der Kaiser freie Hand, sich der deutschen Frage zuzuwenden. 1547 gewann er die Schlacht bei Mühlberg und nahm Johann Friedrich von Sachsen und Philipp von Hessen gefangen. Im Augsburger Interim von 1548 machte man den Protestanten einige vorläufige Zugeständnisse, bis ein allgemeines Konzil zusammentreten würde. In der Folge verließen Bucer und Fagius Straßburg und gingen ins Exil. 1552 wendete sich das Blatt wieder. Moritz von Sachsen hatte die Seite gewechselt und den Kaiser aus Innsbruck vertrieben. Er konnte im Vertrag von Passau 1552 ein Moratorium zugunsten der Protestanten erwirken, starb aber bereits 1553 in der Schlacht von Sievershausen, in der auch Erich II. von Braunschweig und andere kämpften. Es folgte der Friede von Augsburg 1555, der den Lutheranern in bestimmten Reichsteilen Toleranz gewährte.

Anmerkungen

1. Bainton verwechselt in seinem Vorwort Arria die Ältere, die zur Zeit des Kaisers Claudius mit dem Konsul Paetus verheiratet war, und ihre Tochter, Arria die Jüngere, die Ehefrau des Konsuls Thrasea. Dieser war ein Kritiker Neros und beging Selbstmord, verbot aber seiner Frau, mit ihm in den Tod zu gehen. Dacre Balsdon, Die Frau in der römischen Antike, München [6]1989, S.63. Die Verwechslung ist verständlich, Bainton zitiert die Szene offenbar aus dem Gedächtnis – Marion Obitz.
2. vgl. Kapitel 1, Katharina von Bora, Anm. 68

Katharina von Bora
(1499 – 1550)

Katharina von Bora ist die bekannteste Frau der Reformation, denn sie war die Ehefrau Martin Luthers. Sören Kierkegaard behauptet, das sei das einzige, was ihr ein Anrecht auf Beachtung verschaffe, denn Luther hätte genausogut ein Brett heiraten können. Mit dieser Bemerkung unterstellt Kierkegaard, Luther habe mit seiner Heirat lediglich demonstrieren wollen, daß er die Priesterehe befürworte und unterstütze. So einfach liegen die Dinge nicht. Wollte man Katharina dennoch mit einem Brett vergleichen, sie wäre aus Eichenholz, poliert die eine, rauh belassen die andere Seite.

Katharina von Bora wurde im Januar 1499 geboren. Als ihr Vater zum zweiten Mal heiratete, kam sie im Alter von 10 Jahren ins Kloster Nimbschen. Mit 16 Jahren legte sie die Gelübde ab. In den frühen zwanziger Jahren des 16. Jahrhunderts gelangten die Schriften Martin Luthers auch in die Klöster. Neun Schwestern in Nimbschen wurden dadurch in ihrem Gewissen bewegt und unruhig. Sie suchten Luthers seelsorgerlichen Rat. Er hieß ihre Absicht gut, aus dem Kloster zu fliehen, und begann selbst, die Vorbereitungen dafür zu treffen.

Das war schwierig, weil Nimbschen zum Herrschaftsgebiet des Herzogs Georg von Sachsen gehörte. Sachsen war zweigeteilt. Ein Teil unterstand der Herrschaft Friedrichs des Weisen; der Kurfürst war Luthers Freund und Beschützer. Der andere Teil gehörte zu Herzog Georg, einem erklärten Feind Luthers. Der Herzog hatte bereits einen Mann zum Tode verurteilt, weil er Nonnen bei ihrer Flucht aus einem Kloster geholfen hatte. Luther wandte sich an einen sehr vertrauenswürdigen Mann, den Kaufmann Leonhard Koppe aus Torgau, der gelegentlich die Nonnen von Nimbschen mit Räucherheringen in großen Fässern belieferte, die er danach leer wieder zurückbrachte. Es wurde verabredet, daß die fluchtwilligen Nonnen in der Nacht, in der Jesus aus dem Grabe auferstand, also von Karsamstag auf Ostersonntag, von ihren Nachtlagern aufstehen sollten. Häufig wird behauptet, sie seien in den Heringsfässern geflohen. Die schriftliche Überlieferung besagt allerdings nur, sie seien in einem überdeckten Wagen versteckt gewesen: »als führete er Heringstonnen«.

Wie die Heilige Familie auf ihrer Flucht nach Ägypten sicher war außerhalb der Reichweite des Königs Herodes, der dem Kindlein nach dem Leben trachtete, so waren die Nonnen von Nimbschen bei Tagesanbruch sicher außerhalb der Reichweite Herzog Georgs. Am Dienstag nach Ostern rumpelte ihr Wagen in Wittenberg ein[1]. Ein Student schrieb an einen Freund: »Weiter habe ich keine Neuigkeiten, (...) außer daß vor wenigen Tagen ein Wagen hier gelandet ist, voll und über und über beladen mit Jungfrauen, vestalischen sozusagen, alle mehr aufs Heiraten erpicht als aufs Leben. Möge Gott sie mit Ehemännern versorgen, daß sie nicht im Lauf der Zeit in schlimmere Übel hineingeraten.«[2]

Luther fühlte sich dafür verantwortlich, die schlimmeren Übel zu verhüten. Er schrieb Briefe an die Verwandten, die sich aber weigerten, die Geflüchteten und vom wahren Glauben Abgefallenen aufzunehmen. Eine Nonne kam als Lehrerin, zwei kamen in einem Haushalt unter. Mehrere von ihnen heirateten. Katharina von Bora lebte zwei Jahre lang in einem Wittenberger Haushalt. Sie bekam dort eine beachtliche Ausbildung in Hauswirtschaft. Offensichtlich war sie eine attraktive Frau. Als der König von Dänemark während seines Exils einige Zeit in Wittenberg lebte, schenkte er ihr einen goldenen Ring. Verheißungsvoller, was die Zukunft betraf, war die Aufmerksamkeit eines adretten, jungen Patriziersohnes, Hieronymus Baumgärtner, 25 Jahre alt und aus Nürnberg stammend. Käthe war damals 24 Jahre alt. Die Sympathie war augenscheinlich gegenseitig. Der junge Mann fuhr mit der Absicht nach Hause, Käthe sobald wie möglich nachzuholen.

Aber seine Familie widersetzte sich heftig seinen Heiratsplänen. Baumgärtner zögerte die Angelegenheit hinaus. Luther schrieb ihm, er solle doch bald zur Tat schreiten, sonst werde er sie verlieren.[3] Hieronymus schritt zur Tat und heiratete eine andere. Es gab keine wechselseitigen Vorwürfe. Luther war der Meinung, Kinder müßten die Wünsche ihrer Eltern achten. Jahre später übermittelte Luther Baumgärtner in einem Brief freundliche Grüße von »Eurer alten Flamme«[4].

Nachdem sich dieses Verhältnis zerschlagen hatte, bot Luther Käthe an, den Dr. Glatz zu heiraten. Käthe wollte ihren Wohltäter nicht vor den Kopf stoßen, deshalb wandte sie sich an Dr. Amsdorf mit der Bitte um Vermittlung. Sie bat ihn, Luther wissen zu lassen, sie werde auf keinen Fall Dr. Glatz heiraten. Sie sei aber gern bereit, ihn, Dr. Amsdorf oder Luther selbst als Ehemann in Betracht zu ziehen.[5] Vermutlich kam sie auf diese beiden, weil sie mit ihnen ständigen Umgang hatte und davon ausging, beide kämen aufgrund ihres Alters für eine Ehe ohnehin nicht in Frage. Luther war immerhin 16 Jahre älter als sie.

Nachdem Luther diese Neuigkeit zur Kenntnis zugenommen hatte, begann er wohl ernsthaft über seine Eignung oder Nichteignung für eine Ehe nachzudenken. Sein Entschluß, nicht zu heiraten, war in letzter Zeit noch von anderer Seite ins Wanken gebracht worden. Hätte ihm zur Zeit des Wormser Reichstags jemand vorausgesagt, sieben Jahre später werde er verheiratet und Vater sein, er hätte laut gelacht[6]. Als er sich auf der Wartburg versteckt hielt und erfuhr, daß unterdessen in Wittenberg Mönche heirateten, rief er aus: »Gott! Unsere Wittenberger wollen sogar den Mönchen Weiber geben? Nun, mir sollen sie wenigstens keine Frau aufdrängen!«[7] Noch 1524 dachte er so. Argula von Grumbach, der wir später wiederbegegnen werden, drängte ihn damals, sein Zeugnis für das Evangelium durch eine Heirat zu besiegeln. Er antwortete ihr, daß er daran nicht denke; nicht weil »ich mein Fleisch und Geschlecht nicht fühle – ich bin weder aus Holz noch aus Stein -; der Gedanke an eine Heirat ist mir fremd, weil ich täglich den Tod erwarte, wie ihn Ketzer verdienen«.[8] Im Juni 1525 erfuhr er, daß Erzbischof Albrecht von Mainz, gegen den er einst die 95 Thesen geschrieben hatte, über eine Heirat nachdenke. Daraufhin schrieb er ihm, wenn seine, Luthers, Heirat, für den Erzbischof eine Ermutigung wäre, so sei er bereit zu heiraten.[9]

Pflichtschuldigst holte Luther im Alter von 42 Jahren die Zustimmung seiner Eltern zu der von Käthe angedeuteten Angelegenheit ein. Luthers Vater war enttäuscht gewesen, als sein Sohn Martin die Klostergelübde abgelegt hatte, denn ihm war damit die Möglichkeit vorenthalten, Enkelkinder zu haben. Jetzt war er geradezu enthusiastisch über die neue Aussicht.[10] Damit hatte Luther eine Reihe guter Gründe für eine Heirat beisammen: Sein Vater wäre glücklich[11], der Papst wäre gründlich verärgert[12], die Engel im Himmel würden sich freuen und die Teufel jammern[13]. Seine Ehe wäre ein Siegel unter sein Zeugnis für das Evangelium.[14]

Luther hat nie behauptet, er sei eine romantische Verbindung eingegangen. Die Reformation war im Ganzen keine romantische Angelegenheit. Paare heirateten aus Gründen des Bekenntnisses oder der Vernunft. Für Luther war es eher ein Bekenntnisakt, für Käthe mehr eine Sache der Vernunft. Die Liebe kam später. Es ist interessant, zu vergleichen, was Luther im Lauf der Jahre über seine Frau sagt. Zu Beginn vertraut er einem Freund an: »Ich bin weder verliebt noch glühe ich, aber ich schätze meine Frau sehr.«[15] »Ich würde meine Käthe nicht für Frankreich und Venedig dazu hergeben, (...) denn Gott hat sie mir geschenkt und mich ihr gegeben. (...) Ich erfahre es oft, daß an anderen Frauen mehr Mängel sind als an meiner Käthe. Obwohl sie auch einige davon hat, so stehen doch noch größeren Tugenden dagegen.«[16] Ein Jahr nach seiner Heirat konnte er sagen: »Sie ist mir willfährig, gehorsam in allem, zuvorkommend mehr, als ich zu hoffen gewagt habe, so daß ich meine Armut nicht eintauschen möchte für die Reichtümer des Krösus.«[17] Er nannte sie seine Carissima[18], sprach sie mit »Meine herzliebe Käte« an.[19] 1538 schrieb er: »Verlöre ich meine Käthe, ich würde nicht wieder heiraten und wenn man mir auch eine Königin bieten würde.«[20] Als er sie einmal dem Tod nah wußte, bat er: »Stirb mir ja nicht!« Seine Bezeichnung »der Morgenstern von Wittenberg« für Käthe ist die frechwitzige Anspielung darauf, daß sie im Sommer um vier Uhr, im Winter um fünf Uhr morgens aufstand. Mehr noch spricht ungetrübte Anerkennung aus dem Satz, sein geliebter Galaterbrief sei »seine Katharina von Bora«,[21] und aus dem reuigen Eingeständnis: »Ich erwarte von meiner Käthe, von Magister Philippus (Melanchthon) etc. mehr Gutes als von Christus.«[22]. In allem, was das Haus angehe, beuge er sich Käthe, in allen anderen Dingen dem heiligen Geist.[23]

Nachdem er sich einmal zur Heirat entschlossen und Käthes Zustimmung erhalten hatte, verfolgte er den Plan mit dem größtmöglichen Nachdruck, der eben noch für die Braut erträglich war.[24] Er wollte der Einmischung der Freunde von vornherein einen Riegel vorschieben. Die standen schon bereit mit ihrem »Nicht diese, sondern eine andere!«[25] Ebenso wollte er Angriffen der Gegner den Boden entziehen, die bereits das Gerücht verbreiteten, er habe schon vor der Heirat mit Käthe zusammengelebt[26]. Das hätten sie zwar, wären sie ehrlich gewesen, kaum verwerflich finden können, weniger verwerflich jedenfalls als die Ehe zwischen einem Mönch und einer Nonne.[27] Sollte Luther aber wirklich angenommen haben, durch eine Urkunde oder ein offizielles Dementi das allgemeine Geschwätz zum Schweigen bringen zu können, muß er naiv gewesen sein. Noch zwei Jahre nach der Eheschließung erschien ein Pamphlet an Käthes Adresse: »Wehe dir armem, verführtem Weibe, nicht allein darum, daß du aus dem Licht in die Finsternis, aus klösterlicher heiliger Religion in ein verdammliches und schändliches Leben und also von der Gnade in die Ungnade Gottes abgefallen bist, nachdem du aus deinem Kloster in Laienkleidern wie ein Tanzmädchen gen Wittenberg auf die hohe Schule dich begeben, dich allda nach einem Katzschenknecht umgesehen, mit dem Luther (wie man sagt) in schnöder und öffentlicher Unzucht gelebt, ihn auch endlich zu einem Manne genommen hast, dadurch du also von deinem Bräutigam Christus mit einer gelübdebrüchigen Unehe treulos und meineidig geworden bist; (weh dir) auch darum, daß du durch dein böses Ebenbild (Vorbild) etwa unschuldige und arme Kinder auch in diesen Jammer gebracht hast (...) die nun nicht allein geistlich, sondern auch leiblich arm, ja ärmer denn arm, und die verächtlichsten Leute geworden sind«[28] Realistischer war Luther mit dem Hinweis, wenn er verbrannt werden würde, bliebe Käthe dasselbe Schicksal nicht erspart.[29] Treffend schrieb ihm ein Freund in späteren Jahren, Katharina sei seine »Gefährtin in Bedrängnissen«[30] (*sociam illam omnis calamitatis tue*). Die Verlobung, die als offizielle Eheschließung galt, fand am 13. Juni 1525 in Gegenwart von vier Zeugen statt. Zwei Wochen später war die öffentliche Feier mit einem Zug durch die Straßen zu Pfeifenmusik, gefolgt von einem großen Festessen. Luthers Eltern nahmen daran teil.

Das Eheleben brachte viele Veränderungen für das Paar mit sich. Leider kennen wir nur Luthers Ansichten dazu. Käthe wird in allen

Äußerungen wie durch Glas gesehen: im Dunkel oder Dämmerlicht wie Josef bei der Geburt Jesu. Nur indem wir aus den Gefühlen ihres Mannes Schlüsse ziehen, können wir etwas über ihre Gefühle sagen oder vermuten. Er berichtet von seiner Überraschung am Morgen, als er Zöpfe neben sich auf dem Kissen liegen sieht, die vorher nicht da waren.[31] Verständlicher wäre seine Überraschung darüber, überhaupt ein Kissen vorzufinden, hat er doch zugegeben, vor seiner Heirat ein Jahr lang immer nur in dasselbe ungemachte Bett gefallen zu sein, noch als das Stroh längst zu Mehl zerkrümmelt war.[32] Jetzt nahm Käthe das und weit mehr in die Hand. Da sah er bald seine Freiheit empfindlich beschnitten. Er wollte zur Hochzeit eines Freundes nach Torgau fahren, aber die Gegend zwischen Wittenberg und Torgau wurde von marodierenden Bauerngruppen unsicher gemacht. Käthe sagte nein, und Luther blieb zu Hause.[33] Stärker quälte es ihn, daß sie seiner verschwenderischen Großzügigkeit Zügel anlegte. Er sagte, Gott habe die Hand deshalb in Finger aufgeteilt, damit das Geld zwischen ihnen durchfallen könne.[34] Was immer einer verschenkt, Gott wird es ihm wieder erstatten.[35] Gebt, so wird euch gegeben. Ohne Käthe hätten Gott schwere Zeiten bevorgestanden, den Reformator und die Seinen durchzubringen. Luther war nicht bereit, Geschenke anzunehmen, wenn er sie nicht wirklich brauchte. Alles, was nicht absolut nötig war, verschenkte er wieder. Als der Erzbischof von Mainz ihm großzügig 20 Goldgulden schickte, hätte Luther sie wieder zurückgehen lassen, wenn Käthe sie nicht bereits dankend angenommen hätte.[36] Einem Freund kündigte Luther ein ansehnliches Geschenk an, mußte aber in einer Nachschrift einschränken, daß es die »Nachstellerin Käthe«[37] versteckt habe. Bald nannte er sie nicht mehr nur »meine Herrin« (*mea Domina*), sondern »mein Herr« (*meus Dominus Ketha*).[38] Manchmal spielte er mit dem Gleichklang des Namens Käthe mit dem Wort Kette[39]. Einem Freund, dessen Frau ebenfalls Katharina hieß, trug er Grüße an diese auf: von Kette zu Kette.[40] Der gewöhnlichere Gruß war: Ich und meine Rippe senden Grüße an Dich und Deine Rippe,[41] manchmal mit dem Zusatz: »und all die kleinen Rippen.«[42]

Käthe kümmerte sich treu um die Krankheiten, die Depressionen und die exzentrischen Anfälle ihres Mannes. Sie besaß sowohl Geschick bei der Zubereitung von schonender Kost, wie große Erfahrung in der Anwendung von Kräutern, Umschlägen, Packungen und Massagen. Ihr

Sohn Paul, der später ein angesehener Arzt wurde, lobte sie als »eine halbe Doktorin«[43]. Luther litt oft erbärmlich an Steinen. Bei einem dieser schmerzhafte Anfälle wollte er weder essen noch trinken. Käthe flehte ihn an, etwas Nahrung zu sich zu nehmen. »›Wohlan,‹ spricht er, ›so richte mir zu einen Brathering und ein Essen kalter Erbsen mit Senf, weil du ja willst, daß ich essen soll, und tue solches nur balde, ehe die Lust mir vergeht; verzeuchst du lang, so mag ich hernacher nicht.‹ « Sie richtete sich nach seinen Wünschen, und er aß mit Vergnügen. Seine Ärzte waren entsetzt. Als sie am nächsten Morgen kamen, um seine Leiche zu sehen, saß Luther am Schreibtisch, der Stein war abgegangen.[44] In diesem Beispiel kann man Käthes Unterstützung kaum mehr als psychologisch nennen. Oft war sie auch nur das.

Luther hatte mit akuten Depressionen zu kämpfen, die er als Anfechtungen des Teufels ansah. Nachts waren die Anfälle besonders schlimm. Er wandte sich dann an Käthe und bat sie um Hilfe. Exzentrisch erscheint es, daß er auch in gesunden Zeiten gelegentlich vier Tage lang nichts aß und trank. Es ist durchaus nicht unglaubhaft, wenn überliefert wird, er habe sich einmal drei Tage in seinem Studierzimmer eingeschlossen und sei nicht herausgegangen. Käthe ließ schließlich die Tür aufbrechen. Er schaute in verwirrter Unschuld auf und fragte: »Was wollt ihr? Meint ihr, es sei was Schlechtes, was ich vorhabe?«[45] Was Käthe zweifellos gefallen hat, war, daß er aus seiner Mönchszeit die Gewohnheit beibehielt, seine Kleider selbst zu flicken. Völlig erbost war sie nur, als er einmal ein Stück Stoff aus den Hosen des kleinen Hans herausschnitt, um damit ein Loch in der eigenen zu reparieren.[46]

Katharina hatte weit mehr Verpflichtungen, als der zügellosen Freigiebigkeit ihres Mannes einen Riegel vorzuschieben und seine Leiden an Körper und Seele zu kurieren. Sie war darüber hinaus die Chefin eines Haushalts, eines Wohnheims und eines Hospitals. Das Augustinerkloster, in dem Luther als Mönch gelebt hatte, wurde von dem Ehepaar gepachtet, später bekamen sie es als Geschenk vom Kurfürsten von Sachsen.[47] Im ersten Stock waren 40 Räume und darüber noch die ehemaligen Mönchszellen. Der Tag kam, an dem nicht einer dieser Räume unbewohnt war.[48] Nicht, daß Katharina 40 Kinder geboren hätte, sie brachte »nur« sechs zur Welt. Aber Luther nahm sechs oder sieben Neffen und Nichten in seine Familie auf. Als ein Freund während einer Pestepidemie seine Frau verlor, brachte er dessen vier Kinder mit zu sich nach Hause. Auch Käthe nahm Verwandte auf. Eine war ihr eine große Hilfe, Frau Magdalena, die mit ihr im selben Kloster gewesen war. Die Lutherkinder nannten sie Muhme Lena und liebten sie so heiß, daß Luther eifersüchtig wurde.[49] Die Lehrer der Kinder wohnten mit im Haus und so viele Studenten, wie darüber hinaus noch Platz finden konnten. Luther hätte sie wohl umsonst aufgenommen und versorgt, nicht jedoch Käthe. Immer wieder hielten sich für längere Zeit Gäste aus dem Ausland, von England bis Ungarn, im Schwarzen Kloster auf. Flüchtlinge kamen unangemeldet und blieben unvorhersehbar lange. So zum Beispiel die Herzogin Ursula von Münsterberg, die zusammen mit zwei anderen adeligen Nonnen aus einem Konvent im Herrschaftsbereich ihres Cousins, Herzog Georg, geflüchtet war und ohne einen Pfennig in der Tasche eines Tages in Wittenberg auftauchte. Der Herzog behauptete, Luther unterhalte ein Asyl für Abtrünnige.[50] Später kam die Kurfürstin Elisabeth von Brandenburg, eine dänische Prinzessin lutherischen Bekenntnisses, die mit einem fanatischen Katholiken, Joachim I. von Brandenburg, verheiratet war.[51] Die eigene Tochter hatte dem Vater verraten, daß die Mutter das Abendmahl in beiderlei Gestalt empfange. Daraufhin setzte Joachim seine Frau gefangen. Sie konnte fliehen und bat den Kurfürsten von Sachsen um Schutz und Zuflucht. Während der Kurfürst eine Residenz für sie herrichten ließ, war sie, krank an Körper und Geist, bei den Luthers untergebracht. Ihre Tochter, die sie erst verraten, später aber ihren lutherischen Glauben angenommen hatte, bot sich an, zu kommen und die Mutter zu pflegen. Aber es gab im Schwarzen Kloster wahrhaftig keinen Platz mehr, um sie auch noch unterzubringen. So übernahm Käthe auch diese Aufgabe.[52]

Ein solches Unternehmen war mehr, als eine Person allein in Gang halten konnte. Käthe kümmerte sich selbst um das Vieh, molk die Kühe und schlachtete. Sie stellte Butter und Käse her, pflanzte und erntete. Aber sie war natürlich auf Hilfe angewiesen. Es gab Mägde und Knechte. Das waren mal mehr, mal weniger zuverlässige Hilfen. Von Luther stammt die launige Bemerkung am Rand seines Haushaltsbuches: »Der Frauen Augen kochen wohl
mehr denn Magd, Knecht und Feuer und Kohl.«[53]
Der Trubel in diesem Haushalt mit seinen Babies, Kindern, Studenten, Gästen, Flüchtlingen und dem Personal war so groß, daß Luther seinen

Sohn Hans früh aus dem Haus fort in eine Schule gab, damit er in Ruhe lernen könne.[54]

Dabei war der Lärm noch das wenigste. Wie sollte diese ganze Gesellschaft durchgebracht werden? Zusätzlich zu den regelmäßigen Ausgaben verlangten besondere Anlässe finanzielle Mittel. Promotionen von Doktoranden und Hochzeiten erforderten festliche Bankette, die die Luthers für ihre Freunde ausrichteten. Bei solchen Gelegenheiten rechnete Käthe mit 120 Gästen. Die bloße Teilnahme an einer Hochzeit machte ein größeres Geschenk nötig, ebenso die Übernahme einer Patenschaft bei der Taufe eines Kindes. Woher kam das Geld für das alles? Weder Luther noch Käthe besaßen von ihrer Klosterzeit her Geld oder Mitgift. Im Schwarzen Kloster, das ihnen zur Verfügung gestellt worden war, hatte es zu Anfang kaum andere Ausstattungsstücke als Töpfe und Pfannen gegeben. Luther bezog als Professor ein Gehalt, das aber bei weitem nicht ausreichte, um ein Unternehmen wie das Schwarze Kloster zu unterhalten. Also mußten die Studenten für Unterkunft und Verpflegung zahlen. Aber sie waren beständig im Rückstand und plünderten überdies zu Käthes großem Ärger auch noch den Gemüse- und Obstgarten. Sie verschonte ihren Gatten mit ärgerlichen Berichten über kleinere Verstöße. Geschenke kamen von reichen Bewunderern, aber leider allzu oft in Form von Ringen, Kelchen, Medaillons und juwelenbesetzten Ketten, geeignet bestenfalls für ein Museum, wo sie heutzutage auch sind.[55]

Es gelang Käthe, den Haushalt weitgehend mit selbst angebauten oder hergestellten Nahrungs- und Lebensmitteln zu versorgen. Sie veranlaßte einige Umbauten am Schwarzen Kloster und gewann dadurch drei Keller mit einer eigenen Eingangstreppe. Ein Badezimmer wurde installiert, das auch als Waschküche diente, und eine Brauerei gab es. Zum Kloster gehörte ein kleiner Garten, in dem Erbsen, Bohnen, Steckrüben, Kohl, grüner Salat, Gurken und Melonen gezogen wurden. Ein Obstgarten wurde angelegt mit Kirsch- und Birn-, Apfel-, Pfirsich- und Nußbäumen, Weinstöcken, Maulbeeren und Feigen. Mit Beredsamkeit und Tränen rang sie ihrem Mann die Zustimmung zum Kauf eines weiteren Gartens ab, durch den ein Bach floß. Daraus fischte sie – zu Luthers Vergnügen – Hechte, Forellen, Flußbarsche und Karpfen. Zu ihrem Viehbestand gehörten mehrere Pferde. Eine genaue Zählung ergab für 1542 acht Schweine, fünf Kühe, neun Kälber, weiter Hühner,

Tauben, Gänse und natürlich den unsterblichen Hund Tölpel, den Luther allen Ernstes im Himmel wiederzutreffen hoffte.[56] Die Lebensmittel, die Käthe nicht selbst produzieren konnte, kann man aus einem Brief ersehen, den ihr Mann einem Freund schrieb mit der Bitte, er möge die Waren für ein Festessen anläßlich einer Doktorpromotion besorgen. »Unsere Herrin Käthe, Oberküchenmeisterin, wünscht, daß du von dem beiliegenden Geld Vögel kaufst, alle Arten von Geflügel, die die Luftregionen bevölkern. Keine Krähen bitte, dafür begehren wir um so heftiger Spatzen, die wir mit einem Bissen verschlucken. Wenn du mehr ausgeben mußt, wird es dir erstattet werden. Und dann, wenn du kannst, noch Hasen und ähnliche Fleischspeise, gleich ob gekauft oder gejagt.«[57]

Luthers Frau sah auch den Tag kommen, an dem sie ohne Mann mit der Sorge für die Kinder allein dastehen würde. Ihr war klar, daß sein Gehalt dann eingestellt, die Studenten womöglich ausbleiben und die Schenkungen abnehmen würden. Die solideste Vorsorge war in ihren Augen die Investition in Landbesitz, der Erwerb eines landwirtschaftlichen Betriebes. Sie versuchte, soviel Land zu kaufen wie möglich. Luther war über ihren Expansionsdrang keineswegs glücklich. Er glaubte, Land sei ein Reichtum, den man entweder verkauft oder bewirtschaftet. Korn sei wertvoller als Gold, meinte er.[58] Land, das man nur besitzt, sei eine unnötige Belastung. Käthe konnte ein Gut in Zülsdorf kaufen, zwei Tagesreisen von Wittenberg entfernt. Weil ein kurzer Besuch dort die Anstrengungen der Reise nicht rechtfertigte, blieb sie drei Wochen. Nach ihrer Rückkehr war sie mit ihren Gedanken immer noch in Zülsdorf. Luther schrieb einen Brief an die »Reiche Frau zu Zülsdorff, Frau Doktor Katharina Lutherin, zu Wittenberg leiblich wohnhaft, und zu Zülsdorf geistlich wandelnd, meinem Liebchen.«[59] Zülsdorf war Käthes Unternehmung und ihre Entspannung, ihr Glück zugleich. Sie brachte Bauarbeiten in Gang. Der Kurfürst stellte ihr Eichenstämme zur Verfügung und sein Amtmann Fuhrwerke. Hätte Käthe nur nicht noch ein anderes Gut in Wachsdorf, eine Stunde Weg von Wittenberg, anschaffen wollen! Es wäre viel leichter zu bewirtschaften gewesen als Zülsdorf, das dann hätte aufgegeben werden können. Luther blieb eine Auseinandersetzung erspart, weil Wachsdorf anderweitig verkauft wurde.

Käthes größter Erfolg war, daß sie ihren Mann lehrte, Nein zu sagen. Als ein Freund und ehemaliger Student die Luthers bat, seine

Hochzeitsfeier auszurichten, brachte es Luther übers Herz zu schreiben:« Mein lieber Freund, weder ich noch Käthe können es (...) ich will weder deine noch meine Ehre mit einem Makel beflecken. Deshalb scheint mir geraten, daß du die Feier entweder in Freiberg hast oder, wenn das nicht geht, (...) eine kleine Zusammenkunft, ein zweites Frühstück mit einigen wenigen Freunden an zwei bis drei Tischen herrichtest.«[60]

Die Geburten der Kinder und andere Ereignisse des Familienlebens werden in Luthers Briefen und Tischreden gebührend vermerkt mit steten Hinweisen natürlich auf Käthe. Hier eine kleine Chronik der Geburten der Kinder und einiger Todesfälle. Am 21. Oktober 1525 berichtet Luther an einen Freund: »Meine Käthe erfüllt anscheinend oder wahrhaftig Genesis 3,8: mit Schmerzen sollst du Kinder gebären.«[61] Am 7. Juni des folgenden Jahres bringt sie einen Sohn zur Welt, der nach Luthers Vater Hans genannt wird. Im Januar schreibt Luther: »Mein Johannellus (Hänschen) grüßt dich. Er zahnt schon, beginnt zu sprechen und Lärm zu machen, zum fröhlichen Verdruß aller. (...) Das ist Frucht und Glück der Ehe, deren der Papst nicht wert ist.«[62] Im Oktober berichtet Luther, Hänschen erleichtere sich in jeder Ecke.[63] Sich vorzustellen, was das für Käthe bedeutete, bleibt der eigenen Phantasie überlassen. Als Hans zwei Jahre alt ist, bedankt sich der Vater in seinem Namen für eine Kinderklapper.[64] Als Hans zehneinhalb ist, schreibt er ihm einen Brief in lateinischer Sprache. [65]

Das zweite Kind war Elisabeth. Sie starb, bevor sie ein Jahr alt war.[66] Zwei Tage nach ihrem Tod schreibt Luther an einen Freund: »Meine kleine Tochter Elisabeth ist mir gestorben. Sie hat mich tief traurig, schwach wie eine Frau, zurückgelassen. Vorher hätte ich nie geglaubt, daß das Herz eines Vaters so bewegt werden kann seinem Kinde gegenüber.«[67] Am 4. Mai 1529 wurde Magdalena geboren, so genannt nach der Muhme Lena. Ihr Rufname war Lenchen. Luther schrieb an Amsdorf: »Achtbarer, Würdiger! Gott der Vater aller Gnaden hat mir und meiner lieben Käthe eine junge Tochter gnädiglich bescheret. So bitte ich E.W. um Gottes willen, (daß Ihr) wollet ein christlich Amt annehmen und derselben armen Heidin (ein) geistlicher Vater sein und ihr zu der heiligen Christenheit helfen durch das himmlische, hochwürdige Sakrament der Taufe.«[68] Zwei Tage später schrieb er: »Die Mutter ist gesund und fröhlich, als hätte sie nichts erleiden müssen.«[69]

Martin kam am 9. November 1531 zur Welt.[70] »Die Eltern haben die jüngsten Kinder allezeit am liebsten,« sagt Dokt. Martin. »Mein Martinichen ist mein liebster Schatz, (...) Hänsichen, Lenichen können nun reden, (be-)dürfen solche Sorge so groß nicht.«[71] Als er einmal zusah, wie Käthe ihn stillte, sagte er: »Dem Kind ist feind (der) Papst, Bischöfe, Herzog Georg, (Kaiser) Ferdinand und alle Teufel, das (Kind) fürchtet sich nicht vor ihnen allen, sondern saugt den Zitzen mit Freuden, fragt nichts um alle seine Feinde, ist guter Dinge und läßt sie zürnen, so lang sie wollen. Wahrlich sagt Christus: Werdet wie die Kinder!!«[72] Ein anderes Mal sah er, wie Käthe das Kind streichelte. »Gott muß mir viel freundlicher sein und mit mir reden als meine Käthe (mit) ihrem Martinichen.«[73]

Paul, der seinen Namen natürlich zu Ehren des Apostels Paulus bekam, wurde am 29. Januar 1533 geboren. Luther verkündete einem Freund: »Wie ich (unlängst) gebeten, so bitte ich abermals um unseres Herren Christi willen, Ew. Gestrg. wollen sich demütigen, Gott zu Ehren und meinem jungen Sohn, den mir diese Nacht Gott bescheret hat von meiner lieben Käthe, förderlich und hilfreich erscheinen, damit er aus der alten Art Adams zur Wiedergeburt Christi durch das heilige Sakrament der Taufe komme und ein Glied der heiligen Christenheit werden möchte, ob vielleicht Gott der Herr einen neuen Feind des Papstes oder (des) Türken an ihm erziehen wolle. Ich wollte ihn gerne um (die) Vesperzeit lassen taufen, auf daß er nicht länger ein Heide bleibe.«[74]

Margareta, nach Luthers Mutter genannt, war die sechste. Sie ist am 17. Dezember 1534 geboren. Luther gab ihr in seinen Briefen den Spitznamen »Margaretula«[75]. Er erwähnt ihre schöne Stimme, als sie erst fünf Jahre alt ist. Da beteiligte sie sich schon an den Musikabenden der Familie.[76]

Zu einem der Kinder, das er gerade auf dem Arm trug, sagte er: »Wie hast du es verdient, oder warum soll ich dich so lieb haben, daß ich dich zum Erben mache alles dessen, was ich habe? Mit Scheissen, Pinckeln, Weinen und, daß du das ganze Haus mit Schreien erfüllst, daß ich so sorgfältig (besorgt) muß für dich sein?«[77] Als ein Baby einmal eine Stunde lang geschrien hatte und Vater und Mutter sich keinen Rat mehr wußten, sagt er: »Das ist die Unlust und Beschwerung im Ehestande, um welcher willen jedermann sich davor scheut, entsetzt und will nicht ehelich werden. (...) Aber Gott hat den Ehestand, die Obrigkeit und das Predigtamt (...) eingesetzt und befohlen.«[78] Nach dem Tode der kleinen Elisabeth und Martins Geburt konnte er sagen: »In tausend Jahren hat Gott keinem Bischof so große Gaben gegeben wie mir.«[79] »Ich habe drei lebendige Kinder; (das) vierte gestorben. Es sind drei Königreiche, die ich von Gott habe, kostbarer als Ferdinandus' Ungarn, Böhmen und das Römische Reich.«[80]

Besonders zärtlich hing Luther an Lenchen. Weil er unter dem Bann stand, konnte er nicht am Reichstag von Augsburg teilnehmen. Er hielt sich in dieser Zeit auf der Feste Coburg versteckt. Dorthin schickte Käthe ihm ein Bild der kleinen Tochter. Das gab ihm großen Trost in seiner Mutlosigkeit und Niedergeschlagenheit.[81]

Als Lenchen im Alter von 14 Jahren starb, kniete Luther an ihrem Bett, betend und weinend. Er nahm sie in die Arme. Käthe stand abseits, erstarrt im Schmerz. Als das Kind in den Sarg gelegt wurde, sagte er: »Ach, du liebes Lenichen, du wirst wieder aufstehen, und leuchten wie ein Sterne, ja wie die Sonne! (...) Wunderding ists, wissen, daß sie gewiß in Frieden und ihr wohl ist, und doch noch so traurig sein.«[82]

In den Tischreden Luthers kommt auch Käthe mehrfach zu Wort. Die Gespräche wurden wohl in einer Mischung aus Deutsch und Latein geführt und mitgeschrieben. Käthe konnte sich lateinisch verständigen, denn sie war im Kloster darin unterrichtet worden.[83] Als die Muhme Lene, die mit Käthe im selben Kloster gewesen war, einmal gefragt wurde, ob sie wieder dorthin zurückkehren würde, antwortete sie nicht in Deutsch: Nein, sondern in Latein: Non! Käthe war eine lebhafte Gesprächspartnerin. Luther meinte, sie könne einen Engländer besser in der deutschen Sprache unterrichten, als er das jemals könne.[84] Andererseits spottete er über ihre Redseligkeit und mahnte sie, diese zu zügeln. Einmal »fragte (Luther sie), ob sie auch zuvor ein Vaterunser gebetet hätte, ehe sie so viel Worte wollte predigen.«[85]

Käthe war Luther gegenüber respektvoll. Sie sprach ihn eher mit »Herr Doctor« und der Höflichkeitsform »Euer/Ihr« an als mit dem vertrauten »Du«. Wie eine Schülerin nahm sie seinen Unterricht an und bat ihn, ihr dies und das zu erklären. »Als seine Frau fragte: Was ist Dialektik? antwortete er: Rhetorik ist, wenn einer wohl waschen kann; Dialektik, wenn einer dasselbe wohl versteht.«[86] (Dialektik ist, wenn einer weiß, wie gewaschen wird. Rhetorik ist, wenn er waschen kann.)

Schwieriger war ihre Frage nach der Auslegung einer Bibelstelle: »Die Frau des Herrn Doktor fragte, warum David sich Gott gegenüber auf seine Gerechtigkeit beruft: Schaffe mir Recht, Herr, nach meiner Gerechtigkeit und Unschuld (Psalm 7,8); wo David doch der größte Sünder gewesen ist.«[87] Auf der anderen Seite zögerte Käthe nicht, ihren Mann zurechtzuweisen. Als Luther eine ungehörige Bemerkung über Schwenkfeld machte, fuhr sie ihn regelrecht an: »Ei, lieber Herr, das ist zu grob!«[88]

Sie konnte widerspenstig sein. Ihr Mann trieb sie beständig zum Bibellesen an. Einmal versprach er ihr 50 Gulden, wenn sie bis Ostern die ganze Bibel durchgelesen habe.[89] Er mußte zugeben, daß sie die Psalmen besser kennt als die Papisten.[90] »Er (Luther) sei stolz, daß sie soviel (in der Bibel) lese, höre und wisse; wollt Gott, sie lebt darnach.«[91] An einer Stelle lehnte sie seine Bibelauslegung rundweg ab. Er sprach über den Schmerz Abrahams, als Gott ihm befohlen hatte, Isaak zu binden. Darauf sie: »Ich kann's nicht glauben, daß Gott sollt von jemandem begehren, sein Kind zu (er)würgen.« Luther antwortete mit der Erinnerung an den Tod Jesu: Gott hat seinen eigenen Sohn nicht verschont.[92]

Auch wenn Käthe gegen ungehobelte Beschimpfungen Protest einlegte, hielt sie ihren Mann keineswegs von scharfer Polemik ab. Es wurde oft verwundert bemerkt, daß Luther eine Erwiderung an die Adresse des Erasmus gerichtet hat, als der ihn mit seinem Traktat vom freien Willen angegriffen hatte. Immerhin hatte Melanchthon Erasmus mitgeteilt, seine Schrift habe in Wittenberg kein großes Aufsehen gemacht. Dann aber trat Luther laut vernehmlich mit einem Widerwort auf. Die Tischreden lassen erkennen, daß Luther den Angriff zunächst schweigend ins Leere laufen lassen wollte. Ein Kollege, Joachim Camerarius, konnte jedoch Käthe dafür gewinnen, ihren Mann zu einer Antwort zu bewegen.[93] Bei einer anderen Gelegenheit brachte sie Kanzler Brück, den Berater des Kurfürsten, gegen sich auf. Brück versuchte, Luther von einer Polemik gegen Heinz von Wolfenbüttel abzuhalten, weil er politische Folgen befürchtete. Gewöhnlich scherte sich Luther wenig um die politischen Auswirkungen seiner Äußerungen, aber diesmal zeigte er Neigung, Brück entgegenzukommen. Da stärkte Käthe ihm den Rücken gegen den Kanzler, und er veröffentlichte den Traktat »Wider Hans Wurst«, das ist: »der von Braunschweig zu Wolfenbüttel«.[94]

Luther liebte es, seine Frau zu necken, indem er ihr nachwies, daß im Alten Testament Polygamie erlaubt sei. »Es wird noch dahin kommen, daß ein Mann mehr als ein Weib wird nehmen. – Antwortet seine Doktorin: Das glaub der Teufel. (...) Paulus sagt: Ein jeder habe seine eigene Frau. – Darauf antwortet der Doktor: Die eigene, aber nicht eine einzige; das steht nicht bei Paulus (...) darauf sagt die Doktorin: Bevor ich das erdulde, kehre ich lieber wieder zurück ins Kloster und gebe Euch und die Kinder auf!«[95] Als sie einmal die Hände über dem Kopf zusammenschlug und ihr ein »Ave Maria« entfuhr, entgegnete er: »Warum hebst du nicht lieber am Ende an, den anzurufen, der am Anfang? Wäre es nicht auch tröstlich, Christus anzurufen?«[96]

Er erwähnt Käthe häufig ganz beiläufig: »Das (lateinische) Sprichwort: Arbeit und (Oliven-) Öl sind verdorben, ist den Deutschen unbekannt. Wenn man aber spricht: Es ist Hopfen und Malz verloren, (wie) es jetzt meiner Käthe mit ihrem geht, das versteht man.«[97] »Wenn ich unserem Herrn Gott sollte raten, so wollt ich ihm raten, daß er der Welt hinfort nichts mehr umsonst gebe, sondern würde auch ein Krämer. Er dürfte keinem kein Weib, kein Kind, kein Auge, kein Fuss, keine Hand, Haupt, Maul, Nase, Zehen, Magen, Milz, Leber, Lunge und alle Gliedmaßen, die der Mensch hat, geben, er zählte ihm denn für ein jedes Stück 100 fl(orin) auf. So wollte ich unserm Herrn Gott auch 100 fl. ausrichten, daß meine Käthe mehr Milch hätte,(...)«[98]

Wir haben keine Briefe von Käthe an ihren Mann, wohl aber einige Briefe Luthers an seine Frau.

27. Februar 1532: »(...) Meine herzliebe Käthe! Ich hoffe, wo Doktor Brück wird Urlaub kriegen, wie er mich vertröstet, so will ich mit ihm kommen morgen oder übermorgen. Bitte Gott, daß er uns frisch und gesund heimbringe! Ich schlafe überaus wohl, etwa 6 oder 7 Stunden aneinander und hernach zwei oder drei Stunden hinnach. Es ist des Biers Schuld, wie ich achte. Aber nüchtern bin ich, gleichwie zu Wittenberg. (...) Es ist Seine Kurfürstl. Gnaden so gesund am ganzen Leibe als ein Fischlein, aber der Teufel hat ihm den Fuß gebissen und gestochen. (...) Weil Johannes (der Diener) wegzieht, so will's die Not und Ehre (er-)fordern, daß ich ihn lasse ehrlich von mir kommen. (...) Ich weiß wohl, daß wenig da ist; aber ich gäbe ihm gerne 10 Gulden, wenn ich sie hätte; aber unter 5 Gulden sollst Du ihm nicht geben, weil er nicht gekleidet ist; was Du drüber kannst geben, das tue, da bitte ich

um. (...) Küßt mir den jungen Hansen von meinen wegen und heißet Hänschen, Lehnchen und Muhme Lehnen für den lieben Fürsten und für mich beten. Ich kann in dieser Stadt, wiewohl jetzt Jahrmarkt ist, nichts finden zu kaufen für die Kinder. Wo ich nichts brächte Sonderliches, so schaffe mir da etwas Vorrats!«[99]

29. Juli 1534: »Gnade und Friede in Christus! Lieber Herr Käthe! (...) Gestern hatte ich einen bösen Trunk gefaßt; (...) Und gedacht, wie gut Wein und Bier hab ich daheim, dazu eine schöne Frau oder (sollte ich sagen) Herr. Und du tätest wohl, daß du mir herüber schicktest den ganzen Keller voll meines Weines, und eine Flasche deines Bieres, sobald du kannst, (...) Hier mit Gott befohlen samt unseren Jungen und allem Gesinde. (...) Dein Liebchen Martin Luther D.«[100]

26. Juli 1540: »Der reichen Frau zu Zülsdorf, (...) Es ist mit dem Reichstage zu Hagenau ein Dreck, ist Mühe und Arbeit verloren, und (die) Unkosten vergeblich. (...) Meinem (...) Herren sind im Thüringer Wald mehr denn tausend Acker Holz abgebrannt und brennen noch. (...) Christus, unser Herr, wolle vom Himmel kommen und auch ein Feuerchen dem Teufel und seinen Gesellen aufblasen, daß er nicht löschen kann. Amen. Ich bin nicht sicher, ob dich dieser Brief zu Wittenberg oder zu Zülsdorf würde finden. Sonst wollt ich geschrieben haben von mehr Dingen.«[101]

18. September 1541, von Wittenberg an Käthe in Zülsdorf: »Und mich wundert, daß du so gar nichts her schreibest oder entbietest, so du wohl weisst, daß wir hier nicht ohne Sorge sind für euch. (...) Verkaufe und bestelle, was du kannst, und komm heim. Denn wie mir's scheint, so will's Dreck regnen, und unsere Sünde will Gott heimsuchen durch seines Zorns Ruten.«[102] Damit spielt Luther auf die Gefahr eines Krieges an.

In einem Anfall von Ekel und Überdruß flüchtete Luther am 28. Juli 1545 – schon gegen Ende seines Lebens und krank an Leib und Seele – aus Wittenberg und schrieb an Käthe: »Meiner freundlichen lieben Hausfrau Katharina Luther von Bora, Predigerin, Brauerin, Gärtnerin und was sie mehr sein kann. (...) Ich wollt's gerne so machen, daß ich nicht brauchte wieder gen Wittenberg kommen. Mein Herz ist erkaltet, daß ich nicht gern mehr da bin. Wollt auch, daß du verkauftest Garten und Hufe, Haus und Hof. So wollte ich meinem gnädigen Herrn das grosse Haus wieder schenken, und (es) wäre dein Bestes, daß du dich gen Zülsdorf setzest, weil (solange) ich noch lebe, und könnte dir mit dem Solde wohl helfen, das Gut auszubessern. Denn ich hoffe, mein gnädiger Herr wird mir den Sold folgen lassen zum Wenigsten bis ins letzte Jahr meines Lebens. (...) Vielleicht wird Wittenberg (...) den Bettlertanz oder Beelzebubstanz kriegen, wie sie angefangen (haben), die Frauen und Jungfrauen zu (ent)blössen hinten und vorn, und niemand ist, der da strafe oder wehre, und wird (über) Gottes Wort dazu gespottet. Nur weg und aus dieser Sodoma! (...) Denn ich kann des Zorns und Unlusts nicht länger leiden.«[103]

Als Melanchthon diesen Brief zu Gesicht bekam, fuhr er mit einigen Freunden Luther nach und brachte ihn nach Wittenberg zurück. Luther erholte sich wieder etwas. Die Herzöge von Mansfeld stritten sich über Schürfrechte an Minen und baten Melanchthon um Vermittlung. Der war aber zu krank, um der Bitte Folge leisten zu können. Luther war so krank, daß er nicht weiter leben wollte, aber er ging an Melanchthons Stelle.

Am 1. Februar 1546 schrieb er aus Eisleben, dem von den Herzögen bestimmten Verhandlungsort: »Ich bin ja schwach gewesen auf dem Weg hart vor Eisleben. Das war meine Schuld. (...) Aber jetzt bin ich, gottlob, wohl geschickt, ausgenommen, daß die schönen Frauen mich so hart anfechten, daß ich weder Sorge noch Furcht habe vor aller Unkeuschheit. (...) Deine Söhnchen sind gen Mansfeld gefahren ehegestern, (...)«[104] Käthe hatte sie dorthin nachreisen lassen, damit sie in der Nähe des Vaters wären, wenn dieser ans Sterben käme.

10. Februar 1546: »Der H(eiligen) sorgfältigen (besorgten) Frau Katharina Lutherin, Doktorin, Zülsdorferin zu Wittenberg, meiner gnädigen lieben Hausfrau. (...) Wir danken euch ganz freundlich für eure grosse Sorge, deretwegen ihr nicht schlafen konntet. Denn seit der Zeit, (als) ihr für uns gesorgt habt, wollte uns das Feuer verzehrt haben in unserer Herberge, hart vor meiner Stubentür. Und gestern, ohne Zweifel aus Kraft eurer Sorge, wäre uns schier ein Stein auf den Kopf gefallen und (hätte uns) zerquetscht, wie in einer Mausfalle (...) Ich sorge, wenn du nicht aufhöret zu sorgen, möchte uns zuletzt die Erde verschlingen und alle Elemente verfolgen. Lehrst du so den Katechismus und Glauben? Bete du und lasse Gott sorgen, (...) ›Wirf dein Anliegen auf den Herrn, der sorgt für dich‹ Ps 55 (...) Wir sind, gottlob, frisch und gesund, (...) Und daß Jonas wollt gern einen bösen Schenkel

haben, den er sich an einem Laden ohne Gefahr gestossen hat, so gar groß ist der Neid in Leuten, daß er mir nicht will gönnen, allein einen bösen Schenkel zu haben. Hiermit Gott befohlen. Wir wollten nun fort gern los sein und heimfahren, wenn's Gott will. Amen.«[105]

14. Februar 1546: »Wir hoffen, diese Woche wieder heim zu kommen, wenn Gott will. (...)die Herren (haben) durch ihre Räte fast alles ver-(be-)glichen (...) Ich will sie zu mir zu Gast bitten, daß sie auch miteinander reden, (...) Ich schicke dir Forellen, so mir die Gräfin Albrecht geschenkt hat. Die ist von Herzen froh über die Einigung. Deine Söhnchen sind noch zu Mansfeld. (...) Wir haben hier zu essen und trinken (voll auf) als die Herren, und man wartet unser gar schön und allzu schön, daß wir euer wohl vergessen möchten zu Wittenberg. So ficht mich der Stein (gottlob) auch nicht an. Aber D. Jonas' Bein ist schlimm geworden, (...) Etliche sagen, der Kaiser sei 30 Meilen Wegs von hier, (...) Etliche, daß die Franzosen (Kriegs-)Knechte annehmen, der Landgraf auch. Aber laß (sie) sagen und singen, wir wollen warten, was Gott tun wird. Hiermit Gott befohlen. Amen.«[106]

Luthers Ende kam. Die Söhne waren bei ihm. Sein Tod bestätigte alle Befürchtungen, die die Eheleute lange vorher gehegt hatten. Käthe hatte schon immer eine drastische Verringerung der Einnahmen vorausgesehen und deshalb die Vergrößerung des Landbesitzes angestrebt. Luther hatte prophezeit, daß unbebautes Land ein Mühlstein am Hals wäre und ein Krieg alle Vorsorgemaßnahmen zunichtemachen würde.

Das Gut Wachsdorf wurde wieder zum Kauf angeboten. Käthe bemühte sich darum. Aber Kanzler Brück war gegen einen Kauf. Er wollte, daß Käthe sich einschränkte; d.h. sie sollte die Söhne in eine Schule geben, das Geschäftliche abwickeln, das Schwarze Kloster an den Kurfürsten zurückgeben und mit den Töchtern bescheiden von einer Rente des Kurfürsten leben. Käthe dagegen bestand darauf, das Kloster zu behalten. Sie wollte weiter Studenten aufnehmen und Zimmer vermieten. Sie kämpfte um das Gut Wachsdorf und bekam es schließlich auch. Aussaat und Ernte besorgte sie selbst.

Dann wurden die Reiter der Apokalypse losgelassen. Schon 1530 hatte der Kaiser den Protestanten ein Ultimatum gestellt. Ein Jahr sollten sie Zeit haben, sich ihm zu unterwerfen, andernfalls stünde Krieg ins Land. Zunächst war er aber nicht imstande, diese Drohung wahrzumachen, denn er war in Auseinandersetzungen mit den Franzosen, den Türken und dem Papst verwickelt. Jetzt erst konnte er zuschlagen. Er kam mit spanischen Truppen, verstärkt durch ungarische unter dem Befehl seines Bruders Ferdinand und durch Sachsen. Wittenberg wurde belagert. Käthe floh mit ihren Kindern nach Magdeburg. Als die Invasoren wieder abgezogen waren, kehrte sie zurück und fand ihre Ländereien versengt und die Gebäude abgebrannt. Der Viehbestand war zur Selbstversorgung von den feindlichen Truppen geschlachtet worden, das Viehfutter aufgebraucht und der Garten geplündert. Glücklicherweise war das Schwarze Kloster noch in Ordnung. Nicht lange danach kam ein erneuter Angriff der Kaiserlichen, eine zweite Flucht, die zweite Rückkehr, bei der sie wiederum Verwüstung vorfand. Sie machte sich zum zweiten Mal ans Aufräumen und Aufbauen.

Dann kam der vierte Reiter, die Pest. Zwei Söhne waren im Internat. Mit Paul und Margareta machte Käthe sich auf den Weg nach Torgau, um dort das Ende der Epidemie abzuwarten. Auf der schlechten Straße gingen die Pferde durch. Käthe mußte vom Wagen springen, um sie von der Seite her wieder unter Kontrolle zu bringen. Sie fiel auf den Rücken und rutschte in einen Graben mit kaltem Wasser. Sie wurde nach Torgau gebracht und von der mittlerweile 18jährigen Tochter Margareta gepflegt. Drei Monate später, am 20. Dezember 1550, starb sie im Alter von 51 Jahren. In ihren letzten Tagen sagte sie, sie wolle »an Christus kleben wie die Klette am Kleid.«[107]

Käthe erscheint als eine Frau mit Charakter und Mut, sensibel, unsentimental, mit einem starken Willen, liebevoll, entschlossen und rechtschaffen. Sie diskutierte mit ihrem Mann die Probleme der Reformation und unterstützte ihn in seinen kämpferischen Unternehmungen. Die Öffentlichkeit war nicht ihr Wirkungsbereich. Dennoch dürfen wir ihren Beitrag zur Reformation nicht herabmindern. Sie stand dem bekanntesten protestantischen Pfarrhaus vor und gab damit in gewisser Weise den Ton an für das häusliche Leben in Deutschland, einen autoritären und patriarchalen Ton gewiß, der zugleich aber auch zärtlichgefühlvolle und hingebungsvolle Nebentöne zuließ.

Luthers Ansichten über die Ehe waren zutiefst geprägt von dieser seiner persönlichen Erfahrung. »Es ist kein lieblicher, freundlicher noch holdseliger Verwandtnis, Gemeinschaft und Gesellschaft denn eine gute Ehe, wenn Eheleute miteinander in Frieden und Einigkeit leben. Wiederum ist auch nichts Bitteres, Schmerzlicheres, denn wenn das Band zerrissen, auseinander getrennt und geschieden wird; nach welchem ist der Kinder Tod, wenn die sterben, welches ich versucht und erfahren habe.«[108]

Luther war der Meinung, daß die Ehe ein weiter Raum für das Tun guter Werke sei. Denn die Ehe lebt von der Liebe: der Liebe zwischen den Ehepartnern, der Liebe der Eltern zu ihren Kindern, die sie nähren, kleiden, aufziehen und pflegen. Ist ein Kind krank, sind auch die Eltern krank vor Sorge. Ist der Mann krank, dann ist die Frau bekümmert, als ginge es um sie selbst. Wenn man sagt, zur Ehe gehörten Sorgen, Mühen und Schwierigkeiten, dann trifft all das zu, aber es hält Christen nicht davon ab, das gemeinsame Leben zu wagen.

Jugendliche Verliebtheit ist nichts Dauerhaftes. Luther vergleicht sie mit dem Wein, der auf der Hochzeit zu Kana (Joh. 2) bald zur Neige geht. »Da kommt der Herr zur Hochzeit und (dabei) ist der Bräutigam ein Bettler und die Hochzeit ist eine solche Bettelhochzeit, daß die Mutter des Herrn anfängt (sich ins Zeug zu legen), weil sie wohl zur nächsten Freundschaft gehörte.«[109] Jesus sagt dazu: »Müßt ihr Wasser trinken, d.h. Trübsal leiden nach dem äußerlichen Wesen und wird's euch sauer? Wohlan, ich will's euch süß machen und das Wasser in Wein verwandeln, daß eure Trübsal soll eure Freude und Lust sein. Das will ich nicht auf die Weise tun, daß ich das Wasser wegnehmen will oder heißen ausgießen. Es soll bleiben, ja, ich will's allererst heißen einschenken und vollmachen bis oben an. Denn ich will die christliche Ehe ihrer Trübsal nicht entledigen, sondern vielmehr noch aufladen. Es soll wunderlich zugehen, daß es niemand erkennt, als die es erfahren, (...)«[110] Luther sagte gern: »Liebe Tochter, (ver-)halte dich so gegen deinen Mann, daß er fröhlich wird, wenn er auf dem Heimweg des Hauses Spitze sieht. Und (recht ist es,) wenn der Mann so mit seiner Frau lebt, daß sie ihn nicht gerne sieht wegziehen und fröhlich wird, so er heimkommt.«[111]

Bibliographie

Es gibt zwei ausführliche Biographien über *Katharina von Bora*:
Albrecht Thoma, Katharina von Bora, Berlin 1900; eine gründliche Arbeit, die die Quellen aber nach ältern Lutherausgaben zitiert und nachweist;
Ernst Kroker, Katharina von Bora, Leipzig 1906; ein sorgfältiger Leser der Tischre-

den Luthers in der Weimarer Ausgabe; leider gibt er keine Quellenangaben. Von Kroker ist auch ein exzellenter Artikel über »Luthers Werbung um Katharina von Bora« in den Lutherstudien, Weimar 1917, S.140-150;

Heinrich Boehmer, Luthers Ehe, Lutherjahrbuch VII, 1925, S. 40-69, beschäftigt sich speziell mit Luthers Ehe.

Abkürzungen

BR   Luthers Briefwechsel in der Weimarer Ausgabe;
TR   Tischreden Luthers nach der Weimarer Ausgabe;
WA   Weimarer Ausgabe der Werke Luthers;
Enders   Lutherausgabe von E.L. Enders, Dr. Martin Luthers Briefwechsel, 6. Band, Calw und Stuttgart 1895;

Anmerkungen

1. Thoma und Kroker; BR im Frühjahr 1525
2. Briefwechsel des Beatus Rhenanus, hrsg. von A. Horawitz und K. Hartfelder, Leipzig 1886, Reprodruck Hildesheim 1966, S. 319
3. BR 782
4. BR 3676
5. Boehmer, Luthers Ehe
6. TR 3177
7. BR 426
8. BR 800
9. BR 883
10. TR 881
11. BR 900 und TR 623
12. BR 911 und TR 2129a
13. BR 892
14. BR 900
15. ebenda
16. TR 49
17. BR 1032
18. BR 1043
19. BR 1908
20. BR 3253
21. TR 7264b, 2772, 146
22. TR 980, 1352, 2458
23. Thoma, S. 182
24. TR 1657
25. ebenda
26. BR 890, 892

27. Thoma, S. 57
28. Enders VI, No. 1368, S. 334ff.
29. TR 3504
30. BR 1501
31. TR 1656
32. TR 5117
33. Thoma, S. 59
34. TR 2731b
35. TR 5181
36. BR 999
37. BR 1009
38. BR 1844 und 2106
39. BR 394 und 1040
40. BR 1007
41. BR 952, 1252
42. BR 1757
43. Thoma, S. 177; Kroker, S. 233
44. Thoma, S. 178
45. Thoma, S. 176
46. TR 4531
47. BR 1902
48. Kroker, S. 218
49. TR 4569
50. Thoma, S. 71 und S. 106
51. siehe Kap. 5; Thoma, S. 71
52. Thoma, S. 126f.
53. Thoma, S. 88
54. Kroker, S.194; Thoma, S. 71
55. Kroker, S. 89
56. Kroker, S. 102 – 107
57. BR 2234
58. BR 3146
59. BR 3519
60. BR 3056
61. BR 932
62. BR 1067
63. BR 1160
64. BR 1303
65. BR 3129
66. BR 1183 und 1303
67. BR 1303
68. BR 1415
69. BR 1417
70. BR 1886
71. TR 2754b
72. TR 1631

73. TR 1237
74. BR 1997
75. BR 2226
76. BR 3300
77. TR 1004
78. TR 2867b
79. TR 5494
80. TR 2590b
81. BR 1595 und 1582
82. TR 5494, Seite 191
83. TR 4860
84. TR 4081
85. TR 1975 und 1978
86. TR 5987
87. Psalm 7.8; TR 2787b und 6280
88. TR 5659
89. BR 2267
90. TR 5008
91. TR 3835
92. TR 1033 und 2754b
93. TR 5069
94. Thoma, S. 220
95. TR 1461
96. TR 1449
97. TR 798c
98. TR 1626
99. BR 1908
100. BR 2130
101. BR 3519
102. BR 3670
103. BR 4139
104. BR 4195
105. BR 4203
106. BR 4207
107. Thoma, S. 260
108. TR 250
109. Predigt über Joh. 2.1-11 in: E. Mülhaupt, Dr. Martin Luthers Evangelienaus-
     legung, Band IV, Göttingen 1954, S. 104
110. ebenda, S. 97f.
111. TR 6320

Ursula von Münsterberg
(geboren etwa 1491 – 95, gestorben nach 1534)

Wir sind Ursula von Münsterberg bereits in der Biographie Katharina von Boras begegnet. Sie war als Flüchtling bei der Familie Luther untergekommen. Genauer als der Fall der Katharina von Bora gibt uns der ihre ein Bild, welche Folgen es hatte, das Kloster zu verlassen. Wir haben von ihrer Flucht nicht nur ihren eigenen Bericht, sondern auch das Zeugnis ihrer Mitschwestern, die im Kloster geblieben waren. Diese wurden während einer der Flucht folgenden Visitation im Januar 1529 gemeinsam und einzeln befragt, und ihre Antworten sind wörtlich festgehalten. Wir kennen außerdem den Briefwechsel zwischen dem Fürsten, der ihr Asyl gewährte, Kurfürst Johann von Sachsen, und ihren Landesherren, den Herzögen Georg und Heinrich von Sachsen, die ihre Auslieferung verlangten. Das macht die Sache für uns sehr faszinierend.

Ursula von Münsterberg war die Enkelin des Königs Georg Podiebrad von Böhmen. Mütterlicherseits war sie eine Cousine der Brüder Georg und Heinrich von Sachsen. Mit ihnen verbrachte sie nach dem frühen Tod ihrer Eltern die Kindheit. Die Mutter der Brüder, ihre Tante Zdena, sorgte für Ursula. Irgendwann im Alter zwischen neun und fünfzehn Jahren – das war die Altergrenze für die Zulassung – wurde sie im Jungfrauenkloster des Ordens der heiligen Maria Magdalena von der Buße in Freiberg in Sachsen untergebracht.

Wir wissen aus ihren eigenen Worten, warum sie das Leben im Kloster widerwärtig fand. Es ging weniger um lehrmäßige oder dogmatische Erwägungen. Ursula war von zarter Gesundheit und ertrug das Aufstehen mitten in der Nacht für die Vigilien nicht. Es fiel ihr schwer, den Tag mit Singen und Beten zu verbringen. Sie fand die vorgeschriebenen Lesungen mittelalterlicher Werke der Frömmigkeit und der Theologie höchst unerbaulich. Die vielen Fastenzeiten waren mehr, als ihr Körper verkraften konnte.[1] Die Atmosphäre gesetzlichen Zwangs machte sie verdrossen. Von ihr wurde erwartet, daß sie vierundzwanzig Mal im Jahr das Sakrament des Leibes Christi zu sich nahm. Aber sie meinte, das Sakrament verlange eine hungrige Seele. Welchen Sinn hat die Kommunion, wenn das Herz nicht bereit ist?[2]

Die Priorin des Klosters war eine tatkräftige und strenge Frau. Sie war nicht geneigt, Ursula gegenüber nachgiebig zu sein, um so weniger, als Ursula keine befriedigende finanzielle Ausstattung ins Kloster mitgebracht hatte. Sie konnte ihre Ausgaben selbst nicht decken. Wir haben zwei Briefe Ursulas an ihre Cousine, die Fürstin Margaretha von Anhalt. In dem einen Brief dankt sie für ein Geschenk. In dem anderen bittet sie um sechs Florin, um Extraausgaben zu bestreiten, die durch eine Krankheit entstanden waren.

Als Ursula durch ihre Flucht die Regeln gebrochen hatte, nannten die Schwestern sie eine Ketzerin, eine Eidbrecherin, die nicht mehr wert sei, auf der Erde zu leben.[3] Es war durchaus keine üble Nachrede, wenn sie Ursula Ketzerei vorwarfen. Den Schwestern waren nacheinander zwei Kapläne für den Konvent zugewiesen worden, die die lutherische Lehre predigten. Sie waren ernannt worden, ohne daß Herzog Georg, der störrischste Gegner Luthers und Herr im Herzogtum Sachsen, etwas davon gewußt oder dem zugestimmt hätte. Anscheinend geschah ihre Ernennung jedoch mit Wissen und Einverständnis seines jüngeren Bruders Heinrich, der in untergeordneter Position die Stadt Freiberg und das angrenzende Nonnenkloster verwaltete. Er hatte der Einstellung der beiden Kapläne zugestimmt. Herzog Georg protestierte zwar im nachhinein gegen die Ernennung des ersten der beiden, Andreas Bodenschatz aus Leipzig, und verwies darauf, es sei seine, Georgs, Sache, die Erlaubnis dazu zu geben; er drohte Schwierigkeiten an, aber er widerrief die Ernennung nicht.[4] Vermutlich konnte er die Neigungen des Predigers nicht beweisen, sondern hegte nur einen bösen Verdacht.

Als dieser Prediger nach zweijähriger Tätigkeit im Kloster 1528 starb, wurde ein anderer mit ähnlicher Gesinnung eingesetzt.[5] Eine der Schwestern sagte später aus, dieser Mann sei auf Bitten Ursula von Münsterbergs dem Kloster zugewiesen worden, und zwar durch Vermittlung der Herzogin Katharina, der Frau des Herzogs Heinrich.[6]

Das ist eine bezeichnende Erklärung. Herzog Heinrich und seine Frau waren dem älteren Bruder Georg nachgeordnet. Sie konnten öffentlich keinen Widerspruch gegen dessen Politik einlegen. Aber als Georg 1539 starb und sein Bruder ihm in der Regierung nachfolgte, ging Heinrich auf Veranlassung seiner Frau Katharina sofort daran, das Land nach lutherischen Prinzipien zu reformieren. Wir haben einigen Einblick in den treuen und verläßlichen lutherischen Glauben Katharinas. Georgs einziger Sohn und Nachfolger starb früh. Ihm war von da an bewußt, daß zunächst Heinrich und dann Moritz, Heinrichs und Katharinas Sohn, in der Regentschaft folgen würden. Deshalb versuchte Georg, den jungen Moritz mit einer Katholikin zu verheiraten und ihn so verläßlich in die katholische Partei einzubinden. Katharina warnte ihren Sohn vor den Absichten des Schwagers. Schließlich heiratete Moritz die Tochter des protestantischen Landgrafen Philipp von Hessen, Agnes von Hessen. Als er fünf Jahre später seinen Vater Heinrich beerbte, flehte seine Mutter Katharina ihn an, er solle »solches teuflisches Unkraut in seine Lande einzupflanzen und christliche reine Lehre auszurotten nicht gestatten (...), sondern Seine Liebden wollten, ehe solches geschehen sollte, Land, Leute und alles darüber zusetzen und verlassen.«[7] Das teuflische Unkraut war natürlich das Papsttum mit all seinen Folgen. Diese späteren Zeugnisse über Katharina machen es sehr wahrscheinlich, daß sie auch schon 1528 die heimlichen Aktivitäten im Kloster der Büßerin Maria Magdalena unterstützte.

Erhellend für Katharinas Verhaltensweise ist auch, wie Luthers Bücher ins Kloster eingeschleust wurden. Eine der Schwestern hat bezeugt, daß die Herzogin auf Ursulas Bitten Schriften Luthers nach Freiberg geschickt hat. Sie sollten dort gebunden und in den Konvent geschmuggelt werden. Als der Herzogin diese Aussage vorgehalten wurde, stritt sie es ab, Bücher geschickt zu haben. Die Nonne, die Katharina beschuldigt hatte, wurde ein zweites Mal verhört und gab dabei an, sie habe sich geirrt. Organisatorin des Bücherschmuggels sei nicht Katharina, sondern Ursula gewesen, die sich zu dem Zeitpunkt längst außer Reichweite

Georgs in Sicherheit befand. Aber wie hätte Ursula Bücher Luthers in Freiberg binden lassen können? In dem Schreiben, in dem sie bestritt, mit den lutherischen Umtrieben im Kloster zu tun zu haben, gab Herzogin Katharina andererseits zu, im Briefwechsel mit dem Konvent gestanden und gemeinsam mit ihrem Mann alles getan zu haben, um verschiedene Bitten der Schwestern zu erfüllen.[8] Eine dieser Bitten war eben die Ursulas um einen lutherischen Prediger.

Die Aussagen der Nonnen geben weiteren Aufschluß darüber, welche Bücher ins Kloster eingeschleust wurden, ebenso welche Theologie der Prediger vertrat und wie er sich verhielt. Zunächst: Welcher Lehre hing der Prediger an? Er »heisse die Werke Heuchelei und preise allzu sehr den Glauben. (...) der Prediger steche immer auf die Bischöfe und rede schimpflich von ihnen. (...) (er) verachte die Heiligen. (...) er achte das klösterliche Leben für nichts und schriebe alles dem Glauben zu und (sage,) daß die Werke nur Zeichen des Glaubens seien und nicht verdienstlich.«[9] Sicher hat er im persönlichen Gespräch noch weit aufrüttelnder gewirkt. Eine Schwester sagte aus, »so sie (den) Willen hätte, aus dem Kloster zu gehen, so hülfe ihr der Prediger treulich dazu und stärke ihr Vorhaben.«[10] Durch das Fenster des Chores in der Kirche führte er Unterredungen mit Ursula, öfter noch mit der Subpriorin, Martha von Schönberg: »oft zwei Stunden, wurde auch eingelassen in das Stüblein, (das) an der Priorin Stüblein gelegen.«[11] Ihre Schwester Barbara von Schönberg war ebenfalls Anhängerin der lutherischen Lehre. Als eine neue Priorin im Kloster eingesetzt wurde, bezog diese ein Zimmer nahe dem Tor. Die Schwestern Schönberg waren nach Aussagen der übrigen Konventualinnen ihre engsten Beraterinnen. Die Priorin selbst gewährte dem Prediger Zutritt in den Konvent und führte selbst mit ihm lange Gespräche.

Welche Schriften Luthers kursierten im Kloster? Der einzige ausdrücklich erwähnte Text ist eine Postille mit Predigten Luthers von Ostern bis Advent. Eine der Nonnen beschreibt diese Sammlung als »ein giftiges Buch, ganz schädlich.«[12] Die Schriften kamen durch das Chorfenster ins Kloster. Das bedeutete natürlich, daß es draußen jemanden geben mußte, der sie herbeibrachte. Meister Philip, der als Friseur die Tonsuren der Nonnen besorgte, wurde dessen beschuldigt, ebenso der Aufseher und seine Frau und der Knecht, der das Feuer unterhalten mußte. Die Subpriorin nahm die Bücher am Chorfenster in Empfang, ließ sie dann von einigen Schwestern abschreiben und machte sie so mit dem Inhalt bekannt. Ursula selbst hatte während einer Visitation die Aufregung ausgenutzt und die subversive Literatur durch eine Mitschwester sicherheitshalber in einem Kornsack verscharren lassen.[13]

Die Schwestern gaben freimütig zu, die Wirkung der Schriften sei sehr groß gewesen. Eine konservative Nonne schätzt, daß von den 77 Mitgliedern, die 1528 im Konvent lebten, ein Drittel noch recht beständig, also katholisch sei, ein weiteres Drittel dagegen lutherisch und das letzte Drittel schwankend im Wind. Eine andere setzt die Zahl der Rechtgläubigen geringer an: Nur fünfzehn Nonnen wären noch »rechte Christen«. Wieder eine andere schätzt diese Zahl höher und meint, zwanzig könnten der alten Kirche treu geblieben sein.[14]

Die Kommission fragte auch, ob es unter den zurückgebliebenen Nonnen Unruhe gebe, bzw. die Absicht, auch das Kloster zu verlassen. Dazu gab eine Schwester zu Protokoll, »wenn man der Mergentalin wie auch den vorgenannten (Nonnen, die zur neuen Lehre neigten) etwas sage, was sie verdrießt, so drohen sie immer mit Weglaufen.«[15] Eine erklärte, sie habe nie ihr Gelübde gehalten, weil sie gar nicht wisse, was sie gelobt habe. »Darum sage sie unverhohlen, nähme man ihr die Bücher, so wolle sie nicht bleiben, denn allein das Wort führe uns zu Gott. Schließlich hat sie angefangen, heftig zu weinen (...), daß sie kaum vernehmlich reden konnte und zu allen gesagt: ›Ich wünsche euch allen und wollte, daß ihr das große Herzeleid hättet, daß ich in meinem Herzen getragen habe nun etliche Tage.‹ «[16]

Eine legte mündlich vor der Kommission und zur Bestätigung schriftlich ein Bekenntnis ab, das sie mit einer bewegenden Bitte verband: »Gestrenge, ehrenwerte und achtbare, würdige Herren. Ihr begehrt, zu wissen die Meinung (d.h. den Grund) meines Eintritts in den Orden, in welchen ich nie eingewilligt habe, sondern (der) aus (Ehr-)Furcht vor meiner lieben Mutter (geschehen ist). Sie ist darauf gewiesen worden von etlichen Geistlichen und hochstehenden Personen, die sie nicht anders unterwiesen haben, denn daß die Seligkeit in diesem Stande gefördert werde und daß ich das Krönlein der Jungfräulichkeit empfangen würde, das niemand außer den Jungfrauen erhält, und daß sie eine ewige Fürbitterin haben würde. Deshalb hat sie mich sehr gezwungen und genötigt mit vielen Drohungen, daß sie mich in der Welt nicht werde versorgen und mein väterliches Erbe (mir) nicht austeilen lasse. Ich habe Euch genügend darüber unterrichtet, daß ich nie eingewilligt habe, (ins Kloster zu gehen) und noch nicht einwilligen kann. Deshalb helft mir mit Eurer Zusage, daß ich nicht komme um Leib und Seele. Christina Korbinnin.« Im Protokoll selbst ist vermerkt, »sie wollte auch gern in ein anderes Kloster, wenn das Wort Gottes dort wäre und ein guter Prediger. Sie wollte auch, wenn man sie härter nötigt, davon gehen. Sie meinte, wenn sie nicht (Menschen gehabt) hätte, die ihr geängstetes Gewissen getröstet hätten, wäre sie lange (schon) fortgegangen. Sie hat danach zur Subpriorin gesagt, wenn wir sie härter angegangen wären, hätte sie das Brotmesser bereit gefaßt, willens dasselbe in sich zu stechen in unserer Gegenwart.«.[17]

Das war die Situation im Konvent. Offensichtlich war Ursula in ihrer subversiven Arbeit erfolgreich. Als Anlaß für ihren Entschluß, den Konvent schließlich zu verlassen, gab sie an, die Streitereien und die Atmosphäre seien unerträglich geworden.[18]

Es war nicht allzu schwer, die Flucht praktisch durchzuführen. Die neue Priorin war sehr freizügig. Sie ließ gegenseitige Besuche der Schwestern in ihren Zellen und Gespräche untereinander zu. Ihr Vorbild werden die Cluniazenser gewesen sein, die im Hohen Mittelalter eine Reform des Klosterlebens durchführten. Sie zogen sich keineswegs von der Welt zurück, sondern waren begabt und geübt im Umgang mit Menschen und in (seelsorgerlicher) Gesprächsführung. Die Priorin erlaubte überdies Personen von draußen, das Kloster zu betreten: »ohne Unterschied Männer, Weiber, Kinder, Knäblein«.[19] Eine Familie aus der Umgebung führte die Priorin selbst während einer Mahlzeit »in alle Winkel und Ecken« des Klosters. An Sonn- und Feiertagen sei »durch die Nachlässigkeit der Priorin (...) ein Gedresche von unnützem Gespei (...) vor der Scheibe (dem Chorfenster) und den Sprachfenstern, nicht anders als in einer Taverne oder einem Schankhause.«[20]

Die Priorin ließ die Welt ins Kloster, aber sie ging auch aus dem Kloster in die Welt. Sie machte Besuche in der Stadt und nahm Schwestern mit zu Verwandten. An Samstagen schickte sie Laienschwestern auf den Markt. Selten machte sie Kontrollgänge im Konvent. Dazu kam, daß die Schlüssel an einem Ort aufbewahrt wurden, der für alle zugänglich war. Aber selbst wenn alles gut unter Verschluß gewesen wäre, der Konvent war nach Aussage der Nonnen nicht ausbruchssicher. Die eigentlichen Ordensschwestern durften natürlich nicht ohne Aufsicht ausgehen. Deshalb erforderte Ursulas Flucht nichtsdestotrotz ein findiges und trickreiches Vorgehen. Ursula ging öfter aus, um mit den Kindern der Umgebung zu spielen. Sie beschäftigte sich regelmäßig im Garten, so daß es die anderen Nonnen nicht ungewöhnlich fanden, wenn sie nicht in ihrer Zelle war. Am 6. Oktober 1528 hatten Schwestern zwischen 6 und 7 Uhr abends Gepoche an einer Tür gehört, sich aber nichts dabei gedacht und angenommen, es handele sich um Pochen am nahen Stadttor. Erst am nächsten Morgen fand man neben der Gartentür, durch die normalerweise das Mehl hereingebracht wurde, einen Schleier. Dann wurde Ursulas Flucht offenkundig. Sie war zusammen mit zwei Gefährtinnen verschwunden. Zuerst waren sie zu dem Pfarrer von Leisnig und dann weiter nach Wittenberg gegangen. Am 16. Oktober 1528 kamen sie dort an.[21]

Nun folgte ein Briefwechsel zwischen den Herzögen Georg und Heinrich auf der einen und dem lutherischen Kurfürsten Johann auf der anderen Seite. Der Gang der Auseinandersetzung kann kurz in Zitaten zusammengefaßt werden. Alle Briefe wurden noch im Jahr 1528 geschrieben.

Mit Datum vom 10. Oktober teilen die Herzöge dem Kurfürsten mit, daß ihre »Muhme Fräulein Ursula« mit zwei anderen Nonnen, nämlich Dorothea Danbergin und Margaretha Volckmars aus dem Kloster in Freiberg geflohen sind. »Weil wir denn nicht zweifeln, Euer Lieb-den erfahre solches (...) von unserer Muhme, und (fürchten), daß sie dadurch möchte zu einem irrigen Leben uns allen zu Schanden und schimpflicher Nachrede gebracht werden, (...) so bitten wir freundlich, Euer Liebden wolle verfügen, daß solchen Klosterjungfrauen nachge-trachtet und (sie) an den Ort möchten gebracht werden, dahin sie sich durch ihren Eid ergeben (haben).«[22]

Am 13. Oktober antwortet Johann aus Weimar: »Was wir auch aus christlicher Pflicht (...) dazu raten, fordern oder zu tun wüßten, damit dasselbige durch christliche und ziemliche Wege erledigt würde, daran soll unseren halben auch kein Mangel sein. (...) Wir wollen aber unse-rem Hauptmann zu Wittenberg und unserem Schosser zu Torgau schrei-ben und ihnen befehlen lassen, nach den bewußten drei Personen an denselben Orten mit Fleiß Erkundigungen einzuziehen, (...) sonder-lich unserer Muhme der von Münsterberg halben und uns dasselbe (...)

zu berichten. Und wenn wir in eigentliche Erfahrung bringen, wo sich unsere Muhme von Münsterberg und die anderen zwei Klosternonnen in unserem Fürstentum aufhalten, wollen wir Eurer Liebden solches alsdann zu wissen geben, ob (für den Fall, daß) Euer Liebden dann geneigt sein werden, jemanden dahin zu beordern und von unserer Muhme und den anderen zwei Klosterjungfrauen anzuhören, was sie endlich verursacht (hat), aus dem Kloster zu gehen, auch was ihr Gemüt sei.«[23]

Am 18. Oktober schreibt Ursula aus Wittenberg an den Kurfürsten Johann: »Es hat mir der Amtmann hier zu Wittenberg Euren schriftlichen Befehl, aus Liebe geschehen, ausgehändigt, daß ich ohne Wissen Eurer Liebden Euer Liebden Herrschaft nicht verlassen wolle, zu welchem ich mich (mit) untertänigem Gehorsam erbiete. (Ich bin) in freundlicher Zuversicht zu Euer Liebden, es geschehe ein solcher Befehl zu meinem Besten, (zu) welchem ich mich auch ohne das untertänigst gehorsam halten wollte. Bin auch des erbötig, mich zur Verantwortung und gründlicher Auskunft zu stellen alles des, so mich verursacht (hat), mit Angst, Not, Gefahr und Elende (mich) aus meinem Kloster zu begeben, nicht allein vor Euer Liebden Räten, sondern (auch den Räten) der hochgeborenen Fürsten und Herren Georg und Herrn Heinrich, Herzögen zu Sachsen usw., meinen Herrn und Oheimen, sondern auch vor Euer Liebden eigenen Person und der ganzen Welt. Bin der gewissen Zuversicht zu Euer Liebden und einem jeden, so des heiligen Evangeliums Bericht hat, sie werden aus meinem Bericht, so ich schon schriftlich verfaßt, als ich noch in schwerer Angst und Gefängnis meiner Seelen gelegen bin, (...) (erfahren), daß ich mich samt meinen zwei Jungfrauen aus keinem Vorwitz noch leichtfertigem Gemüt aus dem Kloster begeben habe. Dafür nehme ich Gott und mein Gewissen zu Zeugen. (...) Überdies begehre ich nichts auf dieser Welt, wenn ich sollte diese Stunde vor Gottes Gericht gehen. Darauf will ich frei und fröhlich sterben.«[24]

Am 8. November informiert Kurfürst Johann die Herzöge Georg und Heinrich über den Stand der Dinge: »Das wollen wir Eurer Liebden zu freundlicher Kenntnisnahme anzeigen, daß uns unser Hauptmann zu Wittenberg vor wenigen (...) Tagen, als wir etlicher Geschäfte halber zu Coburg gewesen, durch sein Schreiben zu wissen gegeben, wie unsere besagte Muhme von Münsterberg samt den besagten zwei anderen Klosterjungfrauen am Tag Galli (...) in Wittenberg (ange-)kommen sind. Sie (haben) auch darein gewilligt, dort zu verharren. Wenn nun Euer Liebden bedacht sind, jemanden von den Ihren dorthin gen Wittenberg zu beordern und von unserer Muhme von Münsterberg und den zwei anderen zu hören, was sie verursacht (hat), aus dem Kloster zu gehen, und Euer Liebden werden uns das anzeigen, wollen wir auch jemanden befehlen, der von unseretwegen dabei sei und anhöre, was unsere Muhme von Münsterberg und die anderen zwei Klosterjungfrauen zur Antwort geben werden.«[25]

Die Absage der Herzöge auf dieses kurfürstliche Anerbieten ist datiert in Freiberg, den 15. November: »Wenn wir aber zu ihnen gegen Wittenberg schicken und verhören lassen würden, was sie zu solchem Vorhaben verursacht hat, hat Euer Liebden leicht zu ermessen, (...) daß sich die ganze lutherische Synagoga dieser Sache annehmen und unsere Abgeordneten in eine weitläufige Disputation führen werde, woran uns denn gar nicht gelegen (ist). (...) (Es ist aber) Eurer Liebden und jedermann unverborgen, wie es allzeit bei unseren Vorfahren und in der christlichen Kirche beachtet und gehalten wurde und daß deshalb keineswegs ihrem eigenen Gutdünken gebührt hat, sich von dannen zu wenden und ihren getanen Gelübden dergestalt entgegen zu handeln. Nach all dem wollen wir Euer Liebden nochmals auf freundlichste gebeten haben, in Anbetracht, daß hierin nichts anderes gesucht wird, als Gottes Ehre und großem Ärgernis zuvorzukommen, daß Euer Liebden verfügen wolle, daß obengenannte Klosterjungfrauen wieder nach hier gebracht werden und diejenigen, so ihnen zu solchem Vorhaben förderlich und behilflich gewesen oder noch sind, (Euer Liebden kann sie leichtlich von ihnen erkunden) nach Ordnung und Satzung (all-)gemeinen Rechts mit Ernst gestraft werden. Denn es ist uns zuvor vielmals begegnet, daß die anderen dadurch von solchen Vorhaben abgeschreckt werden.«[26]

Dieser Bitte wiederum mag der Kurfürst nicht Folge leisten. Er antwortet am 20. November aus Weimar: »Weil aber Euer Liebden solches (nämlich nach Wittenberg zu kommen und die Geflohenen an diesem sicheren Ort in Ruhe anzuhören, Anm. d.Ü.) aus etlichen angemaßten und vorgeschobenen Ursachen, deren Wert wir zur Zeit auf sich beruhen lassen wollen, nicht gelegen (ist), so lassen wir es auch dabei bewenden.« Diesem Schreiben legt Johann eine Kopie des Briefes bei, in dem Ursula auf seine Bitte hin Rechenschaft über die Fluchtgründe abgelegt hat.[27]

Am 27. November teilt Heinrich seinem Bruder Georg aus Freiberg mit, er habe den Brief Kurfürst Johanns gelesen. »(...) Dieweil unserem vorangegangenen angemessenen Gesuch nicht willfahren (entsprochen) worden ist, so haben wir das Unsere getan, (wird) uns auch der allmächtige Gott und jedermann hierin wohl für entschuldigt halten. Dennoch wollen wir in Euer Liebden als des Ältesten und Weisesten Rat und Meinung stellen, ob noch etwas weiteres und was ferner geschehen soll.«[28] Nicht nur vor Gott und jedermann, weit mehr noch vor seiner eigenen Frau wäre Heinrich entschuldigt, wenn Georg die Sache auf sich beruhen ließe.

Aber so schnell gibt Georg nicht auf. Zwischen dem 27. November und dem 7. Dezember erreicht Johann ein Brief von Georg und Heinrich: »Nun ist unser beider freundliche Bitte, die wir bei Eurer Liebden unserer (...) Muhme halben getan haben, aus keinen anderen denn christlichen gutem Willen geschehen, nicht allein zur Rettung und Erhaltung unserer aller Ehre und Glimpf, sondern auch, daß wir gerne aus christlicher Liebe, so viel an uns (liegt), diese unsere Muhme vor Gefahren für ihre Seele bewahren wollen. Weil unserem christlichem und ziemlichen Ansinnen aber die willfährige Folgeleistung von Eurer Liebden verweigert wird (...) und es nun zur Zeit in unserer Gewalt nicht ist, Veränderung und Besserung daran zu machen, so müssen wir's nunmal auf sich beruhen lassen. Doch (soll das) dergestalt (geschehen), daß wir (...) unsere Muhme, sintemal sie sich in Euer Liebden engen Schutz mit so großer Zuversicht befehlen tut, allein bei Euer Liebden und sonst niemand anderes wissen wollen. (...) Nachdem wir aus der mitgeschickten Schrift unserer Muhme erfahren haben, daß sie vorhat, eine Schrift auch durch den Druck ausgehen zu lassen, darin sie ihres Beginnens (...) Anschauung und vermeintliche Entschuldigung anzuzeigen bedacht (ist), ist hierin unser Bedenken nicht wenig zu betrachten, ob sichs wohl gebühren wolle, auch diesem ihrem Vorhaben stattzugeben. Denn wenn sie das vorhat, würde es den frommen Geistlichen und fügsamen Kindern, die sich ihrer Pflichten gemäß im Kloster aufhalten, nicht wenig zum Ärgernis und zum Bösen gereichen und vor ihrer Freundschaft (Verwandtschaft) schwerlich zu verantworten sein. Dadurch (würde) auch weiter Geschimpfe erregt, desgleichen möchten viele arme unverständige Seelen aus Einfalt verursacht werden, von ihrem christlichen zu einem gottlosen Wesen abzufallen, wie man denn an vielen Orten jetzt hin und wieder findet.«[29]

Im Antwortbrief vom 7. Dezember geht Johann nicht nur auf das direkt vorangegangene, sondern auch noch einmal auf das Schreiben vom 15. November ein. »Und weil wir von der Gnade Gottes wissen und des eigentliche Erfahrung haben, daß in unserer Hohen Schule zu Wittenberg keine Menschensekte, wie zum Teil in anderen, sondern allein Gottes Gesetz, Wort und das heilige Evangelium durch diejenigen, so allda die heilige Schrift behandeln, gelehrt und vorgetragen wird, darum mag sie denn wohl eine christliche Synagoga genannt werden. (...) Was Euer Liebden ferner ansprechen, die von Münsterberg hat sich ohne unser Geheiß (...) oder Förderung aus dem Kloster zu Freiberg gewandt und ist (seitdem) nicht unter unserer Aufsicht oder Bewachung gewesen. Deshalb wüßten wir nicht, daß wir uns damit beladen lassen könnten, sie dermaßen (hier) festhalten zu lassen, daß sie Euer Liebden (sicher) bei uns wissen (kann). (...) So können wir auch aus ihren Schriften, die sie an uns gerichtet (hat), nichts anderes bemerken, als daß sie christlichen Verstand und Wissen hat, daß wir (...) (meinen), sie werde sich (...) vor Gott und der Welt unbescholten zu halten wissen. Wir meinen auch, daß Euer Liebden nunmehr zugekommen sei, was die von Münsterberg zu ihrer Verantwortung und Entschuldigung an Eure beiden Liebden durch einen Druck hat ausgehen lassen. Daraus (können) Euer Liebden ihren Verstand ersehen und ihre Antwort vernehmen. (...) Denn obwohl Euer Liebden in Eurem letzten Brief vorbringen, darüber nachzudenken, ob ihrem Vorhaben genannten Drucks halben stattzugeben sei, so ist uns nun solcher Druck, eh wir uns des versehen konnten, zu Händen gekommen. Zudem haben wir, da wir ihn jetzt in Eile durchgelesen (haben), nichts finden können, was ungebührlich und unbegründet darin vorgebracht wird. Darum (ist) es auch unserer Ansicht nach niemandem zum Ärgernis, sondern (es) wird vielmehr und sonderlich denen, so in dem gleichen Gefängnis der Gewissen verhaftet (sind), zur Besserung und zum Trost gereichen. (...) Damit aber auch Euer Liebden den Text der von Münsterberg selber sehen und lesen können, falls Ihnen solcher Druck noch nicht zugekommen ist, so tun wir Euren Liebden hiermit zwei Drucke übersenden, freundlich bittend, Eure Liebden als unsere freundlichen, lieben Vettern wollen das alles von uns nicht anders als freundlich und zu unserem Besten annehmen, uns auch mit dergleichen ferner freundlich verschonen.«[30]

Ursulas Verteidigungsschrift war mit einem Nachwort Luthers erschienen.[31] Sie rechtfertigt sich und ihre Gefährtinnen. Wir geben ihr selbst das Wort: ».. ein jeder fromme Christ, so solches hören und sehen wird, wolle beherzigen die großen (ge-)fährlichen Nöte unseres Gewissens, darinnen wir gewesen sind, an welchen er wird befinden, daß wir in (auf) keine(m) andern Wege dem unvermeidlichen Urteil Gottes (...) haben mögen entfliehen, denn eben durch diese Weise. (...) Aus welchem er auch wird erkennen, daß solches aus keinem leichtfertigen Gemüte geschehen sei, noch aus keinem schnellen Zufall, sondern allenthalben bewogen und wohlbedacht. (...) Derhalben, so wir uns allein auf Gott und sein Wort stützen, wird unsere Verantwortung freilich nichts gelten bei denen, so vor ihren Augen ›den gekreuzigten Christum zu einem Ärgernis und Torheit‹ haben, welchen wir bekennen (als) ›göttliche Kraft und göttliche Weisheit‹ (1. Korinther 1.23f.). (...) Die erste Ursache, so uns zwingt, (das) Klosterleben zu verlassen, ist diese: Christus sagt: ›Verkündigt das Evangelium allen Kreaturen. Wer da glaubt und getauft wird, der wird selig.‹ (Markus 16, 15); und Johannes 3,16: ›Also hat Gott die Welt geliebet, daß er seinen einigen Sohn gab, auf daß alle, die an ihn glauben, nicht verloren werden, sondern das ewige Leben haben.‹ Auch der Prophet Habakuk 2,4 sagt: ›Der Gerechte wird seines Glaubens leben.‹ In welchen Sprüchen aufs klärlichste angezeigt ist, daß all unser Heil und Leben blößlich auf Christo stehe, so der im Glauben angenommen wird, wie Johannes 14,6: ›Ich bin der Weg, die Wahrheit und das Leben, niemand kommt zum Vater, denn durch mich.‹ (...) Und Markus 16,16: ›Wer nicht glaubt, der wird verdammt.‹ (...)

Weil denn nun Glauben allein unsere Seligkeit ist und Unglauben unsere Verdammnis, wie oben angezeigt, befinden wir dieser Stelle und Ortes ganz das Widerspiel zu sein beides in Worten und Werken, (finden wir, das Klosterleben ist in Worten und Werken das Gegenteil davon, Anm. d. Ü.) und eben die Gelübde, so sie sagen, unsere Seligkeit solle darinnen stehen, die sind es, die uns von Gott reißen, und werfen uns in Ungewißheit und ewige Verdammnis; derhalben wir sie haben müssen verlassen. (...)«

Ursula versteht die Taufe als das einzige und gültige Gelübde, das Menschen ablegen. Durch die Taufe werden wir in die Gemeinschaft mit Christus und ins Reich Gottes aufgenommen: »Aber mit welcher Lüge sollten wir nicht verführt oder betrogen sein gewesen, da wir geglaubt haben, daß wir durch Annehmen des Ordens befreit würden von Pein und Schuld, und daß es eine andere (zweite) Taufe wäre? (...) welches man uns öffentlich auf der Kanzel verkündigt hat. Ist das nicht Gotteslästerung und göttlicher Wahrheit widersprochen?«

Durch Taufe und Glauben sind wir mit Christus vermählt worden – Ursula beruft sich auf Hosea 2,20. Im Kloster aber haben wir »uns auch eine eigene und erdichtete Gemahlschaft zugerichtet, in welcher wir, des Teufels Hoffart vollkommen zu machen, mit Ehebrechers Büberei aus der keuschen Ehe Christi getreten sind, nämlich in dem, daß wir neben Gott, so unser vertrauter Bräutigam durch das Bündnis des Glaubens, mit einem andern die Ehe brechen, nämlich mit unseren erdichteten Werken, auf welche wir vertrauet haben; und haben uns dennoch wohl dazu dürfen erheben über andere Christen, welche wir des unwürdig geschätzt haben. (...) Und solches haben wir förderlich getan bei den drei Gelübden, welche wir bei Verlust der Seelen haben sollen unwandelbar halten.«

Ursula hofft, »es sei einem jeden Verständigen klar genug an Tag gegeben, daß er genugsam verstehe, welche Fährlichkeit auf unser Gewissen geladen sei; welche uns in keinem andern Wege ist zu vermeiden gewesen, denn daß wir uns ganz (ent-)äußerten und ›das Unreine nicht mehr anrührten‹.«

Deshalb »haben wir befunden, daß wir unser Gebäude auf einen fährlichen ungewissen Grund gesetzt haben, auf welchem wir alle Augenblick mit Furcht und Zittern gewärtig sein müssen eines großen und unwiederbringlichen Falls. (...) Wer kann doch bestehen vor Gottes Zorn? Wir haben auch zu einer Zeit (...) unsere Beschwerung angezeigt den Fürsten und ihren Gewaltigen, beides schriftlich und mündlich, und mit vielen Worten angezeigt, mit welcher Angst und Not unser Gemüt belästigt sei, (...) ist uns wohl verheißen, es sollte ein solches verwandelt und gebessert werden, auf welches wir nun schier zwei Jahre gewartet haben, (...) also daß wir es mit Mühe und Arbeit dahin gebracht haben, daß wir mit einem Prediger sind versorgt worden, der uns Gottes Wort recht verkündigte.« Nicht einmal das hat einen echten Fortschritt gebracht, im Gegenteil ist es so, »daß es nur ärger wird, und werden oftmals vermahnt, solche Predigt zu verschlagen (auszuschlagen) und nicht anzunehmen. (...) Wir aber bekennen frei, daß wir ohne Gottes Wort nicht länger leben können, und sind als (wie) die hungrigen verschmachteten Schafe (Psalm 119,176), die keine Weide noch Sättigung erlangen können, außer allein bei Christus, unserem rechten Hirten. (...) So ist uns unsere Seligkeit nicht so wohlfeil, daß wir sie um menschliche Gunst verkaufen oder freimarkten könnten. Denn wir wissen gewißlich, daß wir hier keine bleibende Stadt haben, sondern warten auf eine zukünftige (Hebräer 13,14). So müssen wir nun hinaus gehen zu dem, der vor dem Tor gekreuzigt ist (Matthäus 27, 31 und 32) und seine Schmach tragen. Denn wir erwarten in kurzem die Zeit, so derselbige gekreuzigte und verschmähte Christus wird wiederkommen in der Herrlichkeit seines Vaters (Matthäus 16,27), daß wir nicht möchten erfunden werden denen gleich,« denen »vom Herrn geantwortet (wird): Ich habe euch noch nie erkannt (...) (Matthäus 7,22) (...)

Solches alles, lieben Freunde, die ihr seid unsere Brüder und Schwestern in Christo, Eines Glaubens und Einer Taufe (Epheser 4.5), haben wir euch öffentlich wollen an Tag geben, auf daß ihr erkennen möget, daß das Verlassen unseres Ordens nicht herfließe aus einem leichtfertigen Gemüt, sondern aus mächtigen, wichtigen und ernsten Sachen, in denen kein Schimpf nicht vorzuwenden ist. Und wiewohl diese oben angezeigte Sache stark genug ist, auch Leib und Leben, Ehre und Gut daran zu setzen, sind noch darüber viel andere Ursachen, durch die wir bezwungen werden, (das) schlechte Klosterleben zu verlassen.«[32]

Kaum ein halbes Jahr nach der Flucht der drei, um Pfingsten 1529, verließen vier weitere Nonnen heimlich den Konvent.[33] Die Priorin sagte während der Visitation im Januar von sich, sie sei erschöpft, unvermögend und alt und würde es gern einer anderen gönnen, den Konvent zu leiten, einer, die es besser ausrichten könne als sie.[34] Es war ihr gegönnt, die Last loszuwerden: Der Tod nahm sie ihr ab. Daraufhin wählten die verbliebenen Nonnen Barbara Schönberg[35] zur Nachfolgerin. Sie gehörte zu den führenden Sympathisantinnen der lutherischen Bewegung im Kloster, war aber im Konvent geblieben. Man mag sich fragen warum. Aber Luther hat nie gefordert, alle müßten die Klöster verlassen, sondern nur, daß die, die bleiben, nicht meinen sollen, dadurch ihre Erlösung zu verdienen. Ursula hat mit ihrer Flucht eine sichere, »bleibende Stadt« aufgegeben. Wir wissen nicht, wann und wo sie gestorben ist. Quer über das Fenster im Chor der Kirche von Maria Magdalena der Büßerin wurde ein Riegel angebracht.

Bibliographie

Hubert Ermisch, Herzogin Ursula von Münsterberg, Neues Archiv für sächsische Geschichte und Altertumskunde III, 1882, S. 290-333

Karl von Weber, Zur Lebensgeschichte der Herzogin Katharina von Sachsen, Gemahlin Herzog Heinrichs des Frommen, Archiv für die sächsische Geschichte VI, 1868, S. 1-35

Von Ursula von Münsterberg: Frau Ursulen Herzogin zu Münsterberg, christliche Ursachen des verlassen Klosters zu Freiberg, in: Luthers Werke, Walch 2d. ed. XIX, Nr. 178

Luthers Nachwort dazu: WA Bd. XXVI, S. 623

Urkundenbuch der Stadt Freiberg in Sachsen, in: Hubert Ermisch (Hrsg.), Codex Diplomaticus Saxoniae Regiae, Leipzig 1883, Dokumente Nr. 702 – 715

Anmerkungen

1. Walch, sec. 60
2. Walch, sec. 46 – 48
3. Walch, sec. 62
4. Urkundenbuch Nr. 702 und 703, S. 476f.
5. Ermisch, Ursula, S. 301
6. Urkundenbuch Nr. 714, S. 490; im Urkundenbuch wird unter Nr. 714 der Bericht über die Visitation im Kloster Maria Magdalena vom 27. – 29. Januar 1529 wiedergegeben
7. Weber, S. 31
8. Urkundenbuch Nr. 715, S. 495
9. Urkundenbuch Nr. 714, sec. 8, S. 489f.
10. a.a.O.
11. Urkundenbuch Nr. 714, sec. 8, S. 490
12. Urkundenbuch Nr. 714, sec. 5, S. 487
13. Urkundenbuch Nr. 714, sec. 6, S. 488f.
14. Urkundenbuch Nr. 714, sec. 15, S. 493
15. Urkundenbuch Nr. 714, sec. 5
16. Urkundenbuch Nr. 714, sec. 5, S. 487
17. Urkundenbuch Nr. 714, sec. 5, S. 488, Anm. m
18. Walch, sec. 50
19. Urkundenbuch Nr. 714, sec. 11
20. a.a.O.

21. Ermisch, Ursula, S. 305
22. Urkundenbuch Nr. 705
23. Urkundenbuch Nr. 706, S. 478
24. Urkundenbuch Nr. 707, S. 479
25. Urkundenbuch Nr. 708, S. 480
26. Urkundenbuch Nr. 709, S. 480f.
27. Urkundenbuch Nr. 710, S. 481
28. Urkundenbuch Nr. 711, S. 481f.
29. Urkundenbuch Nr. 712, S. 482
30. Urkundenbuch Nr. 713, S. 483ff.
31. WA XXVI, S. 623ff.
32. Walch2 XIX, Nr. 178, S. 1694 – 1723
33. Urkundenbuch, Nr. 716
34. Urkundenbuch Nr. 714, sec. 18, S. 494
35. Urkundenbuch Nr. 718, S. 497f.

Katharina Zell
(1497 – August 1562)

Katharina Zell nannte sich selbst »ein Stückchen von der Rippe des seligen Matthias Zell«.[1] Er betrachtete sie wohl eher als Doppelrippe. Er nannte sie »seinen Helfer«.[2] Zum ersten Mal kam sie ihm zu Hilfe, als er wegen der Heirat mit ihr vom Straßburger Bischof exkommuniziert wurde. Gegner der Reformation versuchten, ihren und ihres Mannes guten Ruf zu zerstören. Sie verbreiteten unter anderem das Gerücht, sie habe ihn bei der Magd gefunden, und als sie ihm gesagt habe, das wolle sie nicht dulden, habe er sie geschlagen und aus dem Haus gejagt.

Katharina setzte sich gegen diese üble Nachrede zur Wehr. Sie veröffentlichte eine Verteidigungsschrift. »Denn er (M. Zell, Anm. d. Übers.) (des ist Gott mein Zeuge, daß ich hier nicht lüge, kein größeren mag ich haben) mit mir und ich mit ihm nie kein Viertelstund (...) sind uneins gewesen oder er mir je Leids getan, groß oder klein, mit Worten oder Werken. Desgleichen ich ihm auch, wie ich hoffe. Ich weiß auch nicht anders (bis) auf (diese) Stunde, als daß wir einander unsere Gedanken, sofern sie göttlich wären, erfüllten. Wir tun das.

Auch der Magd halben: Ich habe doch keine Magd, denn nur ein frommes, kleines Töchterlein, noch gar ungesund, unverschalkt, das von solchen Dingen gar nichts weiß, zu dem er noch nicht ein Wort geredet hat, solange es im Haus ist gewesen. Und was das Verprügeln angeht: mein Mann und ich hatten nie auch nur 15 unglückliche Minuten miteinander. (...) Ich weiß keine größere Ehre für uns zu erleben, denn daß wir in Schanden dieser Welt sterben und er mir und ich ihm fröhlich am Kreuz einander (Trost) zusprechen und stärken werden.« Sie wehrte sich in dieser Schrift nicht nur gegen Verleumdungen, sondern ging zum Angriff über. Leidenschaftlich verteidigte sie die Ehe für Priester und prangerte den angeblich zölibatär lebenden Kleriker an, von dem sieben Frauen gleichzeitig schwanger sind. »Paulus sagt: Die Weiber sollen schweigen. Antworte ich: Weißt aber nicht auch, daß er sagt Galater 3: In Christus ist weder Mann noch Weib; und daß Gott im Propheten Joel sagt im 2. Kapitel: Ich werde ausgießen von meinem Geist über alles Fleisch und eure Söhne und Töchter werden weissagen etc.. Und weißt auch, da Zacharias ein Stummer ward, (hat) Elisabeth Maria, die Jungfrau, gebenedeit.

Also (...) ich begehr nicht, daß man (auf) mich höre als (wie auf) Elisabeth oder Johannes den Täufer oder Nathan, den Propheten, der David sein Übel angezeigt, noch als einen (anderen) Propheten, sondern nur als (wie auf) den Esel, (auf) den doch der falsche Prophet Bileam hörte. Denn ich doch nichts anderes begehre, als daß wir möchten selig miteinander werden. Dazu helfe uns Gott durch Christus, seinen lieben Sohn. Amen.«[3]

Eine Verteidigung der Priesterehe war im Straßburg des Jahres 1523 ganz in der Ordnung. Sieben Priester, einschließlich Katharinas Ehemann, waren exkommuniziert worden, weil sie geheiratet hatten. Die treibende Kraft bei diesem schwerwiegenden Schritt der Kleriker war Martin Bucer. Er war zwar nicht der erste evangelische Pfarrer in Straßburg, – diese Ehre gebührt Matthias Zell – aber als Bucer nach Straßburg kam, war er bereits verheiratet. Der ehemalige Dominikaner hatte eine ehemalige Nonne, Elisabeth Silbereisen, zur Frau. Überall vertrieben suchten beide Zuflucht in seiner Heimatstadt Straßburg. Zell nahm ihn in sein Haus auf. Dort hielt Bucer Vorlesungen über den Römerbrief. Später konnte Zell ihm eine Pfarrstelle verschaffen. Bucer begann, seine Kollegen zur Heirat zu drängen und ging dabei soweit, eine Frau für seinen Mitbruder Wolfgang Capito zu suchen.

Bucer schrieb mit dieser Absicht an die edle und hochgeborene Frau Ottilie von Hohenheim in Basel. Er verteidigte ausführlich die von vielen Seiten geschmähte Priesterehe. Sie sei weniger als Heilmittel gegen die Sünde notwendig, denn die meisten Kleriker seien durchaus fähig zur Enthaltsamkeit, aber zum Wohl jener, die die Gabe der Keuschheit nicht besäßen, seien auch die, die das Zölibat »vielleicht ohne großes Brennen« halten könnten, verpflichtet, zu heiraten, um der Priesterehe dadurch Ansehen zu geben. Das ginge natürlich nicht ohne die Mitwirkung der Frauen. »So hat er (Capito) sich denn in dieser Meinung auf christliche Jungfrauen und Frauen bedacht, aber keine gefunden, mit der er sich getrauet, der Priesterehe den Weg noch weiter zu machen als mit Euch. (...) Denn wir wissen, daß Euer Glaube der Art ist, daß, wenn Ihr hier helfen wollet, das Kreuz Christi tragen, so wird es gar manchen viel leichter werden. (...) So mögt Ihr erwägen, ob dies eine Berufung Gottes sei. (...) Ihr mögt wohl in dem Wandel und Leben, das Ihr jetzt führet, Christum bezeugen, jedoch also dem Gotteswort zur Förderung an die Spitze treten und das Kreuz am härtesten Orte angreifen. (...) Euch in eine so vermaledeite, gekreuzigte Ehe zu begeben: das wäre ein Meisterstück. (...) So ermahne ich Euch durch Christum, den Gekreuzigten und Verdammten: wollet dies mein Schreiben ins Herz fassen und (...) erwägen, was darin der Wille Gottes (...) vermöge«.[4] Aber Ottilie hatte nicht den Eindruck, daß dies nun gerade das ihr bestimmte Kreuz sei.

Capito indessen heiratete die Tochter eines angesehenen Straßburger Ratsherrn.[5] Das Einverständnis des Vaters zu dieser Ehe zeigt, wie stark die einflußreichen Patrizierfamilien bereits die Reformen unterstützten. Ohne diese Unterstützung hätten die Reformatoren niemals dem Druck des Straßburger Bischofs widerstehen können.

Ein zweiter Priester, Anton Firn, trat mit seiner bisherigen Geliebten vor den Altar. Der Pfarrer, der die Trauung vollzog, war Matthias Zell. Er nahm die Gelegenheit wahr und predigte über die Rechtsgültigkeit der Priesterehe. »Es ist ein löblicher Brauch bisher gewesen, so man zwei Menschen vor der Kirche hat sollen vermählen, bevor man sie zusammengegeben hat, ist von den Umstehenden gefragt worden, ob jemand Hindernisse wisse, derhalben diese zwei nicht zusammen gehörten. Welcher Brauch nicht zu verwerfen ist. (...) Diesem Brauch nach sollte ich jetzt in der Vermählung dieser zwei auch tun. So weiß ich ohne das wohl, daß jedermann nicht unwissend ist, wie es um sie bestellt ist. Deshalb mir vielmehr ein anderes gebührt, nämlich zu verkünden, daß zwischen sie kein Hindernis des ehelichen Stands gebracht (werden) soll, das ihnen bisher von jedermann für ein Hindernis ist geachtet. Welches, wiewohl es seltsam ist und für eine ungewohnte Neuerung gehalten (wird), darüber sich etliche ärgern, etliche sonst verwundern möchten, bitt ich doch fleissiglich, daß sich ein jeder solcher Gedanken und Beweggründe enthalten soll. Denn es (ist) keine Neuerung, sondern eine Wiederbringung der rechten, wahren Ordnung von Gott, dem heiligen Geist, aufgesetzt.« Zell weist dann anhand biblischer Texte nach, daß die Ehe Gottes gute Gabe von der Schöpfung her ist und das Verbot der Ehe für einen bestimmten Stand nicht begründet werden kann. »Nun aber wir wider alle Lehre und Rat der Schrift und Exempel (uns) solches (Verbot der Priesterehe) aus eigenem Frevel unterstanden haben, sind wir bis hierher gekommen, daß es in Sodom und Gomorra freilich besser gestanden ist als jetzt in der Christenheit. (...) Drum, lieber Antoni, sei unerschrocken, denn selig bist du, der durch diese Tat dem Endchrist (Antichrist) entbrichst (Abbruch tust); auf deiner Seite steht Gott und sein Wort, (...) Acht auch nicht, daß jeder ein Aufsehen auf dich hat. Einer lobt, der andere schilt. Acht auch nicht, was Unfalls dir daraus entsteht. Dir muß es zum Guten dienen. Und ob du schon vertrieben wirst, ja sterben müßtest, mag dir's nicht schaden, du tust, was dich Gott geheissen hat wider seinen Feind, den Endchrist. Dem spei mit dieser Tat fröhlich in sein Angesicht. Es werden dir, ob (so) Gott will, bald mehr christlicher Brüder nachfahren, welche bisher noch erschrocken.«[6]

Nur drei Wochen später, am 3. Dezember 1523, folgte ein weiterer Priester dem Beispiel Firns: Matthias Zell. Das Trauversprechen legte er vor Martin Bucer ab.[7] Die Braut war keine ehemalige Geliebte, sondern die unerschrockene Katharina Schütz, die durch Lektüre der Schriften Martin Luthers aus großer Seelenqual befreit worden war.[8] Luther schickte Katharina einen Glückwunschbrief zur Hochzeit.[9] Sie war 25 oder 26 Jahre alt, ihr Mann 20 Jahre älter. Mit dieser Eheschließung stieg die Zahl der verheirateten Priester in der Stadt auf vier. Drei weitere taten danach noch den Schritt. Der Bischof exkommunizierte alle. Gemeinsam verteidigten sie sich gegenüber ihrem Vorgesetzten.[10] Katharina schickte ihm noch den »rauchenden« Brief hinterher.[11] Zusätzlich veröffentlichte sie einen Traktat, über den sich der Bischof beim Rat beschwerte, er sei beleidigend.[12] Der Rat untersagte daraufhin Beschimpfungen, stellte sich aber in der Sache hinter die verheirateten Priester.

Bis 1529 fanden im Straßburger Münster katholische und evangelische Gottesdienste neben-, bzw. nacheinander statt. Der vom Bischof ernannte Priester predigte von der Hochkanzel aus. Zell benutzte eine Kanzel, die seine Gemeindeglieder gebaut hatten und die auf Rollen ins Mittelschiff gefahren werden konnte. Bis zu 3000 Menschen kamen in seine Gottesdienste und hörten seine Predigten.[13]

Katharina und ihr Mann ergänzten sich so sehr, daß wir uns auch die Rolle, die Matthias Zell spielte, genau ansehen müssen. Manche meinten boshaft, er hänge am Schürzenband seiner Frau. Aber er war schon vor seiner Eheschließung ein leidenschaftlicher Reformer. 1520 war er als 42jähriger Priester nach Straßburg gekommen. Er wurde ins Münsterkapitel berufen und mit dem Amt des Poenitentiarius (Beichtvater) betraut. Das heißt, er war für die Erteilung (oder Versagung!) der Absolution zuständig und mußte die dabei fällig werdenden Strafgebühren eintreiben.[14] Der Bischof und sein Schatzmeister hielten ihn in der Ausübung dieses Amtes für unverzeihlich nachlässig. Zell erteilte zum Beispiel Absolution, ohne Gebühren zu fordern, wenn Bauern zu ihm kamen und beichteten, sie hätten an Fastentagen Butter gegessen. Er verzichtete auch auf die Gebühr, als eine Frau nach einer Fehlgeburt die obligatorische Reinigung von ihm erbat. Warum brauchte eine Frau überhaupt nach einer Fehlgeburt Läuterung oder Sündenvergebung? Der Bischof war zornig. Das Münsterkapitel dagegen unterstützte Zell.

Aber es sollte schlimmer mit ihm kommen. Um 1520 fanden Luthers Schriften immer mehr Verbreitung. Die Predigten Zells verraten deutlich den Einfluß des Wittenbergers und zogen die Anschuldigung nach sich, er vertrete ketzerische Ansichten. Auf die Vorwürfe antwortete Zell in einer langen Erwiderung, dem ersten reformatorischen Manifest in Straßburg.

»Meinst du nicht, daß Gott außerhalb der menschlichen Ordnung könnte berufen, wo er sähe, daß durch die menschliche Ordnung das Berufen gefangen wäre? Wer hat die Propheten gesandt, Elia, Jesaja? Sollte Elia gewartet haben, bis ihn Ahas gesandt hat, daß er wider ihn geredet hätte, es wäre freilich nimmermehr geschehen. Also auch die anderen, die Gott selbst geheißen hat, aufzustehen, ohne alle ordentliche Berufung der Menschen, wider die sie predigen sollten.«

»Und soviel das Lesen der lutherischen Lehre (...) und Bücher betrifft, ist wohl zu betrachten, daß mich und meinesgleichen solches Gebot (nämlich sie nicht zu lesen, Anm. d. Ü.) nichts angeht oder angehen soll. Denn wenn ich zu predigen ausgeschickt bin, ist es nötig, daß ich vieler Lehren Erkenntnis habe. Wenn solches nicht dem Prediger ziemt, wem würde es dann gebühren: dem Volk, welches es zu beurteilen hat von der Lehre und dadurch erkenne seinen rechten Hirten und die falschen Propheten meide? Gehört es vielmehr dem Hirten selbst zu! Soll nicht der Hirte zuvor wahrnehmen, in welche Weide er seine Schäflein führt? So doch die Schrift ihn treulich vermahnt, daß er sorgfältig sei über die Herde, ihm befohlen. Sag an, mit was für einem Gewissen ich als ein Hirte sollte ganz unwissend und unerfahren sein der lutherischen Lehre, ob sie gut oder böse wäre, so doch meine Schäflein vor lange sie gelesen und gehört hätten!« – »Es sind auch durch das ganze deutsche Land wenig namhafte Städte, darin nicht viele der Besten diese Lehre lesen, hören und ihr günstig sind, in denen man sie auch läßt öffentlich verkaufen. Sollte mir nun verwehrt sein, dasselbige zu kaufen und ziemlich, nützlich und jedermann ohne Schaden zu brauchen? (...) Und ob schon etwas Irrtum darin (in den Büchern Luthers, Anm.d.Ü.) wäre (...), dennoch sollen sie mir unverboten sein. Auch aus der Ursache, daß (...) alle Doktoren, so von Anfang außerhalb der heiligen Schrift geschrieben, in vielen Dingen geirrt haben und doch (wie oben gesagt) zu lesen zugelassen werden. Man findet Irrtümer in den Büchern (des) Origines, Lactanz, Tertullian, Cyprian, auch Augustins, Hieronymus, welche zwei doch besondere Lichter der Christenheit genannt werden.« – »Noch möchte weiter ihm (Luther, Anm.d.Ü.) aufgerupft (angekreidet) werden die harten, gressigen oder bissigen Verantwortungen und Schreiben, die er gegen etliche seiner Mitkämpfer, desgleichen den Papst, Bischöfe und andere getan hat, welche er so scharf, so spöttisch angetastet hat, daß einer kaum schärferes, heftigeres, spöttischeres gelesen möchte haben, ja, auch kaum von den Propheten. Wohlan, auf das sage ich, daß mich eben nichts anderes mehr gegen ihn bewegt hat und mir übler an ihm gefallen hat, desgleichen auch vielen anderen guten Männern, durch welche Härtigkeit und Schärfe (wie ich achte) viele vor seiner Lehre etwas Scheu gehabt und geärgert worden sind. (...) Ob sie entschuldigt sind, daß sie von der Wahrheit abweichen, darum daß sie scharf und rauh einhergeht und nicht sanft und glatt wie die Lügen, laß ich sie verantworten. Mich dünkt, daß die Wahrheit billig soll angenommen werden, Gott gebe, wie sie einhertrabe, sanft oder rauh.

Wiewohl nun ich an diesen scharfen Reden und Schreiben ein großes Mißfallen gehabt habe, so will ich sie doch nicht (ver-)urteilen. Denn wer weiß, ob aus heimlichem Urteil Gottes sein zorniges Gemüt bewegt worden ist.« Dann führt Zell an ausführlichen Beispielen vor, wie Luther seinem Prinzip, Schrift mit Schrift auszulegen, treu ist und darin auch von denen, die ihn Ketzer nennen, bisher nicht widerlegt wurde.

Im Gegenteil: »Darum ein löblich Ding wäre, wo ein Bischof in der Stadt, wo seine Kathedralkirche drin ist, selbst predigte, so würden sich freilich danach seine großen Kanoniker auch nicht schämen, desgleichen die Doktoren. Summa summarum: es würden sich die Besten selbst verdingen in das rechte Weidwerk, nicht mit Vögeln und Hunden.« – »Darum, weil ihr nicht die lutherische Ketzerei mit der Schrift, anstatt eurer Bischöfe, die sich solches zu euch versehen, überwunden, sondern wollet's mit Stöcken, Blöcken, Martern vertreiben, töten, usw. ausrichten, so seid ihr wahrlich nichts Besseres als Stockmeister und verführt euch selbst mitsamt den Bischöfen. Wohlan, ihr Herren, verachtet diese rauhe Rede nicht. Die Schrift, die Schrift (...) Christus, für dessen Statthalter ihr und eure Bischöfe sich ausgeben, hat nicht mit Eisen, Stöcken oder Blöcken gehandelt.« – »Darum schicket rechte Prediger oder sie kommen ohne euren Dank. Man wird nicht je mehr auf euch sehen und wenn ihr schon tausend Banne lasset ausgehen, verbrännet den ganzen Schwarzwald auf ihnen, verjaget sie durch die Welt: es würde nicht helfen. Es werden aus den Stümpfen andere wachsen.«[15]

Das war der Mann, dem Katharina eine Helferin war. Solange er lebte, ging sie ganz in dieser Rolle auf. Kinder hatte sie keine; die beiden Kinder, die sie in ihrer Ehe zur Welt brachte, starben im Säuglings- oder Kleinkindalter. Sie deutete ihre Kinderlosigkeit als göttliches Zeichen, als Strafe für ihre Sünden.[16] Manchmal konnte sie von einem Gefühl von Sündhaftigeit überfallen werden, obwohl jeder, der die Geheimnisse ihres Herzens nicht kannte, sie als Heilige ansehen mußte. Die Lehre von der Rechtfertigung allein aus Glauben brachte ihr keine unangefochtene Sicherheit. Darin erging es ihr wie Luther.

Beide litten unter Depressionen und kämpften mit dem Teufel. Vielleicht war es dieser innere Druck, der sie zu unermüdlichen Werken der Barmherzigkeit antrieb. Ihre Tage und Nächte waren in einem beinahe unmenschlichen Maß ausgefüllt mit Diensten für ihre Mitmenschen.

Straßburg war in der Reformationszeit ein Zufluchtsort für viele Menschen, denn die Stadt war freie Reichsstadt. Als solche unterstand sie nicht direkt dem katholischen Kaiserhaus, das das Wormser Edikt gegen Luther und seine Anhänger durchzusetzen versuchte. Die Nachbarstädte sahen diese relative Freiheit höchst ungern. Die Stadt Kentzingen vertrieb ihren reformatorisch eingestellten Pfarrer Jakob Otter. 150 Männer der Gemeinde begleiteten ihn mehrere Kilometer weit. Als sie zurückkamen, waren die Stadttore verschlossen und von österreichischen Soldaten bewacht. Ein Mann wurde gefangengenommen und hingerichtet. Die anderen konnten in Richtung Rhein fliehen und suchten Schutz in Straßburg.[17]

Katharina stellte für achtzig Flüchtlinge Betten im Pfarrhaus zur Verfügung und verpflegte drei Wochen lang 60 Personen. Für die übrigen organisierte sie die Versorgung auf andere Weise. An die in Kensingen zurückgebliebenen Ehefrauen der Vertriebenen schrieb sie einen Brief, der als Traktat veröffentlicht wurde. »(...) in Gott lieben Schwestern und gläubigen Weiber der ganzen Gemeinde zu Kentzingen. (...) Ich bitte auch Gott Tag und Nacht mit euch allen, daß er euch denselben (Glauben) wolle mehren, (...) daß ihr nicht aus eurem Herzen lasset, sondern stets wollet gedenken des unüberwindlichen Wortes Gottes. (...) Wie er denn im Propheten Jesaja sagt im 55. Kapitel: Meine Gedanken – das ist sein Wollen – sind nicht gleich euren Gedanken und meine Wege – das sind seine Wirkungen – sind nicht gleich euren Wegen. Darum spricht er auch an einem anderen Ort im Propheten: Den ich will lebendig machen, den töte ich; den ich will gesund machen, den schlage ich (5. Mose 32,39). In Summa: er will die, die er in ewiger Wahl erwählt und als seine Kinder in das Buch seines Erbes geschrieben hat, also von dieser Welt entwöhnen und uns lehren, daß wir allein an ihm hangen in einem steifen Glauben und von niemandem nichts anderes erwarten noch nehmen sollen denn allein von ihm. (...)

Also auch ihr, glaubhaftigen, gottgeliebten Weiber, Christus sagt: Wer nicht mag verlassen Vater und Mutter, Weib, Mann und Kind und alles, was er hat, um meinet- und des Evangeliums willen, der ist mein nicht würdig. (Lukas 14,26) Darum, wer mich bekennt vor diesem ehebrecherischen und argen Geschlecht, den will ich auch bekennen vor meinem Vater und seinen Engeln. Wer aber mich verleugnet und sich mein und meiner Worte schämt, den will ich auch verleugnen und mich seiner schämen vor meinem Vater. (Matthäus 10,33) (...)

Also auch ihr, wollet ihr Christen sein und mit ihm in seine Herrlichkeit gehen, so müsset auch also mit ihm leiden. Darum begegnet euch Schmach, ja, ob ihr würdet ins Halseisen gestellt, und das um Christi willen. O wie selig seid ihr. Wollte Gott, daß er mich so gnädig und günstig ansehe und mir solche große Ehre gönnen wollte. Wenn ich also etwa ungleicher und doch gleicher Gaben mit seinem allerliebsten Christus haben sollte und mit euch solches leiden, wollte ich freudiger, hochfertiger und fröhlicher darin sein, denn aller Adel in der Straßburger Messe in ihren goldenen Ketten und Halsbändern gewesen sind, ja, fröhlicher darin stehen als wenn ich des römischen Kaisers Weib wäre und auf dem Sitz seiner höchsten kaiserlichen Majestät säße. (...)

Darum, liebe christliche Weiber, gedenkt dieser Worte, die nicht meine, sondern des Geistes Gottes sind und seid dankbar und empfänglich (für) solche Gottesgaben. (...) Ich hab dich einen Augenblick, eine kleine Zeit verlassen. Aber ich sammle dich wieder in grosser Erbarmung. (Jesaja 58,4) (...) Solcher Worte seid eingedenk, daß er euch nicht verlassen will noch euer vergessen, wie er denn auch im Propheten sagt. Sowenig als die Mutter ihres saugenden Kinds mag vergessen, so wenig mag ich euer vergessen. Und ob sie sein vergißt, so mag ich doch euer nicht vergessen. (Jesaja 49,15) (...) Sind das nicht tröstliche, goldene Worte einem Glaubenden, daß ihm Gott, der da nicht lügen mag, seine Hilfe vielfältig mit dem höchsten Eid, das ist bei ihm selbst, verspricht?

Liebe Schwestern, ob aber schon etwa euer Glaube kleinmütig würde und das Fleisch wider den Geist ficht, erschreckt darum nicht. Es ist ein seliger Kampf, also muß es sein. Der Glaube ist kein Glaube, der nicht angefochten wird. (...) Bedenkt die Worte Christi, da er sagt: Selig sind, so hier traurig sind, denn sie sollen getröstet werden. (...) Bittet für die, so euch beleidigen und verfolgen, auf daß ihr Kinder seid eures Vaters im Himmel. (Matthäus 5,4; 5,44; 5,48)«[18]

Nicht lange danach wurde die Stadt von weit schrecklicherem Elend überflutet. 1525 brach der Bauernkrieg aus. Gruppen aufgebrachter Bauern aus ganz Deutschland sammelten sich um Straßburg herum. Die Pfarrer Capito und Zell, von Katharina begleitet, gingen in die Lager und versuchten, für ein gewaltfreies Vorgehen zu werben.[19] Ihre Bitten blieben ungehört. Die Bauern waren jedoch den Soldaten der Fürsten unterlegen und wurden in grausamen Massakern abgeschlachtet. Überlebende, Frauen und Kinder der Hingemordeten strömten nach Straßburg; zeitweise befanden sich bis zu 3.000 Kriegsflüchtlinge in ihren Mauern. Diese Menschenmassen bedeuteten eine gewaltige Herausforderung für eine Stadt mit nur 25.000 Einwohnern.

Straßburg befand sich damals ohnehin in dem schwierigen Prozeß, die Armenfürsorge neu zu organisieren. Nach Luthers Bibelauslegung war Almosengeben kein Weg, das Himmelreich zu verdienen. Konsequenterweise schlug er vor, das Betteln zu verbieten. Wer arbeiten kann, soll arbeiten. Wer das nicht kann, soll von der Gemeinschaft versorgt werden. In Straßburg machte man sich daran, dieses neue Verständnis von Armenfürsorge in die Praxis umzusetzen. Der Plan war, verarmten und kranken Bürgern der Stadt Unterstützung zu gewähren. Beinahe über Nacht lebten aber 3000 Menschen hier, die keine Bürgerrechte besaßen. Zwei Personen nahmen das unerwartete Problem in Angriff. Die eine war Lukas Hackfurt, ein engagiertes Mitglied des Sozialausschusses und – nebenbei bemerkt – um diese Zeit Wiedertäufer; die andere war Katharina Zell. Vermutlich wurde die Regel, daß nur Bürger unterstützt werden sollten, in dem Augenblick gelockert, als Lukas Hackfurt sich an den Hilfsaktionen beteiligte. Die Mehrzahl der Flüchtlinge fand Unterkunft und Versorgung in der Franziskanerkirche, aber ein großer Teil der Verpflegung und Unterbringung mußte immer noch privat organisiert werden. Dafür war Katharina zuständig. Die akute Krisenhilfe wurde ein halbes Jahr lang durchgeführt. Dann war der Krieg zu Ende, und viele Familien konnten auf ihre Höfe zurückkehren.

Aus den Erfahrungen dieser Zeit zogen die Verantwortlichen der Stadt die Lehren, in Zeiten der Verfolgung außerhalb des Stadtgebietes und in Hungerzeiten im Innern ihre Aufwendungen erheblich zu verstärken. Zweitens sei die Unterbringung von Flüchtlingen in überfüllten Sammelunterkünften eine Gefahr für die öffentliche Gesundheit, so daß die Verteilung der Schutzsuchenden auf Privathaushalte bei weitem vorzuziehen sei.[20] Die Bedeutung, die Katharina in dieser Zeit hatte, spiegelt sich – wie verzerrt auch immer – in Bucers Bemerkung: »Meister Matthisens Frau ist, wie ich gesagt habe, ein gottesfürchtiger, frommer Mensch, allein daß sie sich selbst, wie wir alle, ein wenig zu lieb hat. Daher etwa die übrige Weisheit und Herrschsucht desto mehr hervorbricht.«[21]

Die Reformatoren in Straßburg suchten und gingen einen Mittelweg zwischen der lutherischen Reformation in Deutschland und der zwinglianischen in der Schweiz. Der tiefe Graben zwischen beiden Richtungen wurde durch die Abendmahlslehre markiert. Luther verstand die Worte »Dies ist mein Leib« als Verheißung der leiblichen Gegenwart Christi im Sakrament. Zwingli legte das Wort *ist*, das im griechischen Urtext der Einsetzungsworte nicht erscheint, in Sinne von *bedeutet* aus. Das Abendmahl ist demnach eine Erinnerung an den Tod Christi. Bucer und die Straßburger faßten die Gegenwart Jesu im Sakrament als eine Gegenwart im heiligen Geist.

1529 bekam die Abendmahlsfrage ungeheure politische Brisanz, denn der Streit schwächte die reformatorische Partei im Reich. Philipp von Hessen bemühte sich, eine Allianz mit dem Ziel gegenseitigen, militärischen Beistands zwischen den Deutschen und den Schweizern zustandezubringen. Darum lud er Theologen aus den drei Zentren der Reformation zu einem Treffen in seine Hauptstadt Marburg ein. Zwingli kam aus Zürich, Oekolampad aus Basel. Beide machten unterwegs auf ihrer Reise Station bei Zells in Straßburg. »Ich bin 14 Tag Magd und Köchin gewesen«, schreibt Katharina.[22]

Bucer reiste als Vertreter der Straßburger Vermittlergruppe mit der Delegation nach Marburg. Es gelang den Theologen nicht, eine Einigung zu erzielen. Philipp von Hessen schlug daraufhin vor, sie sollten sich auch ohne Übereinstimmung in den theologischen Aussagen gegenseitig Abendmahlsgemeinschaft gewähren. Luther signalisierte zunächst Zustimmung zu diesem pragmatischen Kompromiß.[23] Dann aber machte Melanchthon ihm klar, daß durch ein derartiges Eingehen auf die Schweizer Position die Tür zu einer möglichen Verständigung mit den Katholiken endgültig zugeschlagen wäre. Als die Nachricht in Straßburg eintraf, Luther habe den Vorschlag Philipps abgelehnt, schickte Katharina ihm einen Protestbrief. Sie hielt Luther vor, die Liebe sei wichtiger als alles andere. Luther bestätigte das mit einer Einschränkung: »Denn Ihr wißt (...), daß wohl die Liebe soll über alles gehen und den Vortritt haben, ausgenommen Gott, der über alles, auch über die Liebe, ist. Wo derselbe und sein Wort vorgeht, da soll ja bei uns die Liebe gewiß die Oberhand haben nächst Gott.«[24]

Die Unterbringung und Betreuung wichtiger Persönlichkeiten der reformatorischen Bewegung war immer wieder Katharinas Aufgabe. 1538 fand Calvin nach seiner Vertreibung aus Genf in Straßburg freundliche Aufnahme. Als er erfuhr, daß seine Straßburger Kollegen für Pierre Caroli einen Empfehlungsbrief ausgestellt hatten, reagierte er erschrocken und aufgebracht. Calvin hatte mit Carolis sprunghaftem Charakter bereits schmerzhafte Erfahrungen gemacht und hielt ihn für nicht vertrauenswürdig. Seinem Urteil nach mußte Calvin die Unterschrift unter den Brief verweigern; andererseits wollte er kein Zerwürfnis mit seinen Straßburger Amtsbrüdern. Sie hatten ihn immerhin als Flüchtling aufgenommen. Er wandte sich in seinem Gewissenskonflikt an den Ratsherrn Jakob Sturm. Sturm brachte ihn zu Bucer, der ihn ins Haus des immer ausgleichend wirkenden Zell mitnahm. Wie Calvin später gestand, ist er dort erst einmal vor Zorn explodiert, bevor ihn die anderen besänftigen konnten. Wie groß Katharinas Anteil an der Abkühlung war, wissen wir nicht. Immerhin war sie die Hausherrin.[25]

Während die Protestanten damit beschäftigt waren, die eigenen Reihen zu schließen, gab es gewisse Fortschritte bei den Verhandlungen mit der katholischen Seite, so große Fortschritte, daß manche sich Hoffnungen auf eine »Wiedervereinigung« machten. 1540 fand in Hagenau im Elsaß ein Gedankenaustausch zwischen Theologen beider Richtungen statt. Zeitweise beherbergte Katharina 30 Delegierte, die zu diesem Treffen aus Wittenberg, Sachsen, Hessen, Nürnberg, Schwaben und anderen Gegenden angereist waren.[26] Zu anderen Zeiten waren Katharina und ihr Mann selber unterwegs und Gäste: 1538 nahmen sie die Mühen einer Reise von 600 Meilen auf sich, um Luther und Melanchthon in Wittenberg zu besuchen. Gemeinsam waren sie in der Schweiz, in Konstanz, im Schwäbischen, in Nürnberg und in der Pfalz.[27]

Die Jahre 1529 – 1533 bedeuteten eine große Herausforderung für die Reformation in Straßburg. In dieser Zeit gewannen Täufergruppen

Einfluß in der Stadt. Die Reformatoren um Bucer und Zell lehnten die Lehren dieser Gruppen ab, aber mehr noch ihr Verhalten. Es waren Sezessionisten, das heißt, sie arbeiteten daraufhin, daß Gemeindeglieder sich von den etablierten evangelischen Gemeinden trennen, abspalten sollten. Ihr Auftreten drohte denn auch die reformierte Stadt glaubensmäßig zu spalten, was ohne Zweifel auch politisch schwerwiegende Folgen gehabt hätte. Die kaiserlichen Truppen konnten auch eine freie Reichsstadt wie Straßburg angreifen, wenn die Reformer sich als zu radikal oder gar anarchistisch erwiesen. In der heißen Phase hielten sich die meisten herausragenden Führer des sogenannten linken Flügels der Reformation in Straßburg auf: Karlstadt, Denck, Haetzer, Marbeck, Hoffmann, Servet, Schwenkfeld und Sebastian Franck.

Die Pfarrer der Stadt wollten sie anfangs durch überzeugende Argumente und Gespräche für ein anderes Vorgehen und eine gemäßigtere Theologie gewinnen und lehnten es ab, sie mit Zwang zu bedrohen. Aber als alles gute Zureden nichts half und die Stadt immer unruhiger wurde, nahmen sie ihre Zuflucht zu Ausweisung und Inhaftierung und billigten sogar Todesurteile. Fairerweise muß man sagen, daß es insgesamt nur zwei Todesurteile in Straßburg gab, denen zudem andere Anklagepunkte als die Glaubensüberzeugung zugrundelagen. Zell war von den Reformatoren der Liberalste. »Also hat auch mein frommer Mann selig Mattheus Zell so oft geredet in seinem Leben, wer Christum für den wahren Sohn Gottes, und den ein(z)igen Heiland aller Menschen glaube und bekenne, der soll Teil und Gemeinschaft an seinem Tisch und Herberge haben, er wolle auch Teil und Gemeinschaft mit ihm in dem Himmel haben.«[28] schreibt Katharina später. Hinter Matthias Zell stand seine Frau. Man sagte ihr sogar nach, sie sei die eigentlich treibende Kraft dieser toleranten Einstellung gewesen.[29]

Katharina verschaffte sich die Erlaubnis des Stadtrates, Melchior Hoffmann im Gefängnis zu besuchen.[30] Er war einer der unruhigsten unter den Täufern und war wegen einer Prophezeiung nach Straßburg gekommen. Ihm war offenbart worden, er werde in dieser Stadt sechs Monate im Gefängnis verbringen; danach fände die Wiederkunft Christi statt, und er, Hoffmann, werde als Führer der 140000 Heiligen die Vernichtung der Gottlosen zu leiten haben. Nur der erste Teil der Vorhersage erfüllte sich und das nicht einmal sehr exakt: nicht sechs Monate, sondern zehn Jahre, bis zu seinem Tod, blieb Hoffmann im Gefängnis. Katharinas Besuch in seiner Zelle bedeutete keineswegs, daß sie seinen Lehren zustimmte.

Sie besuchte alle Gefangenen. Eine Eintragung im Protokoll des Rates erlaubte ihr das. »Katharina, Meister Matthias Zells Frau, ist zu den armen Sündern, die zum Tode verurteilt (sind), gegangen, sie zu trösten.«[31] Ebensowenig pflichtete sie der Theologie von Michael Servet bei, aber als er in Genf hingerichtet wurde, sprach sie mit großer Anteilnahme von ihm.[32]

Es gab jedoch einen Dissidenten, dem sie tiefe Zuneigung entgegenbrachte. Kaspar Schwenckfeld gehörte nicht zu denen, die eine Abspaltung von der reformatorischen Kirche um jeden Preis beabsichtigten, aber seine ganze Einstellung und sein Auftreten wirkten faktisch gemeindespaltend. Schwenkfeld war ein schlesischer Edelmann, der durch sein charmantes Benehmen und höfische Manieren auffiel. Im Abendmahlsstreit vertrat er die Ansicht, der Leib Christi auf dem Altar sei sein himmlischer Leib. Er forderte ein Moratorium in der ganzen Abendmahlsfrage, das heißt, die Feier des Abendmahls solle solange unterbleiben, bis der Streit darüber beigelegt wäre. Bucer behauptete, Schwenkfeld habe Katharina mit seinen höflichen Manieren und seinem heiligmäßigen Auftreten beeindruckt.[33] Nachdem Bucer Straßburg hatte verlassen müssen, korrespondierte Katharina mit ihm darüber und verteidigte Schwenkfeld bei dieser Gelegenheit ausführlich.[34]

In Fragen der Kircheneinheit lagen die Zells manchmal mit Bucer und den anderen Pfarrern über Kreuz. Letztere wollten die Einheit der Kirche organisch aus der Übereinstimmung in theologischen Überzeugungen entwickeln. Beide Zells legten dagegen stärkeres Gewicht auf das geschwisterliche Miteinander trotz Differenzen in der Theologie. Bucer hatte den Eindruck, Zell ziehe nur zögerlich am gemeinsamen Strang, weil Katharina ihn davon abhalte.[35] Dabei lag es Zell sehr am Herzen, Streitigkeiten in den Gemeinden beizulegen. Zum Beispiel hatte sich die Gemeinde in Schaffhausen über der Frage zerstritten, »ob beim Abendmahl ein silberner oder hölzerner Becher, ob rundes, nach dem Bedürfnis geformtes, kleines Brot gebraucht oder erst beim Darreichen es abgebrochen werden soll – (...) – endlich, ob man die Abendmahlsgefäße zu profanen Zwecken gebrauchen dürfe.«[36] In Straßburg erhob sich ein Disput darüber, ob man die Sitte fortsetzen solle, Paten bei der

Taufe zu bestellen. Bei den Katholiken waren Patenschaften rechtlich als geistliche Verwandtschaften definiert worden, so daß leibliche und Patenkinder einer Person einander nur mit einem Dispens heiraten durften. Die neue Eheordnung in Straßburg hatte dieses System der geistlichen Blutsverwandtschaft abgeschafft. Matthias und Katharina Zell befürchteten nun, der Aberglaube ginge weiter, solange es das Patenamt überhaupt noch gäbe. Bucer argumentierte dagegen für die Erhaltung des Patenamtes, denn es sei in sich sinnvoll und vernünftig, daß Freunde die Mitverantwortung für die religiöse Erziehung übernähmen. Weder Katharina noch Matthias Zell wollten die Einheit der Straßburger Reformation aufs Spiel setzen in einer Angelegenheit, die nach ihrem Urteil so schwerwiegend nicht war.[37]

Matthias Zell starb im Januar 1548. Nach der Grabrede Bucers richtete Katharina einige Worte an die Gemeinde.[38] Das gab sofort dem Vorwurf Nahrung, sie lege es darauf an, »Doktor Katrina« zu sein. »Ich bitt euch aber zuvor, daß ihr mir nichts für übel aufnehmen, noch (euch) an mir ärgern wollt, als ob ich mich jetzt in das Amt der Prediger und Apostel stellen möchte; nein, gar nicht, sondern allein wie die liebe Maria Magdalena ohne Vorbedacht ihrer Gedanken, zu einer Apostelin ward (...) also ich jetzt auch«[39] lautete Katharinas Kommentar dazu.

Sie hatte sich für diese Prüfung arg zusammennehmen müssen. Nach der Beerdigung erlitt sie einen Zusammenbruch. Freunde überredeten sie, nach Basel zu reisen und sich dort eine Weile zu erholen. Bucer hatte sich gelegentlich abschätzig über Katharina geäußert, aber jetzt schrieb er an ihren Gastgeber: »Die Witwe unseres seligen Herrn Zell, eine fromme und heilige Frau, kommt zu Euch, damit sie vielleicht etwas Linderung für ihren Schmerz findet. Sie ist darin sehr menschlich. Wie demütigt der sanftmütigste Vater (im Himmel) doch gerade jene geistvollen Menschen, die er mit großen Gaben beschenkt hat. Sie beweist einen unglaublichen Eifer für die Niedrigsten und die Bedrückten (unter den Schwestern und Brüdern) Christi. Sie kennt und erforscht die Geheimnisse Christi ausgezeichnet. Darin, daß sie unfähig ist, das Verlangen nach dem Ihren (nach ihrem Mann, Anm. d.Ü.) zu ertragen und daß sie sich selbst außerordentliche Vorwürfe deswegen macht, ist sie nur allzu menschlich. Das ist wahrhaftig eine Versuchung Gottes für sie und sehr bewundernswert. Tröste du sie in dieser Sache geduldig um der Liebe ihres Mannes willen, der ein ernster und treuer

Diener Christi war, wenn er auch – wie jeder von uns – nicht alle seine Pflichten erfüllte.«[40]

Von Basel reiste Katharina nach Zürich und besuchte dort den namhaften Hebraisten Konrad Pelikan. Am 9. Januar 1549 kam sie nach Straßburg zurück. Sie schrieb Pelikan einen Dankesbrief, der rasch in eine Klage über die Einführung des Interims überging. Diese Bezeichnung meint eine Kompromißvereinbarung, die in Gesprächen zwischen Katholiken und Protestanten nach einem überwältigenden militärischen Siegeszug des Kaisers in Deutschland mit allem politischen Nachdruck von der katholischen Partei durchgesetzt worden war. Sie sollte für eine Zwischenzeit (deshalb Interim) bis zur endgültigen Klärung der religiösen Fragen auf dem Konzil von Trient gelten. Den Protestanten wurde nur das Abendmahl in beiderlei Gestalt und die Anerkennung der bis dahin geschlossenen Priesterehen zugestanden. Katharina berichtete Pelikan, daß in ganz Württemberg, in Ulm, Augsburg und anderen Städten die Messe wieder eingeführt worden sei. »O lieber Herr, wie steht es so übel allenthalben, (...) aller Tyrannei sind wir bei uns gewärtig, (...) ist aber alles (noch) still und verborgen. Wir achten aber, nach dem Schwörtag (der dann auf den nächsten Zinstag fällt) wird unser aller Leid ausbrechen. Gestern hat H. Jakob Sturm (der Ratsherr) mit mir geredet und geweint (so sehr, daß er) nimmer hat reden können, also weiß er, (wie) die Sachen stehen. (...) Ich schicke Eurer Hausfrau und Eurer Sohnsfrau jeder ein Pfund Flachs zu einem Gedenkzeichen, Schleier (Umschlagtücher) daraus zu spinnen.

Ich wollte gern viel (mehr) haben geschickt, wenn ich einen Boten gehabt hätte, der es tragen oder fahren hätte wollen. (...) Ich bin noch in meinem Haus, welches doch zur Pfarrei gehörig und dem Stift ist. (...) Ich nehme (jeden) auf, der zu mir kommt, hab immer das Haus voll Leute und (es) redet mir kein Mensch hinein, als ob es mein wäre. Nicht weiß ich, wielange es währen und also bleiben wird. Wohlan, wenn Gott will, so mach er's nach seinem Gefallen. (Man hatte ihr die Erlaubnis für drei Jahre gegeben.) Ich sage mit David: Ein Ding habe ich vom Herrn gebeten, das will ich von ihm fordern, daß (ich) wohnen möge in seinem Haus und ich meinen frommen Mann bei ihm finde und mit allen Heiligen in Gottes Schau mög anschauen.«[41]

Es dauerte nicht lange, bis ihr klar war, was das Interim für Straßburg bedeutete. Die Messe wurde im Münster und in allen Kirchen

Straßburgs wieder eingeführt. Ausgenommen waren nur drei, in denen weiter evangelisch gepredigt werden durfte unter der Voraussetzung, daß keine kontrovers-theologischen Fragen berührt würden. Die zwei führenden Pfarrer der Stadt, Bucer und Fagius, mußten ins Exil. Sie planten, nach England zu gehen, denn der Erzbischof von Canterbury, Cranmer, hatte sie dorthin eingeladen. Sie konnten aber den Zeitpunkt nicht einhalten, an dem sie Straßburg hätten verlassen müssen. Drei Wochen lang versteckten sie sich bei Katharina Zell.[42] Sie ließen ihr zwei Goldstücke zurück und schickten einen Dankesbrief aus England. Katharina antwortete, daß es in Straßburg viele Arbeiter, aber nur eine karge Ernte gäbe, während die Ernte in England offenbar groß und der Arbeiter wenige seien. Was aber die Goldstücke anginge: »ich hab Euch anfangs nach eurem Hinscheiden geschrieben, wie Ihr mich betrübt (habt) (…) Ihr habt mir ein Kreuz ins Herz gemacht, da ich nie gedacht habe einen Heller zu begehren, viel weniger zu nehmen, ich euch auch für arme Pilger und meine geachteten Prediger gehalten habe. Ich weiß es und Ihr wißt auch wohl, daß ich in etwa (unter anderen Umständen) anders (freudiger) hätte getan. Matthias hat alle meine Kunst und Freude hinweg mit ihm (genommen). Auf daß aber meine Schamröte zum Teil abgelegt würde, habe ich Euch diese zwei Stück Gold wiederum in diesen Brief wollen legen wie Joseph seinen Brüdern. Da ist ein verjagter Prediger mit fünf Kindern zu mir gekommen und eine Predigerfrau, deren Mann man den Kopf abgeschlagen (hat), vor ihren Augen. Die habe ich zwei Tage bei mir gehabt und dieses eine Stück Gold diesen beiden zur Zehrung von Euch beiden geschenkt, und den anderen Euch wiederum in diesen Brief getan, denn Ihr werdet noch viel brauchen.«[43]

Katharinas Gesundheit ließ nach. Sie litt an Wassersucht. Mehrere Briefe schrieb sie aus Badekuren.[44] Aber ihr unglaublicher Einsatz und ihre rastlose Hingabe verringerten sich nicht. Das wird an einer weiteren Schrift aus ihrer Feder deutlich. Im Jahr 1552 erkrankte Felix Armbruster an Aussatz, oder was immer die wirkliche Diagnose gewesen sein mag. Junker Felix war ein einflußreicher Ratsherr in Straßburg, seit 1548 im Rat der XIII. Im Jahr 1553 wurde er von der zuständigen Behörde aufgefordert, sich seiner fortgeschrittenen Krankheit wegen in ein Gutleuthaus, ein Hospital, zu begeben, das jenseits der Stadtmauern lag und in dem er in Quarantäne leben sollte. Er bat darum, zu Hause und in der Pflege seiner Tochter bleiben zu dürfen, oder – wenn das nicht möglich sei – ein abgelegenes Häuschen allein beziehen zu dürfen. Zu letzterem bekam er die Erlaubnis, aber seine Tochter durfte nicht bei ihm wohnen.[45] Eine gab es, die ihn ungeachtet aller Verbote oft besuchte: Katharina Zell. Sie schrieb 1558 für ihn eine kleine Trostschrift, die veröffentlicht wurde.[46] Hier ein Auszug aus dem Vorwort:

»Mein (in) Gott geliebter Junker Felix, den ich gläubig weiß an den Herrn Jesus. Dieweil wir lang, ja schier dreißig Jahre einander erkannt haben, dadurch ich bewegt worden, Euch in Eurer langen und nun unaufhörlichen, sehr beschwerlichen Krankheit heimzusuchen, welche Heimsuchung Ihr mit so großem Dank, Trost und Freuden angenommen habt, und ich Euch verheißen, etwa mehr heimzusuchen. Dieweil ich aber nicht viel (wie ich gern wollte) zu Euch kommen kann vor meinen armem, ja elenden Kranken, mit dem mich Gott beladen hat mit schwerer Arbeit, so bin ich doch mit Herzen immer bei Euch und bitte Gott, Er wolle durch seinen Geist mit Trost und Geduld allezeit bei Euch wohnen. (...) Dieweil (wir) denn, mein lieber Junker Felix, in viele Gespräche miteinander gekommen sind, (darüber) wie die Sachen für uns und Gott stehen und wie er Euch so schwer heimgesucht, erniedrigt und abgeschnitten hat gleich wie einen Faden von Adel, Amt, Regiment, Freunden, Weib und allen Freuden und Gesellschaften dieser Welt und mit einer solchen Krankheit, welche jedermann von Euch abschreckt, verlassen und einsam gemacht. Ihr aber zu mir gesagt und bekannt habt, daß Ihr Gott darum dankt und bekennt, daß er Euch doch niemals Unrecht tut. (...) Auch (habe ich) des Worts gedacht, das Ihr zu mir redetet, wie daß es Euch einmal so sauer wäre geworden, aus den Anfechtungen auszureißen, bis Euch Gott geholfen und in Geduld gesetzt hat. Dabei aber ich weiß, wie Eure Krankheit einen täglichen unaufhörlichen Schmerz bis ans Ende und Grab bei sich hat. Da wiederum viele Anfechtungen und Ungeduld sich gern herregen und hervortun wollen und der Mensch schwach ist. Auch das Kreuz, so es übel drücket, mehr bedenkt, befindet und klagt, denn (als) die Sünden, die es doch verdient und herzugebracht haben. So habe ich in meinen Gedanken begehret, Euch mit etwas tröstlich zu sein und Euer Kreuz geistlich (wenn nicht leiblich) möchte helfen eines Teils tragen oder leicht machen mit geistlichem Trost, soviel mir Gott geben und in meinen Nöten mich auch meines Tuns ermahnet und getröstet hat. Und habe etliche meiner alten Büchlein hervorgesucht, die ich vor etlichen Jahren mir selbst geschrieben habe und aus denselben, in welchen ich dann durch den ganzen heiligen Psalter gelaufen bin mit Klage, Gebet und Dank, eins genommen, nämlich das Misere.« Das ist der 51. Psalm, ein Gebet Davids, als der Prophet Nathan zu ihm kam: Gott sei mir gnädig nach deiner großen Güte und und tilge meine Sünden nach deiner großen Barmherzigkeit. Der Auslegung verschiedener Psalmen fügt Katharina noch eine kurze Besprechung des Glaubensbekenntnisses und eine ausführliche Meditation über das Vaterunser hinzu.[47]

Katharina besuchte Felix Armbruster als Freundin. Eine verwandtschaftliche Verantwortung fühlte sie für ihren Neffen Laux Schütz, der an Syphilis litt. Damals war diese Krankheit eine fürchterliche Geißel, es gab kein Mittel mit nennenswerten Heilwirkungen, und außerdem kannte man die Übertragungswege noch nicht genau. Die Krankheit wird durch offene Wunden übertragen, auch durch Küsse. Als der Neffe zu Hause nicht mehr gepflegt werden konnte, kam er in ein Hospital für Syphilitiker,[48] ins »Blatternhaus«. Katharina begleitete ihn und lebte seit 1555 eine Zeit lang als Pfründnerin mit ihm im Hospital. Sie war entsetzt über die schlechte Leitung des Hauses und die miserable Betreuung der Patienten. Sie schickte dem Rat der Stadt einen vernichtenden Bericht. »Es gehört kein Schaffner in das Haus; es hören sonst die großen unnützen Kosten mit Schwägern, Basen, Muhmen und anderen Bekanntschaften nimmer auf in ›Königreichen‹ (ein Gesellschaftsspiel), Fastnacht, Kottfleisch, Kleiben (Großreinemachen, bei dem kräftig geschmaust wurde), dergleichen viel Gastgebereien und doch das meiste im Namen der Armen. Gottesfürchtige (Haus-)Vater und (Haus-)Mutter gehören dahinein, die den Armen treu sind und nicht das Ihre suchen. (...)

Man brauchte auch nicht soviel Mägde; wenn die (Haus-)Mutter ein oder zwei hätte, die könnte sie meistern und (es) gäbe nicht soviel Zank und Hader. (...) Die Schmier (Schmierkur, Quecksilberkur) sollte man gar aus dem Haus lassen. Sie verdirbt und tötet viele Leute jämmerlich. Davon ich wohl zu sagen weiß. Sie ist bisher eine Mörderin (...) und noch böser gewesen.

Dieweil man weiß, warum diese Häuser da sind, nämlich um der Armen willen, so soll man dem Vater und der Mutter befehlen, daß ihnen rechte Wartung geschehe mit Essen, Trinken, geselliger und anderer Notdurft. Während etlicher Wochen (ist) das Bad zu wärmen, daß sie auch gesäubert mögen werden. (...). Man sehe sich um nach einem gottesfürchtigen (Haus-)Vater und einer (Haus-)Mutter. Deren Treue und Liebe gegen Gott und den Nächsten werden die Dinge alle wissen zu richten.

(...) Es sollte aber einer am Morgen da sein, das Evangelium zu sagen oder zu lesen und mit ihnen beten. (...) Am Morgen ist je der Mensch geschickter, andächtiger und das Herz empfänglicher (für) göttliche Dinge. (...) Es kommen (Leute) hinein, die das Vaterunser nicht können beten.«[49]

»Er (der Schaffner) zieht viel unnützes Vieh, Enten, Meerschweinchen, Geißen, Hunde und mehr (...) zur Lust und zum Verschenken, mit großen Kosten, nicht zum Nutzen der Armen, denen kein Tropfen Geißmilch wird. Für diese sollte man ein-hundert Hennen oder zwei haben (...)

So ist ein unnützes Haushalten in der Küche und sonst, bei dem viel verwüstet wird. Danach will man's an den Armen ersparen und wiederaufheben, was verschüttet ist. Das Haus ist voll Ratten und Mäuse, die Betten und anderes zerfressen. (Er) hat wüste Hunde, die keine Katze lassen bleiben, sondern zerreißen sie. Die Armen liegen elend (...) Den Armen hat man Mäuse mit Hammelunschlitt gekocht; Speck und Fleisch, das man im Salz hat lassen verderben, (hat man) den Armen gekocht, hat große Maden und Würm gehabt. Das Übrige hat er, der Schaffner, lassen ins Wasser bei Nacht tragen. Ich meine: das heißt haushalten.

Danach, wenn man den armen Kranken etwas milder kochen sollte, so sagt man, man könne nicht einem jeden geben, was er wolle, man müsse (das Geld) zusammenhalten, das Haus bestünde sonst nicht lang.

Es hat jedermann seine Kurzweil, Freud und Lust, außer den Armen.

Es ist das ganze Haus gottlos. (...) So betet der Schaffner ein wenig über Tisch ein Vaterunser, jeder heimlich, weiß niemand, ob sie fluchen oder beten. (...) Ich erfahre Wunder bei ihnen: sie wissen nicht, wer Christus ist. Man lehret sie's auch nicht.«[50]

Ihre Empfehlungen wurden nahezu alle für richtig erachtet, aber es war schwer, sie in die Praxis umzusetzen. Anscheinend hat sie danach nicht mehr lange in dem Heim gewohnt, aber immer wieder dort nach dem Rechten gesehen.

Katharina und ihr Mann waren beide sehr an der Verbesserung der Allgemeinbildung und des Schulwesens interessiert. Matthias Zell gab zwei einfache Katechismen für Kinder heraus.[51] Katharina veröffentlichte 1534 eine Liedersammlung von Michael Weise, einem Dichter aus dem Kreis der Böhmischen Brüder, die in vier kleinen Traktaten zu einem Pfennig das Stück verkauft wurden. Es sind Übersetzungen aus dem Tschechischen ins Deutsche. In ihrem Vorwort schreibt Katharina: »Als ich dies Buch gelesen, hab ich müssen urteilen, daß dieser Mann die ganze Bibel offen in seinem Herzen habe.

(...)Ich habe solchen Verstand der Werke Gottes in diesem Gesangbuch gefunden, daß ich wünsche, daß es alle Menschen verständen, ja, ich muß es vielmehr ein Lehr-, Gebet- und Dankbuch denn ein Gesangbuch heißen. (...) Dieweil dann nun so viel schändlicher Lieder von Männern und Frauen, auch den Kindern, gesungen werden in der ganzen Welt, in welchen alle Laster, Buhlerei und anderer schändlicher Ding den Alten und Jungen fürtragen wird und die Welt je gesungen haben will, dünkt es mich ein sehr gut und nützlich Ding sein, wie dieser Mann getan, die ganze Handlung Christi und unseres Heils in Gesang zu bringen, ob doch die Leut also mit lustiger Weise und hellen Stimmen ihres Heils ermahnt möchten werden. (...) Das gefällt Gott, wenn der Handwerksgesell ob seiner Arbeit, die Dienstmagd ob ihrem Schüsselwaschen, der Acker- und Rebmann auf seinem Acker und die Mutter dem weinenden Kinde in der Wiegen solch Lob-, Gebet- und Lehrgesänge braucht, Psalmen oder andere ihresgleichen, so es alles geschieht im Glauben und Erkenntnis Christi und sie ihr ganzes Leben gottselig anrichten in aller Treue und Geduld gegen jedermann.« Das Emblem des Druckers Frölich aus Straßburg auf dem Einband paßt gut zu diesem Buch: es zeigt einen singenden Schwan über einer Viola und einem Notenblatt. In diesem Zusammenhang könnte man den Schwan auch als Gans deuten, das Hauszeichen des Böhmen Jan Hus, dessen Name im Tschechischen Gans heißt.[52]

Katharinas letzte Lebenszeit war von Streitigkeiten überschattet. Das Interim wurde schließlich durch die Niederlagen des Kaisers in Deutschland beendet. Im Frieden von Augsburg 1555 wurde den Lutheranern Duldung gewährt, die in bestimmten Territorien, u.a. auch in Straßburg Geltung hatte, denn die Stadt gehörte zu den »Verwandten der Augsburger Konfession«. Nach den Jahren der Unterdrückung verschafften sich einige Pfarrer in lauten Beschimpfungen Luft. Wie sie früher über die Katholiken hergezogen waren, so jetzt über die religiösen Gruppierungen, die im Zuge der Reformation neben den protestantischen Kirchen entstanden waren, Täufergruppen oder andere Abspaltungen. Einer der aggressivsten evangelischen Prediger war Ludwig Rabus. Er hatte einmal bei den Zells im Haus gewohnt und verdankte Katharina – wie er selber zugab – manchen geistlichen Rat. Jetzt kam er in einer Weihnachtspredigt vom Text ab und beschimpfte Schwenkfeld: »Stinkfeld, dieser Bote des Satans«.

Katharina machte ihm unter vier Augen Vorhaltungen wegen dieser Entgleisung. Daraufhin warf ihr Rabus vor, sie habe »in der Kirche zu Straßburg eine solche Unruhe (...) angefangen (...), daß ich gedenk, Gottes Urteil werde dich dermaleinst treffen.«

»Ja, mir selbst, und nicht der Kirche, hab ich freilich viel Unruhe gemacht, und (ein Verhalten) angefangen, die (das) vorhin bei unseren Weibern nicht gewöhnlich gewesen ist. (...) Ist das (...) die Sünde der Unruhe, die ich der Kirche gemacht habe, daß ich, da andere Weiber ihr Haus geziert und auf Hoffart ausgeschaut, zu Hochzeiten, Freuden und Tänzen gegangen (sind), ich aber in armer und reicher Leute Häuser gegangen (bin), mit aller Liebe, Treue und Mitleiden, Pestilenz und Sterben getragen (habe), die Angefochtenen und Leidenden in Türmen, Gefängnis und Tod heimgesucht und getröst(et habe?) (...) Ich (habe) auch (...) mehr Arbeit (mit) meinem Leib und Mund getan (...), als kein Helfer oder Caplan der Kirche, gewacht und gelaufen, Nacht und Tag, und vielmal zwei, drei Tage nichts gegessen noch geschlafen, deshalb mich auch mein frommer Mann (...) nur seinen Helfer genannt (hat), ob ich schon nicht auf der Kanzel (gestanden bin), deren ich auch zu solchen meinen Geschäften nicht bedurft habe, (...) Ist das auch Unruh in der Kirche zu Straßburg angefangen?«[53]

Und zu Rabus' Äußerungen gegen Schwenkfeld: »Ich glaub, wenn ihr möchtet (könntet), ihr würdet (...) Herrn Caspar Schwenkfeld (dahin) bringen, da die Gelehrten den armen Serveto neulich zu Genf, die Bischöfe und Pfaffen den heiligen Hussen zu Konstanz, und die Hohenpriester, Gleisner und Schriftgelehrten zu Jerusalem unsern Herrn Jesum Christum hinbracht haben. (...) Ihr habt gen Straßburg geschrieben, die Obrigkeit habe den Abgott und die Sekten Schwenkfelds, Zwinglis und der Täufer nicht wollen ausrotten. (...) Wie seid denn ihr jungen unerfahrnen Männer so rauch(end, feurig)? Ich meine, daß euch wilde Leute im Wald gezeugt haben, wie könnt ihr so freventlich den frommen und jetzt seligen Zwingli (...) also schänden? (...) Nun, die armen Täufer, da ihr so grimmig, zornig über sie seid, und die Obrigkeit allenthalben über sie hetzt wie ein Jäger die Hund auf ein wildes Schwein und Hasen, die doch Christum den Herrn auch mit uns bekennen im Hauptstück, darinnen wir uns vom Papsttum getrennt haben, über die Erlösung Christi (...) und viel unter ihnen bis in das Elend, Gefängnis, Feuer und Wasser bekannt haben. Lieber gebet euch die Schuld, daß wir in Lehre und Leben Ursache sind, daß sie sich von uns trennen. Der aber Böses tut, den soll eine Obrigkeit strafen, den Glauben aber nicht zwingen und regieren, wie ihr meinet, er gehört dem Herzen und Gewissen zu, nicht dem äußerlichen Menschen. (...)

Leset es in dem Büchlein, das der gute Mann Martinus Bellius an den Fürsten Herzog Christof zu Württemberg geschrieben hat (Katharina bezieht sich hier auf eine Schrift, die Castellio unter einem Pseudonym veröffentlicht hat. Darin stellt er Äußerungen der Reformatoren aus ihrer Frühzeit über religiöse Freiheit zusammen und verurteilt auf diesem Hintergrund die Verbrennung Servets scharf. Anm. d. Ü.) (...) Straßburg steht noch nicht zum Exempel, Schand und Spott dem deutschen Land, sondern mehr zum Exempel der Barmherzigkeit, des Mitleidens und der Aufnahme der Elenden (...) und ist mancher arme Christ noch darinnen, den ihr gern hättet gesehen hinaus treiben. Das hat der alte Mattheus Zell nicht getan, sondern (...) öffentlich auf der Kanzel und im Konvent der Prediger gesagt, ich nehme Gott, Himmel und Erdreich zum Zeugen an jenem Tage, daß ich unschuldig will sein an dem Kreuz und Verjagen dieser armen Leute (...) Ich glaube, wäret ihr zu dem Verwundeten, da der Herr im Evangelium davon sagt (sie meint die Erzählung vom barmherzigen Samariter; Anm. d. Ü.) auf der Strassen kommen, ihr hättet ihn auch liegen lassen (...) ihn nicht aufgehoben wie der Samariter und (ihm) Gutes bewiesen, der ihn nicht fragte, was Glaubens er wäre, sondern bald auf seinen Esel legte.«[54]

Den letzten Dienst erwies Katharina im Jahr 1562 der Frau eines angesehenen Arztes, Guinter von Andernach. Die Frau war eine Schülerin Schwenkfelds gewesen. Als sie starb, bat ihr Mann einen Pfarrer, die Beerdigung zu übernehmen. Der Pfarrer gab ihm zu verstehen, der Superintendent werde das nur dulden, wenn er nach dem Lob auf die

Wohltätigkeit der Verstorbenen öffentlich erklärte, sie sei von der Kirche Christi abgefallen. Der Ehemann verzichtete daraufhin auf die Dienste des Pfarrers und organisierte das Begräbnis so, daß es morgens um sechs Uhr von der Öffentlichkeit unbemerkt stattfinden konnte. Katharina Zell war damals schon zu schwach, um gehen zu können. Sie ließ sich früh am Morgen in einem Wagen zum Friedhof bringen und hielt dort selbst den Trauergottesdienst. Der Rat der Stadt beschloß, sie mit einem schweren Tadel zu verwarnen, sobald sie sich gesundheitlich wieder etwas erholt habe.[55]

Dazu kam es nicht mehr. Im selben Jahr starb Katharina Zell wie Mose »an SEINEM Kuß (...) und niemand kennt ihr Grab bis an diesen Tag.« (5 Mose 34,5f.)

Bibliographie

Dieses Kapitel wurde erstmals abgedruckt in: Medievalia et Humanistica. Studies in Medieval and Renaissance Culture, New Series, Nr. 1, Cleveland/London 1970; in dieser Veröffentlichung gibt Bainton in den Anmerkungen einige Quellentexte wieder. Ich zitiere diese Quellen mit dem Kürzel »Bainton«.

In den Literaturhinweisen finden Sie die Werke von Katharina Zell und Matthias Zell; die Sekundärliteratur nur, soweit sie im Text und in den Anmerkungen abgegeben ist.

Johann Adam, Evangelische Kirchengeschichte der Stadt Strassburg, Strassburg 1922
ders., Eine unbeachtete Schrift der Katharina Zell aus Straßburg, Zeitschrift für die Geschichte des Oberrheins N.F. XXXI, 1916, S. 451-55
Johann Wilhelm Baum, Capito und Butzer, Elberfeld 1860
Otto Michaelis, Elsässische Gestalten, Strassburg 1942
Timotheus Wilhelm Roehrich, Geschichte der Reformation im Elsass und besonders in Strassburg, Bd. I-III, Strassburg 1830-32)
ders., Matthaeus Zell. Beiträge zu den theol. Wissenschaften II, 1851, S.144-192
Otto Winkelmann, Das Fürsorgewesen der Stadt Strassburg, In: Quellen und Forschungen für Reformationsgeschichte V, 1922
Oek. B.A, Briefe und Akten zum Leben Oekolampads, ed. Ernst Staehelin, Quellen und Forschungen zur Reformationsgeschichte XIX, 1934
Schiess, Ambrosius und Thomas Blaurer Briefwechsel, 3 vols. es. Traugott Schiess, Freiburg i. Breisgau 1908-1912
Täufer, Quellen zur Geschichte der Täufer VIII Elsass, Teil II (Strassburg 1523-35, ed. Manfred Krebs und Hans Georg Rott
Johann Michael Reu, Quellen zur Geschichte des Kirchlichen Unterrichts, Gütersloh 1904-1935

Werke von *Matthias Zell:*

1 Christeliche Verantwortung M. Matthes Zell von Keysberssberg Pfarrherrs und predigers im Münster zu Strassburg / vber Artikel vom Bischöfflichn Fiscal daselbs entgegen gesetzt / vnnd im rechten vbergeben (...) (Colophon). Getruckt in der löblichen Statt Strassburg / durch Wolffgangum Köpffel (...) M.D. xxiij;Stadtbibliothek Zürich;

2 Ein Collation auff die einfuerung M. Anthonij Pfarrherrs zu S. Thomans zu Strassburg / vnnd Katharina seines eelichen gemahls / von Matthes Zeell (...) (Colophon) Durch Wolff Köpffel M.D. xxiij vj. Kalen. Decem, Stadtbibliothek Zürich;

3 Appelatio Sacerdotvm, Maritorvm, Vrbis Argentinae adversus insanam excommunicationem Episcopi / 1524 / (Wird Capito zugeschrieben, ist aber auch von Zell unterschrieben;) Stadtbibliothek Zürich;

4 Appellatio der Eelichen Priester/von der vermeinten Excomunication/des hochwirdigen Fürsten herrn Wilhelmen Bischoffen zu Straßburg. (...). 1524 Nationalbibliothek Straßburg.

Nr. 1 und 2 finden sich in:
Flugschriften des frühen 16. Jahrhunderts, hrsg. von H.J. Köhler, H. Hebenstreit und Chr. Weismann, Zug/Schweiz 1979, Mikrofiche Nr. 613 (1-4) und Nr. 840; ich danke Pfr. G. Koch, Wasselonne, daß er mir freundlicherweise die Mikrofiches zugänglich gemacht hat.

Werke von *Katharina Zell:*

1 Entschuldigung Katharina Schützinn / für M. Matthes Zellen / yren Ehegemahel (...) Strasbourg (?) 1524; Stadtbibliothek Zürich;

2 Den leydenden Christglaubigen weybern der gemain zu Kentzingen meinen mitschwestern in Christo Jesu zu handen. Katharina Schützin. M.D. xxiij;

3 Von Christo Jesu (...) Lobgsäng. Hymnen in vier Ausgaben, Strasbourg 1534;

4 Klagrede und Ermahnung Katharina Zellin zum Volk bei dem Grab m. Matheus Zellen. Manuskript bei: W. Horning, Beiträge zur Kirchengeschichte des Elsasses VII (1887), S.49-79 und S. 113-121; Ausschnitte auch bei K. Stricker, Die Frau in der Reformation, Quellenhefte zum Frauenleben in der Geschichte, Heft 11, Berlin 1933;

5 Ein Brief an die genze Bürgerschaft der Stadt Strassburg, betreffend Hern Ludwig Rabus (...) 1557 (Schottenloher, 17593), widerabgedruckt in: J.C. Füsslin, Beyträge zur Erläuterung der Kirchen-Reformationsgeschichten des Schweizerlandes, V, 1753, S.191-354;

6 Den Psalmen Misere / mit dem Khünig David bedacht / gebettet / und paraphrasirt von Katharina Zellin M. Matthei Zellen seligen nachgelassne Ehefraw (...) Augstomonat, 1558; Stadtbibliothek Zürich.

Für die Beschaffung der Texte Nr. 2, 3 und 6 danke ich Prof. Dr. Lienhard, Straßburg.

Abkürzungen

BSC   Bulletin de la Société pour la Conservation des Monuments Historiques d'Alsace II Ser., XIX, Strassburg 1899;
CR   Corpus Reformatorum, Calvini Opera
CS   Corpus Schwenckfeldianorum

Aus den Werken von Katharina und Matthias Zell zitiere ich unter Angabe der Namenskürzel – KZell oder MZell – und der Nummer der Quelle mit Seitenzahl. Sekundärliteratur wird mit dem Nachnamen des Verfassers oder Herausgebers und der Seitenzahl zitiert, bei mehreren Werken eines Verfassers ist ein eindeutiges Stichwort aus dem Titel angegeben.

Anmerkungen

1. KZell Nr. 5, S. 200
2. KZell Nr. 5, S. 302
3. KZell Nr. 1, aij, bvij-ciij
4. Baum, S. 261
5. Baum, S. 263f.
6. MZell Nr. 2
7. Firn heiratete am 9. November, Zell am 3. Dezember; Adam, S. 62, und Roehrich, Beiträge, S. 171f.
8. KZell Nr. 5, S. 197
9. WA, Briefwechsel Nr. 808
10. MZell Nr. 3
11. KZell Nr. 5, S. 238
12. BSC Nr. 4540; Bainton, Anm. 11, S. 21
13. MZell Nr. 1 (b); Baum, S. 196; Adam, S. 31; Roehrich, Geschichte I, S. 160
14. MZell Nr.1, Vij
15. MZell Nr.1, ciij, d, dij, diij, ciii, f, vij, qij
16. An Ambrosius Blaurer, Sept. 1530, teilweise abgedruckt bei Schiess I, Nr.465; auch bei Bainton, Anm. 15, S.21f.
17. KZell Nr. 5, S.300; Baum, S. 267; Roehrich, Geschichte I, S. 267-268 und 405-407; Winkelmann, S. 100
18. KZell Nr. 2
19. MZell Nr. 4; bei Roehrich, Beiträge, S. 175ff., findet sich dazu eine Analyse. Zu Katharinas Besuch KZell Nr.5, S. 264
20. KZell Nr. 5, S. 303f.; Winkelmann I, S. 102 und 103
21. Täufer Nr. 406, S. 119; Bucer an Margareta Blaurer am 9. Juli 1533; Bainton, Anm. 20, S. 22f.
22. KZell Nr. 5, S. 313; Cf. Oek. Nr. 691
23. KZell Nr. 5, S. 270
24. WA Briefwechsel Nr. 1777
25. CR X Nr. 188, Calvin an Farel am 5. Oktober 1539

26. KZell Nr. 5, S. 316

27. KZell Nr. 5, S. 312

28. KZell Nr. 5, S. 270

29. Schiess I, Nr. 396; Bucer sagt, Zell stünde unter der Herrschaft seiner Frau (γυναικοκρατουμενω) Schiess I, Nr. 377 und Bainton, Anm. 20, S.23

30. Täufer Nr. 451; Bainton, Anm. 30, S. 23

31. BSC Nr. 4924; Bainton Anm. 31, S. 23

32. KZell Nr. 5, S. 300ff.

33. Täufer Nr. 502; Schiess II, Nr. 26, S. 805

34. In Bainton, Anm. 33, S.23f., werden Ausschnitte eines Briefes von Katharina wiedergegeben, der in dem Buch von Ficker und Winckelmann, Handschriftenproben des sechzehnten Jahrhunderts nach Strassburger Originalen II, Strassburg 1905, zuerst abgedruckt wurde. In diesem Brief weist Katharina sich als eine regelmäßige und dankbare Leserin der Schriften Schwenkfelds aus und verteidigt seine Rechtgläubigkeit. Siehe auch KZell, Nr.5, S. 209ff. und 290ff.

35. Schiess, Nr. 385, 390, 394

36. Schiess, Nr. 391, M. Zell an A. Blaurer

37. Über die Patenschaften: Schiess, Nr. 396 und Schiess II, Anhang II, Nr.25 u.ö.; Täufer, Nr. 455 und 622

38. KZell, Nr. 4; aus diesem Text geht auch hervor, daß Katharina zwei Kinder zur Welt gebracht hat, vgl. Stricker, S. 46-47

39. KZell, Nr. 4

40. Bucer an Mykonius am 16. Juli 1548; Text bei Bainton, Anm. 39, S.24; siehe auch KZell Nr. 4, S. 120

41. K. Zell an Pellikan am 9. Januar 1549; Bainton, Anm. 40, S. 25f.; siehe auch KZell Nr. 4, S. 120

42. KZell Nr. 5, S. 263

43. K. Zell an Bucer und Fagius am 25. März 1549; Bainton, Anm. 42, S. 27

44. Siehe Anm. 16

45. Johann Adam, Eine unbeachtete Schrift der Katharina Zell aus Strassburg, in: Zeitschrift für die Geschichte des Oberrheins, N.F. XXXI, 1916, S. 451-455

46. KZell Nr. 6

47. KZell Nr. 6; Bainton gibt an dieser Stelle Beispiele aus Katharinas Psalmenauslegung. Die Auszüge haben verglichen mit dem Originaltext den Charakter einer Zusammenfassung. Ich verzichte hier auf eine Wiedergabe, weil ich sonst einen umfangreichen Ausschnitt aus dem Originaltext wiedergeben müßte.

48. Winkelmann I, S. 177

49. Winkelmann II, Nr. 33

50. Winkelmann II, Nr. 33

51. M. Zell, Frage und Antwort auf die Artikel des Glaubens von 1536, und M. Zell, Gekürztes Fragebüchlein von 1537, wiederabgedruckt in: Johann Michael Reu, Quellen zur Geschichte des kirchlichen Unterrichts, Gütersloh 1904 – 1935

52. Katharinas Hymnen werden in Wackernagels Bibliographie, S. 469, Nr. 1082 beschrieben. Teile ihres Vorwortes finden sich bei: Michaelis, S. 59

53. KZell Nr. 5, S. 299-302

54. KZell, Nr. 5, S. 214, 265, 270, 273-276

55. Genaueres in: J. Bernays, Zur Biographie Johann Winters von Andernach, in: Zeitschrift für die Geschichte des Oberrheins, NF XVI, 1901, S. 28-57

Wibrandis Rosenblatt
(1504 – 1564)

Der Beitrag Wibrandis Rosenblatts zur Reformation lag wie der Katharina von Boras eher im häuslich-familiären Bereich. Wibrandis war nacheinander mit drei Reformatoren verheiratet, mit Baumeistern des religiösen Lebens in Basel und Straßburg, nachdem sie zuvor schon einmal verehelicht gewesen war. Mit allen vier Ehemännern hatte sie Kinder.

Diese ihre besondere Lebenserfahrung hing natürlich nicht speziell mit den Umständen der Reformation zusammen. Jede Ehefrau mußte in vergangenen Zeiten damit rechnen, Ehemänner und viele Kinder zu verlieren. Folgende Bemerkung von John Bright in England während des Krimkrieges gilt für jeden Ort und Zeitraum des 16. Jahrhunderts. Er sagte: »Der Engel des Todes geht über das Land. Man kann förmlich das Schlagen seiner Flügel hören.« Ein verbreitetes Thema der bildenden Kunst war der Totentanz. In Holbeins Darstellung holt der Tod den Papst und den Kaiser, den Kardinal und den König zum Tanz. Der Tod steht neben dem Pfarrer auf der Kanzel und hält das Stundenglas in der Hand. Er geht vor dem Priester her, der die Sterbesakramente spendet. Er reißt den Bauern vom Pflug weg, den Händler von seinen Waren und die Braut vom Bräutigam. Während die Mutter die Suppe kocht, nimmt der Tod das Kind bei der Hand.

Das sind keine Phantasien, um überreizte Nerven zu kitzeln oder depressive Menschen niederzuschlagen. Es war der Alltag. Die durchschnittliche Lebenserwartung betrug 25 Jahre, denn viele starben schon im Kindesalter. Mit 40 Jahren hielten sich Männer selbst für alt. Die, die diese Grenze überschritten, erreichten womöglich ein sehr hohes Alter, aber Tausende aus jeder Altersstufe wurden in den großen Epidemien der Zeit weggerafft. Väter blieben mit kleinen Kindern ohne die Mutter zurück. Mütter standen mit einer vielleicht schon großen Kinderschar ohne Versorger da. Die einzige wirksame Hilfe in solchen Notlagen war Wiederverheiratung. Die Menschen sahen keine Ungehörigkeit darin, innerhalb weniger Monate eine neue Verbindung einzugehen.

Das Schicksal, mehrere Männer geheiratet und viele Kinder geboren zu haben, teilte Wibrandis mit vielen anderen Frauen ihrer Zeit. Die Anstrengungen waren für sie aber erheblich größer, weil drei ihrer Ehemänner führende Persönlichkeiten in einer Bewegung waren, die ihrerseits voll besonderer Gefahren steckte. Wenn die Fürsten eines Landes die Reform unterstützten, genossen die Reformer öffentliches Ansehen. Aber wenn der politische Wind sich drehte, konnten Beschlagnahmung des Besitzes, Exil oder sogar Hinrichtung die Folgen sein. Unter solchen Umständen war die Aufgabe der Ehefrauen ähnlich der des Aaron und des Hur, die Moses Arme beim Gebet stützten. Denn Israel konnte nur über Amalek siegen, solange Mose betend die Hände emporhielt (Ex 17,12).

Wibrandis wurde 1504 in Basel geboren und nach einer Heiligen genannt, deren Reliquien im selben Jahr in den Altar des Baseler Münster überführt worden waren. Wibrandis' Vater stand im Dienst des Kaisers Maximilian. Mit nicht ganz 20 Jahren heiratete sie einen Baseler Humanisten, Ludwig Keller, genannt Cellarius. In dieser Ehe brachte sie eine Tochter zur Welt, die wie die Mutter den Namen Wibrandis erhielt.[1] Nach nur zweijähriger Ehe starb Keller im Juni 1526.

Der zweite Ehemann war Pfarrer an St. Martin in Basel. Er hieß Oekolampad, die gräzisierte Form von Hausschein (oikos – Haus, lampad – Schein). Neben seinem Gemeindepfarramt war Oekolampad gleichzeitig Professor für Theologie, Fachmann für Griechisch und Hebräisch. Er hatte mit Erasmus an der Herausgabe des Neuen Testaments im griechischen Originaltext gearbeitet. Sein Jesaja-Kommentar und seine

Vorlesungen über das Johannesevangelium hatten eine breite Wirkung. Er faßte nach der für das akademische Publikum lateinisch gehaltenen Vorlesung den Inhalt noch einmal in deutscher Sprache zusammen, so daß in seinen Veranstaltungen nicht nur Studenten, sondern wohl an die 400 Baseler Bürger saßen.[2] Er war unverheiratet und seine Mutter führte ihm bis zu ihrem Tod den Haushalt. Als sie gestorben war, drängte ihn sein Freund Wolfgang Capito zur Heirat. Capito selbst war von Bucer zu diesem Schritt bewegt worden. Jetzt gab er dessen »Verfügung« in einem Schreiben an Oekolampad vom 22. Januar 1527 weiter: »Was aber im übrigen das Heimführen einer Ehefrau angeht: eine Eheschließung ist eine heilige und ehrenhafte Sache, besonders für einen Christen und einen Geistlichen dazu. Denn das Zölibat hat seine Bedrängnisse und Gefahren. Es kann nicht von einem jeden durchgehalten werden. (...) Freilich, wer verheiratet ist, der sorgt sich um die Dinge der Welt, wie er der Frau gefalle (1. Korinther 7,33). Mir schien es allerdings, daß ich für ein zölibatäres Leben berufen wäre, und ich hätte diesen Zustand nicht geändert, wenn es dem Herrn nicht so gefallen hätte. Denn es traten schlimme Gerüchte auf, gesät und aufgebläht von unseren Feinden. Daraufhin haben viele, die eine Heirat (für einen Geistlichen als Zeichen) überaus wichtig fanden, denen darum mein Zölibat ein Dorn im Auge sein mußte, erwartungsvoll auf mich gesehen. Als ich im Weiteren innerlich bereit für eine Ehe wurde, habe ich eifrig nach einer passenden Frau gesucht, die vom Alter und Engagement mir gleichrangig wäre, zugleich auch bedürfnislos und kampferprobt. Es war nicht der Wille Gottes, daß es (dieser erste Plan, gemeint ist wohl die Ehe mit Ottilie von Hohenheim; Anm. d. Ü.) zustande kam.

Dann sah ich mich gedrängt, dieses Mädchen zu heiraten, eine Bürgerliche, die Tochter eines einigermaßen wohlhabenden Ratsherrn. Denn ihre frommen Brüder hatten dieses gottesfürchtige und sittsame Mädchen zu dieser schandbaren Ehe (mit einem Geistlichen! Anm. d. Ü.) überredet. Nachdem also die andere Verbindung nicht zustande gekommen war, glückte diese liebevolle Beziehung. Ich habe in ihr eine überaus sittliche und reine Gehilfin, die unserem Herrn sehr ergeben ist, sehr bereitwillig beim Aufnehmen und Betreuen von Gästen und ebenso beim Almosengeben. Sie ist fleissig in ihrer Frömmigkeit und in gutem Betragen vorbildlich für andere. Wahrhaftig, verglichen mit ihrer Tugendhaftigkeit gebricht es mir als ihrem Manne an Tugenden, was – fürchte ich – bei vielen Leuten längst Anstoß erregt. Ich habe zwar noch nicht gehört, daß es Anstoß gegeben habe, aber trotzdem fürchte ich es immer irgendwie. Wenn dir aber durch die Brüder eine Frau angeboten würde, eine, die bekanntermaßen rechtschaffen und beständig ist, die ein Herz hat und den Willen, durch den Dienst an dir Christus zu dienen, die – welch edler Charakter wäre das! – bereit ist, ein Leben (mit dir) zu führen ohne den Wunsch, die Ehe zu vollziehen und im Überfluß genug daran hat, dir wie einem Mann Gottes zu helfen und beizustehen – wer würde dir nicht zuraten, diesen Glücksfall zu nutzen? Solches kann freilich nicht sein, es sei denn, daß sie einem von Gott geschenkt wird. Durch eine solche Ehe würden dir (nur) Lasten auferlegt, die zu ertragen du besser geeignet bist, und die Gefährtin, die diese Hingabe mit dir teilt, würde helfen, das Lob Gottes weiterzutragen. Anders wer einfach im Herrn nach Art der gewöhnlichen Brüder heiratet. Das bringt keinen besonderen Nutzen und kommt niemandem zustatten. Ich halte dafür, es gibt kein schlimmeres Kreuz für einen Mann Gottes, als mit einer Tochter Belials verheiratet zu sein.«[3]

Oekolampad antwortet am 29. Januar 1527: »Ich möchte nicht, daß du dich umsonst wegen meines Zölibats beunruhigst. Mir ist es genug, daß du mir einen treuen Rat gibst und auf meine Fragen eingehst. (...) Bis jetzt bin ich frei und fest steht meine Entschlossenheit, mich an deine Ratschläge zu halten. Entweder werde ich eine christliche Schwester suchen, die sozusagen dem Phoenix gleicht, das ist eine Möglichkeit; oder ich werde ehelos bleiben. Jener Vogel ist freilich selten und daher auch nur wenigen bekannt. Es kann jedoch geschehen, daß er mir zufliegt, – anders vielleicht, als ich wünschte. (...) Was meine Magd betrifft, die ich seit einigen Jahren geduldig bei mir als Hauswirtschafterin halte, so ist sie meiner Meinung nach wegen ihres losen Lebenswandels und ihres Alters für die Segnungen einer Ehe völlig ungeeignet. Ich halte sie für unwürdig, das heilige Sakrament der Ehe zu empfangen, ja, ich habe mich ihr soweit entfremdet, daß ich unlängst angeordnet habe, sie müsse sich um einen anderen (Brot-)Herren bemühen. Ich muß sie noch eine Weile ertragen, einige Wochen oder Monate vielleicht, damit meine Gegner keine Handhabe gegen mich gewinnen und mir Unmenschlichkeit vorwerfen können, daß ich eine alte Dienerin nach dreijährigem Dienst wegen einer Schwangerschaft entlasse und dem Hunger aussetze. (...) Diese Magd selbst hat als erste das Gerücht verbreitet, daß ich in den Ehestand treten würde, obwohl ich nichts derartiges im Sinn hatte. Sie hat eine gewisse Witwe von gutem Ruf genannt, bei der ich selbst starken Grund habe zu vermuten, daß sie mich (in der Tat) in Christus allein liebt und es nicht verschmähen würde, mir als Ehefrau zu dienen, wenn es ihre Freunde erlauben. Es hat mein Gemüt ziemlich gequält, daß eine solche Dame meinetwegen in Unruhe gebracht wird. Sie (die Magd) wird schon die Strafe für ihre lose Zunge und ihre Unbesonnenheit erleiden. Ich aber werde ohne Hast mit dem Rat meiner Freunde bedenken, ob ich nun freilich heiraten soll. Es ist wahrhaftig ein gefährliches Werk und deshalb erfordert es Umsicht.«[4]

Etwas mehr als ein Jahr nach Abfassung dieses Briefes, am 15. März 1528, heiratete Oekolampad Wibrandis Rosenblatt. Sie war 25 Jahre, er 45 Jahre alt. Bonifatius Auerbach kommentiert das Ereignis ziemlich uncharmant: » Unlängst hat Oekolampad eine Ehefrau heimgeführt. (...) Ein Mann in schon vorgerücktem Alter, mit zitterndem Haupt, mager und erschöpft am ganzen Körper wie ein lebender Leichnam – soll man das nicht töricht nennen!? Er hat eine Frau von mehr oder weniger 20 Jahren geheiratet, eine elegante und blühende Frau.«[5] Erasmus war noch schneidender. Er schrieb am 20. März 1528 an Willibald Pirckheimer in Nürnberg: »Vor einigen Tagen hat Oekolampad geheiratet, eine nicht unfeine junge Frau, wohl in der Absicht, in der Fastenzeit sein Fleisch zu geißeln. Lebe wohl, du ausgezeichneter Mann.«[6]

Oekolampad schrieb an Farel: »Falls du es nicht weißt, gebe ich dir hiermit zu wissen, daß mir der Herr für meine dahingegangene Mutter eine Schwester und Ehefrau gegeben hat, sie ist eine rechte Christin. Sie ist nicht reich, hier aber sehr angesehen, verwitwet und in vielen Jahren erfahren darin, das Kreuz zu tragen. Ich wollte freilich lieber, sie wäre älter, aber bisher ist noch kein Zeichen jugendlicher Ausgelassenheit an ihr erschienen.«[7] Ein Jahr später berichtete er an Capito: »Meine Frau ist, wie ich es mir immer gewünscht habe, und ich möchte keine andere. Sie ist nicht streitsüchtig und nicht schwatzhaft und treibt sich nicht herum, sondern sorgt für ihr Haus. Sie ist zu einfach, um überheblich zu sein, zu klug, als daß sie von den anderen verurteilt werden könnte.«[8]

Die turbulenten Ereignisse der Reformation haben das Leben im Pfarrhaus kaum je langweilig werden lassen. Am Tag vor Weihnachten

1528 brachte Wibrandis einen Sohn, Eusebius, zur Welt. Im folgenden Februar gärte es in Basel. Die radikalen Reformer, angeführt von ihrem Mann, forderten, daß die Katholiken aus dem Stadtrat ausgeschlossen, die Bilder aus den Kirchen entfernt und die Meßfeiern in allen Kirchen Basels verboten werden. Der Rat zögerte. Das Volk, etwa 1000 Menschen, versammelte sich am Barfüßerplatz im Franziskanerhof. Als der Rat nach drei Tagen immer noch nicht zu einem Entschluß gekommen war, schlug die Menge los. Sie stürmte den Berg zum Münster, zerschlug alle Bilder aus Holz und aus Stein und ließ die jahrhundertealten wertvollen Kunstschätze der Frömmigkeit zerstreut wie Abfall auf dem Pflaster zurück. Die Messe wurde abgeschafft und jedermann gezwungen, das Abendmahl zu empfangen, gedeutet nach Zwinglis Verständnis als Erinnerungsmahl. Wer das nicht wollte, mußte die Stadt verlassen.[9] Erasmus ging. Oekolampad hatte gesiegt.

Während dieser dramatischen Ereignisse war sein Zuhause für ihn ein Ort der Ruhe. »Eusebius« berichtet Oekolampad, »ist im Ganzen ein stilles Kind, wenn er nicht gerade wegen Hunger oder Durst oder Dreck ungeduldig wird, das ist bei ihm ein Anzeichen guter Gesundheit, für das wir dankbar sind. Er hat oft Schnupfen und Husten.«[10] Er wurde 13 Jahre alt.[11] Es kamen weitere Kinder zur Welt: zwei Töchter, Aletheia (griech. Wahrheit) und Irene (griech. Frieden).

Fortwährend hatte Wibrandis Pfarrer und Flüchtlinge zu beherbergen. Capito war ihr Gast. Eine Delegation von Waldensern kam nach Basel, um sich mit ihrem Mann zu beraten. Der debattierfreudige Servet logierte bei ihnen. Zwingli wohnte in ihrem Haus, bevor er gemeinsam mit Oekolampad zum Religionsgespräch nach Marburg weiterreiste. Wibrandis stand im Briefwechsel mit den Frauen anderer Reformatoren, denn die Führer der Reformation in den süddeutschen und Schweizer Städten hielten engen Kontakt miteinander. Sie schrieb an Anna Zwingli, Agnes Capito und Elisabeth Bucer. Agnes schickte ihr ein Gebetbuch, in dem ein Loblied auf die Heldinnen der Bibel gesungen wurde.[12]

Im Oktober 1531 fiel Zwingli auf dem Schlachtfeld von Kappel. Sein Tod war ein schwerer Schock für die reformierten Kirchen. Sie befürchteten, die Lutheraner würden sich hämisch über seinen Tod freuen. Einige taten das auch. Für Zwingli trat eine Frau ein. »Ist er gestorben, so ist er als ein Christenheld gestorben und, die ihn geschändet und verbrennt, werden des brennen. Ich hab ihn lieb und wert geachtet und (tue es) noch.«[13] Die so sprach, war Katharina Zell aus Straßburg. Oekolampad wurde gefragt, ob er Zwinglis Nachfolger in Zürich werden wolle, aber er lehnte ab; wahrscheinlich auch deshalb, weil er ahnte, daß seine eigene Zeit abgelaufen war. Er starb im folgenden Monat, im November 1531.

Wibrandis war zum zweiten Mal Witwe. Zur selben Zeit, im November 1531, starb auch Capitos Frau in Straßburg. Der Tod der beiden Freunde Zwingli und Oekolampad und das Sterben seiner Frau erschütterten Capito sehr. Straßburger Freunde schlugen ihm vor, er solle reisen, solle Basel, Bern, Konstanz, Augsburg und Ulm besuchen. Bucer, der immer eifrig bemüht war, Frauen für seine Kollegen zu finden, sah die geplanten Visiten auch unter dem Gesichtspunkt einer Brautschau. Zwei Städte stufte er als besonders glückverheißend ein. In Basel lebte Wibrandis, die für Capito ideal geeignet wäre. In Konstanz gab es Margareta Blaurer, genauso geeignet, wenn sie denn überhaupt für ein solches Projekt zugänglich sein sollte. Allerdings war da in Augsburg auch Sabina, die Witwe des einstigen Wiedertäufers Augustin Bader.[14]

Bis 1528 war Bader reisender Apostel der Wiedertäufer gewesen, aber als seine Freunde einer nach dem anderen den Märtyrertod starben, gab er Reisen und Besuche auf und zog sich in eine eigene kleine Gemeinde zurück, die aus nur vier Familien bestand. Er erklärte sich selbst zum König und stattete sich mit königlichen Insignien aus. Als das vor die staatliche Obrigkeit kam, nahmen sie die Männer der kleinen Gemeinde gefangen, folterten und töteten sie. Bader wurde mit seinem eigenen königlichen Schwert enthauptet. Seine Frau lebte eine Zeit lang als Flüchtling in Straßburg und war dort in Capitos Familie gastlich aufgenommen worden.

Bucer bekannte Ambrosius Blaurer, dem Bruder von Margareta, seine Hoffnungen und Befürchtungen. »Für Capito habe ich Oekolampads Witwe bestimmt, obwohl er zu einer Augsburgerin hinneigt, die mit dem in Stuttgart hingerichteten König der Wiedertäufer verheiratet war. Mag sie auch unschuldig und als eine passende Frau erscheinen, so mahne ich von ihr ab; denn gar leicht kehrt die Melancholie zurück, und weil sie Königin war, fürchte ich für den Ruf des Evangeliums. Die andere Ehe (mit Wibrandis) wäre sehr schicklich und pietätvoll, wenn er der Witwe und der Waisen eines solchen Verkündigers Christi sich annähme; dazu ist diese von höchst sanftem, bescheidenem und dienstwilligem Charakter. Der gute Mann kennt seine Schwäche und seine infolge Schlaflosigkeit und daraus entspringender Melancholie sonderbare Art, so daß er eine recht Niedrige (Demütige) begehrt, die sich mehr als Dienerin denn als Herrin fühlte, und dies erwartet er von jener Sabina; auch hatte er sie zu Lebzeiten seiner Frau einige Wochen im Hause. Jetzt fürchte ich, wenn er nach Augsburg kommt, daß sie sich bei ihm in Gunst setze; doch hat er von Basel aus geschrieben, Oekolampads Witwe habe ihn sehr gerührt. Zuerst dachte ich an unsere Margareta; aber das wechselnde Wesen Capitos, seine oft höchst sonderbaren Entschlüsse, die der Frömmigkeit keinen Eintrag tun, aber häufig ihm selbst schaden und seine Umgebung nutzlos quälen, ließ mich zweifeln, ob sie mit ihm verbunden der Kirche gleichen Segen brächte wie allein. Doch möge mir dies nicht nachteilig sein, wenn der Herr mich in die gleiche Notlage versetzen sollte. Capito wird wohl bald in Konstanz sein, wenn er nicht jetzt dort ist; da werden beide (Capito und Margareta), wenn etwas dergleichen von der Vorsehung bestimmt ist, es leicht fühlen. (...) Capitos Absonderlichkeit besteht darin, daß er zuweilen alles für die christliche Liebe bestimmt und nur auf sie sieht; während des übermäßigen Wachens kommen ihm stets Wege wie keinem anderen in den Sinn, und auf diesen schreitet er, obwohl er Widerspuch verträgt, weiter. So ist er in schwere Schulden geraten und hat ohne Not großen Schaden erlitten.«[15] An Margareta schrieb Bucer neckend, als wäre es sein Plan mit ihr gewesen: »Daß Capito Euch so wohl gefällt, lobe ich auch (bei) Gott höchlich, und wenn mir der selige Oekolampad und seine Waisen nicht so angelegen wären, (...) ich würde wie zu Ulm Euch Euren meisterlosen Stand wieder anfechten.«[16] Bucers Plan wurde Wirklichkeit. Am 11. August 1532 heiratete Wibrandis den Straßburger Pfarrer Wolfgang Capito.

Wenn er wirklich so schwierig war, wie Bucer behauptete, muß man es geradezu unverantwortlich nennen, ihm Wibrandis anzudienen. Andererseits gehört es wahrscheinlich in die Annalen nie beschriebenen Heldentums, daß sie seine Schwächen ausgeglichen, seine Finanzen in Ordnung gebracht und seinen Haushalt zu aller Freude und Zufriedenheit geführt hat. Wibrandis brachte ihre Tochter Wibrandis aus der Ehe mit Keller und die drei Kinder von Oekolampad mit nach

Straßburg. Außerdem gehörte Wibrandis Mutter, Margareta Rosenblatt, geb. Strub, zur Familie. Die alltäglichen Pflichten waren vermutlich denen in der Familie Oekolampad ähnlich. Capito war auch Pfarrer und Professor gleichzeitig, zudem überladen mit öffentlichen Aufgaben. Wibrandis war vollauf damit beschäftigt, die Wiege immer besetzt zu halten. Mit Capito hatte sie fünf weitere Kinder: drei Mädchen, Agnes (1533), Dorothea (1535) und Irene (1541), die nach ihrer inzwischen gestorbenen Halbschwester Irene Oekolampad genannt wurde, und zwei Söhne: Johannes Simon (1537) und Wolfgang (1538), so genannt nach dem Vater. Es gibt Nachrichten über Krankheiten, aber alle Kinder überlebten bis zur großen Pest von 1541. Bei dieser Epidemie starben in Straßburg 2500 Menschen. Pastor Hedio verlor alle fünf Kinder. Bucers Frau Elisabeth hatte dreizehn Kinder geboren, von denen zur Zeit der Pest noch fünf lebten. Von diesen überstand nur Nathanael, ein körperlich und geistig behinderter Junge, die Seuche. Elisabeth selbst wurde auch hingerafft. Wenn sie die Stadt bei Ausbruch der Pest verlassen hätte, wäre sie am Leben geblieben. Aber Bucer wollte seine Gemeinde nicht im Stich lassen und sie nicht ihren Mann.[17] In Capitos Haus tötete die Pest Eusebius, den Sohn Oekolampads, Dorothea und Wolfgang, die Kinder Capitos, und schließlich Capito selbst. Wibrandis war wieder Witwe.

Als Elisabeth Bucer schon krank daniederlag, kam Katharina Zell und brachte ihr die Nachricht von Capitos Tod. Elisabeth war sich klar darüber, daß die Totenglocke auch für sie bald läuten würde. Sie bat ihren Mann, den Platz seines Kollegen Capito als Vater und Ehemann einzunehmen. Statt einer Antwort brach Bucer in Tränen aus. Daraufhin ließ Elisabeth – wahrscheinlich durch Katharina – Wibrandis holen. Wibrandis zögerte, sich am Tag auf der Straße sehen zu lassen, weil sie eben erst verwitwet war. Sie kam bei Nacht und hörte die Bitte Elisabeths, als Ehefrau an Bucers Seite zu leben.[18] Elisabeths Wunsch wurde erfüllt. Im April 1542 fand die Hochzeit statt. Bucer schrieb an einen Freund: »Meine Hochzeit hat stattgefunden und ich fürchte mich vor der übergroßen Ergebenheit (dieser) besten Frau. Meine frühere Frau war freier, mich zu ermahnen, und ich meine, diese Freiheit ist nicht (nur) ein Nutzen, sondern (auch) eine Notwendigkeit. Nichts könnte ich (bei dieser) vermissen, außer daß ihr Eifer um mich und ihre Ergebenheit mir gegenüber übergroß sind. Dennoch: wie groß ist immer noch das Verlangen nach der Verlorenen; so tief eingeprägt ist die erste Ehe durch liebevolle Zuwendung.«[19] »Sicherlich hat mir Gott eine treffliche Stütze in Sorgen und Mühen gegeben; er verleihe mir, gegen sie ebenso dienstlich und zuvorkommend zu sein, wie ich es von ihr überzeugt bin.«[20]

Obwohl die neue Familie sehr durch den Tod dezimiert worden war, war sie nicht klein. Von Bucers Seite gab es Nathanael, von Wibrandis Seite ihre Mutter Margareta, Aletheia, Agnes, Irene und Johannes, zusammen eine achtköpfige Familie. Die Tochter Wibrandis Keller war 17 Jahre alt und heiratete um diese Zeit.[21] Weitere Kinder wurden geboren. Mit Bucer hatte Wibrandis einen Sohn Martin, der anscheinend früh gestorben ist, und eine Tochter Elisabeth. Außerdem wurde eine Nichte von Wibrandis in die Familie aufgenommen.

Aus der Feder des italienischen Flüchtlings Vermigli haben wir ein Bild vom Leben in diesem Haushalt. Vermigli war ein ausgezeichneter Theologe, der in den reformerischen Kreisen der Papstkirche großes Ansehen genoß. Wahrscheinlich wäre er Kardinal geworden, hätte sich nicht die rigoristische Partei in Italien durchgesetzt. Nach der Einrichtung der Römischen Inquisition 1542 ging er ins Exil. Weil es keine Stelle in Basel für ihn gab, lud ihn Bucer nach Straßburg ein. Vermigli schrieb an Freunde in Italien: »Gleich bei unserer Ankunft wurden wir von Butzer aufs freundlichste in sein Haus aufgenommen. Siebzehn Tage durfte ich bei ihm bleiben; während dieser Zeit sah ich in seiner Verkündigung wie in seiner Lebensführung wunderbare Äußerungen evangelischen Glaubens. Sein Haus gleicht einer Herberge, so sehr ist er gegen alle Fremden, die um Christi und um des Evangeliums willen in die Fremde gehen müssen, gastfreundlich. Seiner Familie steht er so trefflich vor, daß ich während der ganzen Zeit, die ich bei ihm zubrachte, nie eine Störung bemerkte, sondern immer nur Stoff zur Erbauung. Sein Tisch ist weder glänzend noch gemein, es herrscht die einem Frommen geziemende Mäßigkeit; in der Wahl der Speisen macht er keinen Unterschied der Tage: er genießt von Allem, Gott durch Christus dankend für seine vielen und großen Gaben. Vor und nach der Mahlzeit wird eine Stelle aus der heiligen Schrift gelesen; dies gibt dann zu frommen und heiligen Gesprächen Anlaß. Ich darf wohl sagen, daß ich stets unterrichteter von diesem Tische weggegangen bin, denn jedesmal hörte ich etwas, das ich früher nicht so klar erkannt hatte, oder über das mir noch Zweifel geblieben waren. Was seine übrigen Beschäftigungen anlangt, so habe ich ihn immer tätig gesehen, und zwar nicht in Privatgeschäften, sondern in den Angelegenheiten, in denen er seinen Nächsten helfen kann: unermüdlich predigt er, dann wieder liegt er der Leitung der Kirche ob und wacht, daß die Pfarrer die ihnen anvertrauten Seelen nach dem Worte Gottes lenken und ihnen durch frommes Beispiel vorangehen; weiterhin besucht er die Schulen (...), endlich ermuntert und entzündet er die Obrigkeit zu christlichem Sinn und Werk; es vergeht fast kein Tag, ohne daß er das Rathaus aufsucht. Hat er den Tag in solchen Arbeiten verbracht, so widmet er die Nacht den Studien und dem Gebet; niemals bin ich im Schlafe erwacht, ohne ihn selbst wach zu finden.«[22] Bei allem Lob: nicht ein Wort der Anerkennung für Wibrandis. Sie wird nicht einmal mit Namen erwähnt.

Kurz nach dem Besuch von Vermigli mußte sie ein Jahr lang die Verantwortung für die Familie allein tragen. Ihr Mann bekam den Ruf, Hermann zu Wied, den Erzbischof von Köln, bei der Reorganisation seines Bistums nach den Prinzipien der Reformation zu unterstützen. Bucer schrieb aus dem Rheinland an Wibrandis, er wäre sicher schon an dem Essen, dem gesalzenen Fleisch und den geräucherten Fischen, gestorben, wenn nicht sein Sekretär Christoph Söll einige Fertigkeiten in der kulinarischen Kunst besäße.[23] Seine reformatorischen Bemühungen im Erzbistum Köln wurden zwar von den Fürsten und den Städten unterstützt, aber die Stadt Köln und ihr Domkapitel leisteten Widerstand.[24] Auch dieser wäre zweifellos mit der Zeit überwunden worden, wenn sich nicht die politische Großwetterlage geändert hätte. Der Erzbischof wurde auf kaiserlichen Druck seines Amtes enthoben. Bucer mußte mit der Erkenntnis nach Hause fahren, daß seine Anstrengungen keine greifbaren Ergebnisse hinterlassen hatten.

Im Februar 1546 berichtet ein Freund von einer anderen Abwesenheit Bucers: »Unterdessen ist (er) abwesend. (Seine) Frau ist sehr entmutigt wegen der Mutter und der schwachen Gesundheit zweier Kinder. Petrus Martyr und sein Landsmann Bernardinus (Ochino) sind gegen Anfang Dezember nach England berufen worden (...) Auch Butzer und Paul Fagius waren dahin berufen, doch ließ der Zustand unserer und anderer Kirchen ihren Weggang nicht zu.«[25] Im Februar des dann folgenden Jahres notiert ein anderer Freund: Bucer »trachtet hin(weg) zuziehen, obschon er nicht weiß, wohin. Er hat sechs Kinder, eine altersschwache Schwiegermutter bei sich und eine Frau mit einer nicht festen Gesundheit.«[26] Das war in der Zeit, als Bucer und Fagius sich bei Katharina Zell versteckt hielten.

Während der Reise nach England schreibt Bucer aus Calais am 18. April 1549 an seinen noch in Straßburg zurückgebliebenen Sohn Nathanael einen Brief. Darin ermahnt er den Sohn, fleißig zu sein und etwas Nützliches zu tun. Er verweist auf das Beispiel seiner verstorbenen Frau, Nathanaels Mutter: »Dies alles, lieber Sohn, wollest du dir wohl zu Herzen nehmen. (...) Ich kenne deine Schwachheit an Leib und Gemüt wohl und habe wahrlich väterliches Mitleid mit dir. Und dennoch hat dir der Herr etwas zu lernen und zu tun gegeben nach deinem Maß seiner Gnaden. Die verlasse ja nicht. (...) Übe dich im Katechismus und lerne deinen gekreuzigten Heiland Jesum Christum immer besser erkennen. (...) So weißt du, wie treulich es mit dir meinet meine liebe Hausfrau, daß sie wahrlich begehrt, dir keine Stiefmutter, sondern eine wahre Mutter zu sein und dir alle mütterliche Treue zu beweisen. (...) Gibt der Herr, daß ich (...) dich wieder bei mir haben werde, sollst du sehen und erfahren, daß ich dich als meinen Sohn, den ich einzig (noch) habe von meiner herzlieben seligen Frau, erkenne und liebe.«[27]

Als Bucer und Fagius in England ankamen, wurden sie von Erzbischof Cranmer im Lambeth Palast sehr ehrenvoll empfangen. Sie freuten sich, ihren alten Freund Vermigli wiederzusehen. Während des Sommers waren die beiden damit beschäftigt, die Bibel aus dem griechischen und hebräischen Urtext ins Lateinische zu übersetzen als Vorarbeit für eine Übertragung in die englische Sprache. Es gab einige helle, freundliche Stunden. Der Erzbischof war ein Musikliebhaber. »Denn wir singen hier oft zusammen bei dem Erzbischof, welcher ein großer Freund der edlen Musica ist«, schrieb Fagius.[28] Aber ein anderes Mal heißt es bei ihm: »Denn wiewohl der Erzbischof, bei dem wir noch sind, ein lieber Mann ist und uns große Freundschaft antut, so ist uns doch das höfische Leben aus vielen Ursachen ganz beschwerlich, wollten lieber eine Zwiebelsuppe für gut haben, daß wir in unserer Ruh möchten beieinander sein.«[29] Im Herbst wurden beide auf Lehrstühle nach Cambridge berufen. Glücklicherweise studierte seit zwei Jahren ein Sohn von Fagius dort und konnte für sie übersetzen.

Gesundheitlich hatten beide schwer zu leiden. Bucer klagte über das Essen. Unentwegt gebe es Fleisch, Fleisch, Fleisch, selten einmal Eier,

Kohl oder anderes Gemüse. An seinen Arzt schickte er eine klägliche Liste seiner Beschwerden: schwere Verstopfung, Fieber, Mattheit in Verbindung mit Schlaflosigkeit, Koliken, Steine, Lähmungserscheinungen in den Armen und Fingern, wahrscheinlich als Folge einer Arthritis. Das alles wurde noch schlimmer durch den strengen englischen Winter bei Kaminfeuerung in den Häusern. Er fürchte, er müsse zurück nach Deutschland, um ein Thermalbad zu besuchen. Das gäbe es in England kaum, sagte er.[30] Fagius schickte Wibrandis spöttisch Nachricht über Conrad Hubert, »sagend, Herrn Martinus Hausfrau, sie soll sich bald auf die Fahrt machen, oder er wird eine andere kriegen, die Herzogin von Suffolk will ihn haben, ist jetzt eine Wittfrau.«[31]

Angesichts der erschreckenden Aussichten auf einen zweiten solchen Winter wagte es Bucer im August 1549, Wibrandis gegenüber den Wunsch auszudrücken, daß sie bald nachkommen solle. »Dich, Agnes, Lisbeth, Anna hätte ich gerne hier (...) Aber dem allem sei, wie ihm wolle. Wie gern ich dich hätte, so sind wir Beide des Herrn; der hat dich mir gegeben, mit dessen Willen, und nicht aber wider, begehre ich dein. (...) Solltest du aber je nicht kommen und dann ein Paar Völklin (Leute) vorhanden wäre, ein treuer Bruder mit einer dienstbaren Frau, die uns kochen könnte den Winter, und andere Notdurft versehen im Hause (du weißt, was ich für ein Haushalter bin), so möchte ich dein im Herrn bis zu besserer Zeit desto baß (lieber) entbehren. Ob aber das schon auch nicht sein könnte, und ich dich noch so gerne hätte und wohl bedürfte, so will (ich) doch nicht, daß mein Wille, sondern der des Herrn geschehe. (...) Will aber der liebe Gott, daß du kommst, so gefällt mir, daß du allein die drei: Agnes, Anna und Lisbeth (...) bringest. Herrn Christoph (Söll) verbietet mir Gott, daß ich ihn von der Kirche abziehe, so lange er bleiben kann. Es wäre auch dir und ihm gefährlicher, so er mit dir zöge. Man würde je seinen Abschied wissen müssen. So du wohl (bist und) so ihr (euch) recht anschicket, acht Tage magst (du) hier sein, ehe man es inne würde, und wenn man schon manglete (euch vermißte), (so) weiß man doch nicht, wo (ihr) hinaus (seid).« – Dann gibt er genaue Anweisungen über die Fahrtroute. »Ihr findet durch Hilfe der Brüder wohl etwa einen treuen Gesellen, der mit euch fährt. (...) M. Lux (Lukas Hackfurt) oder Katharina Zell sollten auch wohl solche wissen. (...) Ihr müsset aber in alle Wege das Geschrei gehen lassen, als wollet ihr den Winter (in Straßburg) bleiben und den Nachen also bestellen, daß euch die Schiffleute entweder nicht kennten, welches das Beste wäre (...) Papier und die verzeichneten Bücher hätte ich gerne und besonders den Eusebium von Herwagen. Ohne einen Mann sollt ihr nicht fahren. Aber wie gern ich meinen lieben Stoffel (Christoph Söll) sehe, so erschrecke ich doch, wenn ich gedenke, daß er meinethalben sollte eine Predigt unterlassen. O laßt predigen! predigen! so lange es der Herr gibt, wer Platz haben mag. (...) Unsere herzliebe Mutter, die muß man nicht allein lassen. So ist aber Stoffel so weit gesessen (so hat er so weit von ihr gewohnt, Anm. d. Ü.). Lasse sich Stoffel eher, daß er bei der Mutter haushalte und wäre den Tag, so die Knaben in der Schule, bei der Pfarre. (...) Gott wolle helfen und sie trösten in ihren alten Tagen, die soviel Trübsal hat erfahren. Sie liegt mir trefflich an. Wollte dich gerne mit ihr teilen, ja ihr gerne gar lassen, wenn ich dich auch haben möchte, oder gewiß wäre, daß dich Gott mehr bei ihr dann bei mir wollte haben. Gott rate und helfe. Sein Wille soll mir in allem gefallen. Das Kreuz müssen wir tragen, wir haben es verschuldet. Es ist auch wahrlich nicht ein kleines Kreuz, der so lieben Kirchen, Schulen, Kinder, Freunde und seiner eigenen Hausgenossin beraubt sein.«[32]

Dann folgen Grüße an jedes der Kinder und Dank für die Briefe, die sie ihm geschrieben haben. Leider sind sie nicht erhalten geblieben. Es folgt ein Gruß an die Großmutter Margareta mit einem Postskript: »Zu Antwerpen mußt du kaufen alle Würze, Zucker, gute Zwetschen und was des Dings ist. Hier ist alles zu teuer. Bitte auch Dr. Ulrich, daß er mir die bewußte Pillenmasse bereite. Es ist hier alles unendlich teuer. Bring Spulen und Werg. Gott der Herr lehre und führe euch.«[33]

Wibrandis kam. Nachdem sie sich einen Überblick über die Lage verschafft hatte, beschloß sie, zum Rest der Familie nach Straßburg zurückzukehren. Agnes Capito blieb und versorgte Bucer. Wieder zu Hause berichtete Wibrandis nach England, daß die Papisten dabei seien, den Besitz der Bucers zu konfiszieren. Sie und Söll waren aufgefordert worden, vor dem geistlichen Gericht zu erscheinen. Die Beauftragten waren mit dieser Anweisung bei Söll erschienen. Söll hatte auf diese Zumutung geantwortet, sie seien Bürger Straßburgs und müßten nicht vor päpstlichen Amtleuten antreten. Wenn der Herr etwas von ihnen wolle, solle er doch zu ihnen kommen. »Also hat er (Christoph Söll) ihn von sich gewiesen und hat mir nichts davon gesagt, bis er weg gewesen ist. Er war besorgt, ich würde etwa ein böses Wort geben, (was wirklich hätte geschehen können). Also bin ich ins Bad gefahren. Herrn

Christoph habe ich befohlen, er soll ihnen keine Antwort geben, bis ich wiederkomme.«[34]

Schließlich ging die ganze Familie in die Emigration, die Kinder, die Großmutter und Wibrandis. Söll begleitete sie nach England, um sicherzustellen, daß sie gut ankommen. Dann kehrte er zurück. König Edward VI. hatte diesmal selbst Vorkehrungen für den Winter getroffen. Er schickte zwanzig Pfund für den Einbau eines deutschen Kamins, danach noch eine ähnlich hohe Summe für einen zweiten Kamin für die Familie.[35] Aber die Installation kam zu spät. Fagius starb im November 1549. Bucer arbeitete unermüdlich an der Ordnung, der Liturgie und dem Aufbau der Anglikanischen Kirche. Er lebte nur noch bis zum Februar 1551. Im Endstadium seiner Krankheit wurde Wibrandis von der Herzogin von Suffolk bei der ununterbrochenen Pflege entlastet. Zu Recht wird gesagt, daß kaum ein anderer Mann in der kurzen Zeit von 30 Jahren eine so tiefe Wirkung auf die Kirche von Straßburg, Süddeutschland und England gehabt hat wie Bucer.[36]

Die Verantwortung für die Rückführung der Familie nach Straßburg und die Sorge um die finanzielle Zukunft lag nun allein bei Wibrandis. Sie schrieb Bittbriefe an verschiedene Personen. Hier ein Auszug aus einem Schreiben an Erzbischof Cranmer: »Ich erflehe für Euer Hochwürden von ganzem Herzen die Gnade und das Wohlgefallen Gottes des Vaters durch unseren Herrn Jesus Christus. Obwohl Euer Hochwürden hohe Stellung und Rang mich stark zögern lassen zu schreiben, so machen es mir die unübertrefflichen Wohltaten, die Euer Hochwürden meinem Ehemann zu Lebzeiten und mir in der Zeit seiner Krankheit hat zuteil werden lassen, unmöglich zu schweigen, es sei denn, ich bemerkte Anzeichen Eurer Ungnade mir gegenüber. Obwohl ich unfähig bin, sie (die Wohltaten) aufzuzählen, wie sie es verdienten, oder sie auch nur angemessen zu preisen, danke ich Gott nichtsdestotrotz und flehe ihn täglich Euer Hochwürden halben an, daß er, der da ist überreich und allmächtig, Euch mit seiner unermüdlichen Güte und unendlichen Milde bedenke. Ich erlaube mir, daran zu erinnern, höchst ehrwürdiger Prälat, daß Euer Hochwürden mir, als ich gerade in England angekommen war, eine Urkunde darüber versprach, durch welches mir persönlich eine Schenkung seiner Majestät rechtsgültig zustehe und ungeteilt bliebe. (...) Weil Euer Hochwürden mir ein solches Dokument versprochen haben und ich der Hoffnung bin, durch die

Autorität und Wirksamkeit eines solchen Schreibens für mich und meine kleine Tochter, die solcher Unterstützung sehr bedarf, eine Stiftung Seiner Majestät zu bekommen, bitte und flehe ich zu Euer Hochwürden an, es mir zu senden (...)«

Der Erzbischof antwortete: »Die besondere Gunst, mit der ich Eurem Gatten zeitlebens zugewandt war, hat sich seit seinem Hinscheiden in keiner Weise verringert. Seine beachtenswerte Frömmigkeit und seine gründliche Bildung haben der Kirche nicht nur vorübergehende, sondern bleibende Wohltaten geschaffen. Dadurch hat er nicht nur alle gottseligen Menschen, sondern vor allen anderen mich selbst in fortdauernde Verpflichtung genommen. Darum dürft Ihr auf gar keinen Fall zögern, mir zu schreiben, wenn ich Euch in irgendeiner Sache von Nutzen sein kann.« Die Stiftung von 100 Mark wird urkundlich bestätigt.[37]

Die Familie kehrte nach Straßburg zurück, aber nicht, um sich wieder dort niederzulassen. Frau Wibrandis zog bald mit ihrer Mutter und den Kindern weiter in ihre Heimatstadt Basel. Ihre letzten Tage hier waren nicht ungetrübt. Der Sohn Johannes Simon Capito studierte Theologie an der neugegründeten Universität Marburg. An ihn schrieb Wibrandis: »Lieber Hans Simon! Ich habe keine Botschaft von dir, seit daß der Bote von Marburg bei mir gewesen ist. Ich (weiß) aber wohl, wenn ich schon Botschaft von dir haben würde, daß sie mich nicht erfreuen würde. Denn es ist dein alter Brauch, daß ich nur das Kreuz von dir habe. O, daß ich den Tag erleben sollte, an dem ich auch etwas Gutes von dir hörte; wollte ich danach mit Freuden sterben. (...) Schau, sei sparsam und studiere fleissig. Geh dem, was dir befohlen ist, treulich nach; sei gottesfürchtig; trink nicht, spiel nicht, lüg nicht. Sei aufrecht in allen Dingen. Hüte dich vor Huren und böser Gesellschaft. Erwähl dir Gutes und laß das Böse, damit du ein Tempel Gottes bist. Flieh die böse Welt mit allen ihren Lüsten und erwähle dir, ein Diener Christi zu sein, wie dein lieber Vater selig gewesen ist. So wirst du mir, der Großmutter, deinen lieben Schwestern und Schwägern und der ganzen Freundschaft eine große Freude und Wohlgefallen tun. Es ist keiner unter uns, der nicht lieb und gut zu dir sein wollte, wenn du dich nur ein wenig schicktest. Sonst werden wir dich das Deine vertun lassen, und wenn du fertig bist, so mußt du sehen, wie du anders durchkommst. Denn da ist niemand, der einen Heller für dich gibt. (...) Willst du rechttun, so komm heim. Willst du nicht, so tu, was du willst.

Ich rate aber, spar das Deine. Ich schick dir hier ein gutes Jahr. Wibrandis, Deine getreue Mutter.«[38]

Wieder schlug die Pest zu. 1553 starb Christoph Söll. Für die nächsten zehn Jahre haben wir keine weiteren Nachrichten von oder über Wibrandis. Als 1564 eine verheerende Pestepidemie 7000 Menschenleben in Basel forderte, war auch Frau Wibrandis unter den Opfern. Die meisten Leichen wurden in Massengräbern bestattet. Ihre Leiche wurde im Kreuzgang des Baseler Münsters neben ihrem zweiten Ehemann Oekolampad zur Ruhe gelegt. In Anspielung auf ihren Mädchennamen schrieb ein Dichter:

> *Herrliche Frau, die hier ruht – sie erfreut*
> *nicht umsonst sich des Namens.*
> *Blatt der Rose – voll Glanz lodert im Garten*
> *ihr Licht.*
> *(...)*
> *Trauert ihr Musen, ihr blühenden purpurnen Ro-*
> *sen, Trauert: Jäh sank über Nacht die Rose der*
> *Rosen dahin.*
> *(...)*
> *So voll Anmut die Rose, daß kaum eine schönere*
> *schauten*
> *Je des Elsasses Au' n noch die Gefilde der*
> *Schweiz.*[39]

Zuletzt mußte auch Frau Wibrandis der Aufforderung zum Tanz mit dem Tod Folge leisten.

Bibliographie

Diese Biographie erschien zuerst in der Festschrift für Ernst Staehelin, Gottesreich und Menschenrecht, Basel 1969.

Weitere benutzte Literatur:
Ernst Staehelin, Frau Wibrandis, Berlin und Leipzig 1934;
ders., Das theologische Lebenswerk Oekolampads, Quellen und Forschungen für Reformationsgeschichte Bd. XXI, 1939
Otto Michaelis, Elsässische Gestalten, Strassburg 1942

Ernst Staehlin, Briefe und Akten zum Leben Oekolampads, QFRG XIX, 1934; über die Ehe mit Oekolampad Nr. 456, 457, 559, 639, 965; über die Ehe mit Bucer Nr. 989, 1006, 1007; der Brief Aletheias an Söll Nr. 1008; die Rückkehr nach Basel Nr. 1011; Wibrandis an ihren Sohn Nr. 1013 (abgekürzt: BA);

Traugott Schiess, Ambrosius und Thomas Blaurer Briefwechsel; darin eine Reihe Briefe von Bucer: In Bd. I, Nr. 929; in Bd. II, Nr. 931, 940, 948, 951

Corpus Reformatorum 96, Zwingli Sämmtliche Werke 9; darin Briefe Oekolampads an Zwingli, Nr. 699, 704;

A.-L.- Herminjard, Correspondence des Reformateurs VII, 1886; Melanchthon an Bucers Frau: Nr.1053

Andrew Edward Harvey, Martin Butzer in England, Marburg 1806; darin abgedruckt Briefe von Fagius an seine Frau, von Bucer an Wibrandis, an seinen Arzt und andere

Otto Winckelmann, Strassburger Frauenbriefe des 16. Jahrhunderts, Archiv für Kulturgeschichte II,2, 1904, Agnes Fagius an ihren Mann, Aletheia an Söll (auch in BA), Wibrandis an ihren Sohn (auch in BA), Elisabeth, geb. Bucer

Loci Communis D. Petri Martyris Vermilli Florentini, Zürich 1577, S.1071 und 1089-1890 (Übersetzung hier nach E. Staehelin, Frau Wibrandis, S. 24f.;)

Hastings Robinson (Hrsg.), Original Letters relative to the Englisch Reformation. Written during the Reigns of King Henry VIII., King Edward VI., and Queen Mary: chiefly from Archives of Zurich. (Zürich letters), Parker Society Cambridge 1846, Nr. XVI, CLXXX, cf. XVII, CLXXXI;

Ficker und Winckelmann, Handschriftenproben des sechzehnten Jahrhunderts nach Strassburger Originalen II, Strasbourg 1905; Faksimile eines Ausschnitts aus einem Brief von Wibrandis an ihren Sohn Johannes;

Johann Wilhelm Baum, Capito und Butzer, Elberfeld 1860

Anmerkungen

1. Staehelin, Frau Wibrandis
2. Staehelin, Das theologische Lebenswerk Oekolampads, QFRG XXI, 1939, S. 189
3. Staehelin, Briefe und Akten, Nr. 456
4. Staehelin, Briefe und Akten, Nr. 457; Staehelin vermutet, daß in diesem Brief schon von Wibrandis Rosenblatt die Rede ist, die zu diesem Zeitpunkt bereits Witwe war. Die Magd hatte sich vermutlich mit einem Gast Oekolampads eingelassen, der aus dem Umkreis Hans Denks kam und sich Ende 1526 nach Straßburg absetzte, Anm. 1 und 6 zu Nr. 457
5. Amerbach, Korrespondenz III, Nr. 1253, Zeile 51-53
6. Erasmi Epistolae VII, ed. P.S. Allen, Nr. 1977, Zeile 70-73; Brief vom 20. März 1528
7. Staehelin, Briefe und Akten Nr. 559, 22. März 1528
8. Staehelin, Briefe und Akten Nr. 639, cf. Nr. 576
9. Staehelin, Briefe und Akten Nr. 636
10. Staehelin, Briefe und Akten Nr. 639, cf. Nr. 618, Anm.6

11. Staehelin, Briefe und Akten Nr. 636, Anm. 26; er starb am 12. Oktober 1541
12. Staehelin, Frau Wibrandis
13. Baum, S. 482
14. Über Bader siehe Mennonitisches Lexikon
15. Schiess I, Nr. 259, dort der Brief in voller deutscher Übersetzung; lateinische Auszüge in Staehelin, Briefe und Akten Nr. 965
16. Staehelin, Briefe und Akten Nr. 965
17. Melanchthons Zeugnis dazu bei Herminjard VII, Nr. 1053, S. 294: »Sie hätte mit ihrer Familie vor der grassierenden Pest in Straßburg fliehen können, wenn sie nicht die treue Gefährtin in Gefahren für ihren Mann gewesen wäre, der nicht von seinen Posten weichen wollte.«
18. Schiess II, Nr. 940; Staehelin, Briefe und Akten Nr. 989
19. Schiess II, Nr. 948
20. Schiess II, Nr. 951
21. Staehelin, Frau Wibrandis
22. Vermigli, Loci; Übersetzung nach Staehelin, Frau Wibrandis, S. 24f.
23. Schiess II, Nr. 987
24. Schiess II, Nr. 1030
25. Schiess II, Nr. 1510
26. Schiess II, Nr. 1606
27. Text in der Staehelin-Festschrift, S. 85
28. Baum, S. 551f.
29. Baum, S. 553; Harvey, Nr. 1
30. Harvey, Nr. 5
31. Baum, S. 552
32. Lukas Hackfurt war eine der Personen, die von Magistratsseite her offiziell verantwortlich waren für die Armenfürsorge in Straßburg. Zu ihm siehe: Otto Winckelmann, Das Fürsorgewesen der Stadt Strassburg, QFRG V, 1922; Baum, S. 557
33. Harvey, Nr. 2; Baum, S. 557-559
34. Staehelin, Briefe und Akten Nr. 1006
35. Baum, S. 564; Staehelin, Briefe und Akten Nr. 1007, Anm. 7
36. Baum, S. 565
37. H. Robinson, Original Letters, Nr. CLXXX, S. 363 und Nr. XVI, S. 27
38. Winckelmann, S. 185-186
39. Staehelin, Frau Wibrandis und Briefe und Akten Nr. 1017

Argula von Grumbach
(1492 – nach 1563)

Argula von Grumbach nahm wie Katharina Zell an den öffentlichen Auseinandersetzungen um die Reformation der Kirche aktiv Anteil. Sie gehörte dem bayrischen Hochadel an. 1523 schrieb sie einen scharfen Protestbrief an die Fakultät der Universität von Ingolstadt. Diese hatte von einem jungen Mitglied ihres Lehrkörpers einen demütigenden Widerruf der Wittenberger Theologie erzwungen.

Argula schrieb an »den ehrwürdigen, würdigen, wohlgeborenen, hochgelehrten, edlen und festen Rektor und (die) gemeine Versammlung der ganzen Universität zu Ingolstadt«: »Ach Gott, wie werdet ihr bestehen mit eurer hohen Schule, daß ihr so töricht und gewalttätig handelt wider das Wort Gottes, und mit Gewalt zwingt das heilige Evangelium in der Hand zu halten, dasselbige dazu zu verleugnen, wie ihr denn mit Arsacius Seehofer getan habt, und ihm einen solchen Eid und Vorschreibung vorgehalten, mit Gefängnis und Drohung des Feuers dazu gezwungen, Christum und sein Wort zu verleugnen. Ja, so ich's also betrachte, so erzittert mein Herz und alle meine Glieder. Was lehret dich Luther und Melanchthon anders denn das Wort Gottes? Ihr verdammt sie unüberwunden. Hat euch das Christus gelehret, oder seine Aposteln, Propheten oder Evangelisten? Zeigt mir, wo es stehet, ihr hohen Meister! Ich finde es an keinem Ort der Bibel, daß Christus noch seine Aposteln oder Propheten (andere ein-)gekerkert, gebrennet noch gemordet haben oder das Land verboten. (...) Man weiß wohl, (in)wiefern man der Obrigkeit gehorsam sein soll. Aber über das Wort Gottes haben sie nichts zu gebieten, weder Papst, Kaiser noch Fürsten. (...) Ich bekenne aber bei Gott und meiner Seelen Seligkeit, wo ich Luthers und Melanchthons Schriften verleugnet, daß ich (damit) Gottes und seines Wortes verleugnet. (...) Ihr werdet ihn wahrlich mit eurer hohen Schul nicht ver(aus-)löschen. (Weder) des Papstes Dekretal, noch Aristoteles, der nie ein Christ geworden ist, vermögen es mitsamt euch nicht. Daß ihr vermeinet, Gott, seine Propheten und Apostel vom Himmel zu stoßen und aus der Welt zu treiben, es geschieht nicht. (...) Ich hab lang (gehört), wie euer dekretalischer Prediger zu unserer Frauen hat geschrien, Ketzer, Ketzer, (...) Ich hab immer im Sinn gehabt, ihm zu schreiben, (er solle) mir die ketzerischen Artikel anzeigen, die der getreue Arbeiter des Evangeliums Martinus Luther gelehrt hat. Jedoch (war) mein Geist niedergedrückt, und (habe es) mit Schwermütigkeit unterlassen. Ursache, daß Paulus sagt in 1.Korinther 14: Die Weiber sollen schweigen und nicht reden in der Kirchen. Nun ich aber in dieser Art keinen Mann sehe, der reden will noch darf, dringt mich der Spruch: Wer mich bekennt (...) wie oben angezeigt. Und nehm für mich Jesaja im 3. (Kapitel): Ich schicke ihnen Kinder zu Fürsten und Weiber oder Weibische werden sie beherrschen. (...) Hört ihr, daß uns den Verstand Gott und kein Mensch geben kann. (...) Ihr, die ihr habt den Schlüssel der Kunst und schließt das Reich der Himmel. (...) Ihr werdet nicht einen solchen Ruhm mit Arsacius Seehofer aufheben, mutzet ihn hoch auf in seinem vorgeschriebenen und (auf-)genötigten Eid, heißt ihn einen Meister der sieben freien Künste, aber eins habt ihr vergessen, daß er ist bei 18 Jahren und noch ein Kind. Andere werden's nicht vergessen. So mir das aus anderen Städten ist zugeschickt in solcher kurzen Zeit, werdet ihr wahrlich der ganzen Welt wohlbekannt. (...) (Ich) setze keinen Zweifel darein, Gott hab Arsacium oder werde ihn noch ansehen mit den Augen seiner Barmherzigkeit wie Petrus, der den Herrn zu drei Mal verleugnet. Denn der Gerechte fällt sieben Mal am Tag und steht wieder auf. (...) Ich hoff, Gott will noch viel Gutes aus diesem Jüngling zukommen. Wie Petrus auch darnach noch viel Gutes gewirkt, als er den Herrn schon verleugnet hat. Welcher da noch frei war und nicht so lang gekerkert noch mit Drohung des Feuers dazu gezwungen wie dieser. Es ist leicht disputiert, so man nicht Schrift, sondern Gewalt brauchet. In solcher Disputation sehe ich nichts anderes, denn daß der Züchtiger der Gelehrteste ist. (...) Schämet ihr euch nicht, daß er alle Schriften Martins hat verleugnen müssen? (...) Ich bitte euch um Gottes willen, und ermahne euch durch das Urteil und bei der Gerechtigkeit Gottes, wollet mir schriftlich anzeigen die Artikel, so ihr ketzerisch heißet, die Martinus oder Melanchthon geschrieben haben. Ich finde je keinen im Deutschen, der mir ketzerisch ist in meinem Geist, ist doch wahrlich viel in deutscher Zunge ausgegangen, habs gelesen. Mir hat sie Spalatinus alle im Titel verzeichnet geschickt. (...) Ich scheu mich nicht, vor euch zu kommen, euch zu hören, auch mit euch zu reden, denn ich kann auch mit Deutsch fragen, Antwort hören und lesen, aus der Gnade Gottes. So hat man wohl Bibeln, die deutsch sind, die Martinus nicht verdeutscht hat. Hab ihrer selbst eine, die vor einundvierzig Jahren gedruckt ist, da doch Luthers (noch) nicht gedacht ist worden. (...) Und ob es gleich dazu käme, wo Gott vor sei, daß Luther widerrufet, soll es mir nichts zu schaffen geben. Ich bau nicht auf sein, mein oder eines Menschen Verstand, sondern auf den wahren Felsen, Christum selbst. (...) Ich kann kein Latein, aber ihr könnt deutsch, in dieser Zung geboren und erzogen. Ich habe euch nicht weibische Dinge geschrieben, sondern das Wort Gottes als ein Glied der christlichen Kirche, vor welcher die Pforten der Hölle nicht bestehen mögen. Aber vor der römischen bestehen sie wohl. Besehet mir dieselbige Kirche, wie sie vor den Pforten der Hölle bestehen werde. Gott gebe uns seine Gnade, daß wir alle selig werden und regier's nach seinem Gefallen. Nun walte seine Gnade. Amen.«[1]

Der von ihr erwähnte Arsacius Seehofer war im Alter von 18 Jahren Lehrkraft an der Universität Ingolstadt geworden. Er hatte in Wittenberg studiert, zwar nicht bei Luther selbst, der sich damals gerade auf der Wartburg versteckt hielt, aber bei Melanchthon. Von Melanchthon hatte Seehofer das Evangelium von der Rechtfertigung des Gottlosen allein aus Glauben gelernt und angenommen. Offensichtlich war Seehofer auch von dem radikaleren Karlstadt beeinflußt. Der rief u.a. zur Abschaffung der akademischen Grade auf, weil sie ein Zeichen des Stolzes auf die eigene Schriftgelehrsamkeit seien. Möglicherweise wäre der junge Mann daraufhin ganz von einer Universitätslaufbahn abgekommen. Aber seine Familie drängte ihn, sich in Ingolstadt einzuschreiben. Er machte seinen Abschluß und begann dann zu unterrichten.

In Ingolstadt wehte ein völlig anderer Wind als in Wittenberg. Der renommierteste Professor dort war Johann Eck, Luthers erbitterter Gegner. In seinen eigenen Vorlesungen stellte Seehofer die Lehrstücke vor, die er selbst von Melanchthon gelernt hatte. Umgehend wurde er deswegen zu einem Verhör geladen. Seine Wohnung wurde durchsucht. Man fand dabei Bücher von Luther und Melanchthon. Dreimal kam Seehofer ins Gefängnis. Er wäre sicherlich auf dem Scheiterhaufen geendet, hätte man ihn der bischöflichen Gerichtsbarkeit übergeben. Aber auf Intervention seines Vaters gestand man ihm zu, daß sein Fall nur vom Herzog und der Universität entschieden werden solle. Unter Androhung von Folter wurde Seehofer gezwungen, öffentlich zu widerrufen. Die Hand auf der Bibel und weinend vor Scham schwor er seinen »Irrtümern« ab und dankte der Universität, daß sie ihn mit solcher Milde behandele. Er mußte sich ins Kloster Ettal begeben und dort abwarten, bis weiter über ihn verfügt würde.

Argula von Grumbach nahm in dieser Sache den Kampf auf. Sie stammte aus dem vornehmen bayrischen Adelshaus Hohenstaufen und pflegte mit »Stauffer von Adel« zu unterzeichnen. Ihre Familie war durch die Kriege zwischen Hochadel und Fürsten verarmt. Als sie etwa zehn Jahre alt war, kam sie zur Mutter des Herzogs, Kunigunde, einer Schwester des Kaisers Maximilian. Von ihr sollte Argula zur Hofdame erzogen werden. Unter Kunigundes Vormundschaft erhielt sie eine gute Ausbildung, die aus dem kleinen Mädchen eine geistvolle Autorin machte. Allerdings lernte sie nie Latein. Ihre Texte sind in deutscher Sprache abgefaßt.

Als sie von zu Hause wegging, schenkte ihr Vater ihr eine Ausgabe der deutschen Bibel aus der Werkstatt Anton Kobergers von 1483. Es war dies eine frühe deutsche Bibelübersetzung, die inhaltlich eine sachgemäße Übertragung bot, im Stil allerdings zu wünschen übrig ließ. Zunächst wird sich Argula kaum in die Blätter vertieft haben. Observante Franziskaner hatten sie nämlich gewarnt, solche Lektüre könne sie vom rechten Weg abbringen. Die Koberger Bibel enthielt beeindruckende Holzschnitte von den Heldinnen des Alten Testaments. Vielleicht übten diese eine gewisse Wirkung auf Argula aus: Sie hat in ihrem späteren Leben die Worte des Paulus, Frauen sollen in der Kirche schweigen, jedenfalls souverän mißachtet.

Kurz nach ihrer Ankunft bei Hofe verlor Argula innerhalb von fünf Tagen nacheinander Vater und Mutter, vermutlich durch die Pest. Herzog Wilhelm tröstete sie, er werde ihr nicht nur fürstlicher Herr, sondern auch Vater sein. 1516 heiratete die Vierundzwanzigjährige Friedrich von Grumbach, einen Adligen, der ebenfalls verarmt und froh über das Gehalt war, das er als Pfleger von Dietfurt im Altmühltal bezog. In diesem Amt unterstand er direkt dem Herzog von Bayern. Argula hatte mit ihm eine Tochter und drei Söhne.[2]

In den zwanziger Jahren des 16. Jahrhunderts fanden die Schriften Luthers in Bayern Verbreitung. Argula las begierig alles, was sie davon in die Hand bekommen konnte. Die oben schon erwähnte Liste wurde ihr von Spalatin, dem Kaplan Friedrichs des Weisen und Freund Luthers, zugeschickt. Sie begann einen Briefwechsel mit Luther. Leider sind die Briefe verlorengegangen. Ihr Anliegen war wie das Luthers die Erlösung des Menschen. Es ging ihr nicht darum, eine Rolle in der Reformation zu spielen.

Die Affäre um Seehofer brachte sie mitten ins Schlachtgetümmel. Über Nürnberg erfuhr sie von dem erzwungenen Widerruf und ging sofort zu dem protestantischen Pfarrer Andreas Osiander. Der berichtete später, Argula sei unglaublich bewandert in der Schrift. Aber das war auch alles, was er tat. Wenn ein Mann, der an so prominenter Stelle der reformatorischen Bewegung stand wie Osiander, sich nicht aufgerufen fühlte, laut Partei für Seehofer zu ergreifen, dann – entschied Argula – müsse sie es eben selbst tun. Der anfangs zitierte Brief war die Folge. Er sollte nicht ihr einziges Manifest bleiben. Ein Exemplar dieses Protestes schickte sie, zusammen mit einem ausdrücklich an den Herzog adressierten Brief etwa gleichen Umfangs, an Wilhelm, aber auch an den Magistrat von Ingolstadt. In diesem zweiten Brief ging sie weiter als in dem ersten. Sie verließ den konkreten Anlaß Seehofer und prangerte die ausbeuterische Geldwirtschaft und die Unmoral von Weltklerus und Ordensgeistlichen an. In diesem Punkt konnte ihre scharfe Kritik mit Zustimmung in ganz Deutschland rechnen. Ein halbes Jahrhundert lang waren die »Gravamina – oder Beschwerden der Deutschen Nation« von kirchentreuen »katholischen« Fürsten den Päpsten auf jedem neuen Reichstag vorgelegt worden[3] – vergeblich.

Argula erinnert den Herzog an sein Versprechen, sich ihr gegenüber nicht nur wie ein Landesherr, sondern wie ein Vater zu verhalten. Sie dankt ihm, daß er durch sein Eingreifen Seehofer aus den Klauen des Bischofs und vor den Flammen des Scheiterhaufens gerettet habe und hält ihm vor, er und die Stadträte hätten ihre Autorität von Gott. Sie könnten sich demnach nicht Dinge anmaßen, die Gott sich und seiner Autorität vorbehalten habe. Wenn die Herrscher die ihnen gesetzten Grenzen überschreiten, dann werden ihre Länder von Hunger, Pestilenz, Überfällen und Tod geplagt, und die Toten bleiben den Vögeln und wilden Tieren zum Fraß überlassen. Das habe Gott durch den Mund seiner Propheten sagen lassen, nicht durch Luther.

»Das sagt Gott. Wenn ich es sagte, wäre es lutherisch. Also müssen sie es bleiben lassen. Ach Gott über die Sodomitische Reinigkeit und geizige Armut. Sie haben den Kitzel des Fleisches ebenso wie wir, ob sie es schon mit dem Schanddeckel der Kutte befärben. Vor Gott hilft das nicht. Hülfe es, wir alle wollten Kutten tragen. (...) Ich urteile nicht, aber Christus tut es Matthäus 23: Wehe euch Pharisäern und Natterngeschlecht, die ihr die Häuser der Witwen verzehrt und tut das unter dem Schein eines langen Gebets. Euch ist das ewige Feuer bereitet. Ich kann auch die Einrichtung der Domherren und Priester nicht anders ansehen als Erhaltung von Buben und Bübinnen, wie es unverschämt am Tage liegt. Der Papst ist dem Rat des Teufels gefolgt, hat ihnen Ehefrauen verboten und um Geld Bübinnen (Konkubinen) erlaubt. O ihr Fürsten, sehet darauf, daß sie nicht also darin verderben. Euch gehört das Strafschwert und nicht den Geistlichen. (...) Eure Fürstliche Gnaden helfe und rate sich und uns allen, daß Gott nicht seinen Zorn, wie eben gesagt, über uns schicke. Denn man sieht, wie der Türke wütet; daraus ist nicht wenig zu besorgen, er werde der Herr unseres Vaterlandes. Da sei Gott vor. (...)

Der Freiberger Pfarrer von Voburg hat mehr als 300 Gulden von Pfründen und hält im ganzen Jahr keine Predigt. (...) Was ich geschrieben habe, weiß ich aus Gottes Gnade so zu verantworten, denn es ist nicht mein, sondern Gottes Wort. Eure Fürstliche Gnaden wollen es zu Herzen nehmen, denn Gott wird fürwahr die Seelen eurer Untertanen aus euren Händen fordern. (...) Datum Dietfurt Sonntag nach des heiligen Kreuzes Erhebung. Anno 1523. Eurer Fürstlichen Gnaden Demütige Argula von Grumbach eine geb. von Stauffen.«[4] Unter diesen gedruckten Text hat eine zeitgenössische Hand die Worte geschrieben: »eine geborene lutherische Hure und ein Tor zur Hölle, 13. Dec 1523«.

Die Universität von Ingolstadt ließ sich nicht herab, einer Frau zu antworten. Ein Student der Universität, der seinen Namen mit Johann angab, antwortete mit einem Hohngedicht. Die ersten Zeilen sind ein Wortspiel mit dem Namen Argula.

> Frau Argel, arg ist euer Nam,
> Viel ärger, daß ihr ohne Scham,
> Und alle weiblich Zucht vergessen,
> so frevel seid und so vergessen,
> Daß ihr eueren Fürsten und Herren,
> erst wollt einen neuen Glauben lehren.
> Und euch darneben untersteht,
> Eine ganze Universität
> zu strafen und zu schimpfieren
> mit eurem närrischen Allegieren.«[5]

Darauf Argulas »Antwort in Gedichtweis«:

> »Im Namen Gottes heb ich an
> zu antworten dem kühnen Mann,
> der sich Johannen nennen tut,
> zeiget mir an, er sei von Landshut,
> Daß ich weiß zu erkennen ihn,
> Acht wohl, es hab ein andern Sinn.
> An das Licht nicht recht früher gat (geht)
> derselb Student aus Ingolstadt
> Nicht gar so frei, als ihr mich rühmt,
> Hätt sonst euren Nam' nicht so verblümt.
> (...)
> Dieser Meister von hohen Sinnen,
> Will mich lehr'n Haushalten und Spinnen,
> Tu doch täglich damit umgahn,
> Daß ich's wohl nicht vergessen kann.
> (...).
> Ihr gebt uns auch noch ein Bescheid
> Zu dienen in Gehorsamkeit
> Und unsern Mann halten in Ehr'n,

Es wär mir leid, sollt' ich's verkehr'n.
Mein Herz und G'müt dazu geneigt ist
zu dienen ihm zu dieser Frist
Gehorsamlich mit ganzer Freud,
Tät' ich es nicht, es wär' mir leid.
Acht' auch dafür, es sei am Tag,
Daß er führ' über mich kein Klag.
Hoff', Gott werd mich auch lehren wohl',
Wie ich mich gegen ihn halten soll,
Wo er mich aber wollte dringen,
Von Gott's Wort treiben oder zwingen,
Daß ich davon nichts halten sollt',
Welches Ihr auch gar gern wollt,
Find' ich Matthäi geschrieben stohn,
Am Zehnten, da lest davon, (Matth. 10)
Ja, daß wir müssen treten ab
Von Kind, Haus, Hof und was ich hab',
Wer's über ihn liebt, steht gar frei,
Derselbig sein nicht würdig sei.
So ich Gott's Wort verleugnen sollt,
Eh ich das alles verlassen wollt,
Ja Leib und Leben ergeben frei,
Da mir mein Seel nit lieber sei,
Dann mir ist auch mein Herr und Gott«[6]

Argula behielt darin recht, daß die neue Lehre nicht durch repressive Maßnahmen unterdrückt werden könne. Möglicherweise durch ihr Beispiel angespornt gab ein Jahr später eine andere Frau, Ursula Weyden, einen Traktat heraus, der sich mit der Frage der Priesterehe beschäftigte.

Die staatlichen Autoritäten waren nicht bereit, das alles stillschweigend hinzunehmen. Die Universität gab Bericht an den Herzog. Wilhelm beriet sich mit seinem Bruder Ludwig. Sie kamen überein, Ludwig solle über Friedrich von Grumbach Druck ausüben auf die Ehefrau. Das Gerücht ging, die beiden wollten Argulas Ehemann das Disziplinierungsrecht zusprechen. Friedrich wäre in diesem Fall berechtigt, ihr zum Beispiel einige Finger abhacken zu lassen. Wenn er sie erwürgt hätte, wäre er nicht zur Rechenschaft gezogen worden. Wahrscheinlich führten die tatsächlichen Geschehnisse zu diesen Vermutungen. Noch im Oktober 1523 wurde nämlich Friedrich von Grumbach seines Amtes als Pfleger von Dietfurt enthoben. Natürlich war Argula mehr oder weniger ihrem Mann ausgeliefert. Der war aber weniger zornig über das, was seine Frau dachte und sagte, als vielmehr über den Verlust des größten Teils seiner Einnahmen. Die Sorge um den Unterhalt seiner Frau und seiner vier Kinder machte ihn bitter, und offenbar ist er ihr gegenüber in seinem Ärger auch gewalttätig geworden.

Unterdessen ging die öffentliche Verunglimpfung Argulas ebenfalls weiter. Ein Prediger in Ingolstadt sprach am Tag der Jungfrau Maria von Frauen – »hochmütigen Evakindern« – wie Argula als von: »ketzerischen Hündinnen und verzweifelten Schalkinnen (...) wie denn auch Luthers Geist jetzt den Weibern eingeblasen (wird) und Närrinnen daraus macht.«[7]

Als im Herbst 1523 in Nürnberg der Reichstag zusammentrat, erschien dort Argula. Der Pfalzgraf Johann von Simmern und Sponheim lud Argula – vielleicht nur aus reiner Neugierde – zu einem Gespräch ein. Er sicherte ihr zu, sie könne ihre Gedanken völlig frei äußern. Das tat sie auch und schrieb ihm noch einen Brief hinterher, in dem sie jubelnd feststellte, der Pfalzgraf sehe schon das Licht. Sie ermutigte ihn, freudig und ohne Zittern Zeugnis abzulegen vor den irdischen Mächten. Ein anderer Brief Argulas war an Friedrich den Weisen gerichtet. Darin gibt sie der Hoffnung Ausdruck, daß Gott die Hand derer auf dem Reichstag stärken werde, die um die Verkündigung seines Wortes an das arme Volk besorgt sind, und daß er den Händen der heidnischen Priester wehren werde, die Christus ein zweites Mal kreuzigen. Trotz der Einladung und der Anhörung verließ Argula den Reichstag in verzagter Stimmung, denn ihr war wohl aufgefallen, daß den meisten Fürsten Essen und Trinken wichtiger waren als die Angelegenheiten des Glaubens.

Argula hatte auch ihre eigenen Familie gegen sich. Sie verteidigte sich gegen Angriffe aus dieser Richtung in einem Brief an ihren Cousin Adam von Törring und schrieb: »Mir ist gesagt, wie vor Euch gekommen sei, daß ich der hohen Schul zu Ingolstadt geschrieben; ob welchem Ihr über mich nicht wenig erzürnet, und vielleicht also eingebildet, daß es von mir als einem törichten Weib (...) unbillig gehandelt (sei). Wie ich mich selbst bekenne und meine, denn die Weisheit, Gott zu bekennen, ist nicht des Menschen Vernunft zuzuschreiben, sondern

Gottes Gabe. (...) Daraus mir nicht wenig Schmach, Schand und Ge-spött nachgeredet wird oder werden möchte. (...)

Aus dieser Euer erkannten Freundschaft bin ich bewegt, euch zu schreiben und der Wahrheit zu berichten. Schick Euch deshalb (eine) Kopie, wie und was ich geschrieben habe. Bitte Euch getreulich, das zu lesen, und nach dem Geist Gottes darinnen mich zu (be-)urteilen. (...) Darum, mein lieber Herr und Vetter, laßt Euch das nicht verwundern, daß ich Gott bekenne. Denn wer Gott nicht bekennet, ist kein Christ nicht, ob er tausendmal getauft würde. Es muß auch ein jeglicher für sich selbst Rechenschaft geben am letzten Urteil. Es wird weder Papst, König, Fürsten noch Doktor für mich Rechnung tun; das bedenk ich. (...) Darum (...) bitte (ich) Euch, kein Beschwernis zu nehmen, ob (auch wenn) ihr hört, daß man mich schändet und verspottet, daß ich Chri-stum bekenne. Aber so erschrecket, ob (wenn) Ihr höret, daß ich Gott verleugne. (...) Ich rechne (es) mir vor (als) eine große Ehre, daß ich geschändet werde von Gottes Lobs willen. Ist es ein Schlechtes, daß ich von denen, die Gott in ihrer menschlichen Weisheit verblendet und geschändet hat, vermaledeit werde? (...)

Man heißt mich lutherisch, ich bin es aber nicht. Ich bin im Namen Christi getauft, den bekenne ich, nicht Luther. Aber ich bekenne, daß ihn Martinus auch als treuer Christ bekennt. Gott helfe, daß wir solches nim-mermehr verleugnen, weder durch Schmach, Schand, Kerker, Peinigung, auch durch den Tod. Das helfe und verleihe Gott allen Christen. Amen.

Ich habe gehört, wie Ihr sollt gesagt haben, so mein Hauswirt (Ehe-mann) nicht woll dazu tun, uns eine Freundschaft dazu tun, und mich vermauern. Gib ihm aber keinen Glauben. Er tut leider sehr zuviel dazu, daß er Christum in mir verfolgt. (...) Ich bin ihm in diesem nicht schuldig gehorsam zu sein, denn Gott sagt, Matthäus 10, Markus 8. Wir müssen alles verlassen, Vater, Mutter, Bruder, Schwester, Kinder, Leib und Leben, und sagt darauf, was nützt's den Menschen, so er die ganze Welt erobert und verderbt seine Seele? (...) Mich kann nicht ge-nug erbarmen unsere Obrigkeit, daß sie es so gar nicht zu Herzen neh-men, weder geistlich noch weltlich.

Daß ich noch einen erführe, der sich annähme die Bibel zu lesen, auch sich gewißlich erkundigte, was der Befehl Gottes wäre. Und doch also verfluchen, würgen und toben (sie) ohne alle Weisheit und Grund der Schrift. Danach soll's niemand sagen, daß es unchristlich getan oder gehandelt sei. Welcher Christ möchte doch schweigen. Es ist ihnen aber gleich so viel, so man saget, das hat Gott geredet, als (oder) ob es ein Unförmiger oder Narr geredet hätte. Was aber ist schuld, daß sie des Wortes Gottes so wohl berichtet sind wie eine Kuh des Brettspiels? Ihr antwortet schlichtweg, ich glaube, was meine Eltern geglaubt haben; (es) gehört mir nicht, auszufragen. (...) Es gehört allen Christen zu, das Wort Gottes zu wissen. (...) Ich habe von vielen gehört, die da sagen, so mein Vater und meine Mutter in der Hölle wären, wollte ich ungern im Himmel sein. (Mit) mir nicht. Wenn gleich alle meine Freunde darinnen wären, davor Gott sei, fürchte ich doch, sie könnten mir die Weile nicht verkürzen. (Es) ist der Eltern Schuld, daß sie die Kinder nicht haben lernen lassen. Sind sie schon zur Schule gegangen, hat man sie den Ovid, Terenz gelehret. Wie der Grund, so das Leben. Was stehet aber in diesen Büchern? Wie man buhlen soll, Buben und Bübin werden usw. (...) Ich bin jetzt wieder in weniger Freud und Hoffnung, so ich höre, daß ein Reichstag ausgeschrieben ist. Gott sende ihnen seinen Geist, der sie die Wahrheit erkennen lehre, damit dieser Reichs-Tag nicht vergeblich seinen Namen habe, sondern wir reich an Seel und Leib werden, und alle in einem wahren christlichen Glauben regieret (werden), und nicht das Gut, Land und Leute so böslich verzehret, dadurch wir immer ärmer werden. So man aber Fleiß auf Gottes Wort legen würde, als auf Essen, Trinken, Banquets halten, Mummereien und anderes, würde es bald besser. Wie viel mal hunderttausend Gulden ist in Reichstagen den Landschaften nach meinem Gedächtnis verzehrt. Was es genützt (hat), wißt Ihr besser als ich. Was kann man ratschlagen, so sie Tag und Nacht die Köpfe kaum tragen vor Völlerei. Ich selbst hab's zu Nürnberg gesehen, ein solches kindisches Wesen der Fürsten, das mir, dieweil ich lebe, vor Augen ist.

(...) Darum mein herzlieber Herr und Vetter, ist an Euch meine ganz freundliche Bitte, Ihr wollet Euch der göttlichen Schrift annehmen. Ihr habt lange den Fürsten beraten. Nun ist es Zeit, daß Ihr Eurer Seele, die da ewig ist, Rat schafft. (...) Könnt Ihr nicht mehr, leset doch vor Eurem Ende die vier Evangelisten. Wollte aber Gott, Ihr hättet die ganze Bibel gelesen, welches Buch allen Befehl Gottes in sich hält. Es ist auch die Meinung Luthers nie gewesen, daß man seinen Büchern glauben soll. Allein (das) sollen sie sein, als die Leitbächlein zum Wort Gottes. Ihr möchtet in Eurem Regiment viel Nutzen schaffen, sonderlich so Ihr behilflich wärt, damit die Pfarren und Prädikaturen mit gelehrten Männern besetzt würden. (...) Ihr wißt, daß mein Vater unter den Herren von Bayern verdorben (ist) und seine Kinder zu Bettlern geworden sind; wiewohl sie mir und meinen Kindlein, mit Diensten, (die mein Mann) meines Hauswirts von ihnen gehabt, gütlich haben getan. Gott sei ihr Lohn. So haben die Pfaffen zu Würzburg meines jungen Herrn Gut auch verzehrt. Meine Kindlein wird der Herr schon versorgen und sie speisen mit den Vögeln in der Luft, auch sie bekleiden mit dem Blümlein des Felds. Er hat's gesagt, er kann nicht lügen. (...) Damit, mein herzlieber Herr und Vetter, befehle ich Euch jetzt und allezeit in die Gnade Gottes, hie in der Zeit und dort in Ewigkeit beizuwohnen.«[8]

Mit Luther tauschte Argula mehr als einmal Briefe aus. Luther berichtet darüber an Spalatin: »Ich schicke dir, bester Spalatin, einen Brief Argulas, der Jüngerin Christi, damit du siehst und dich freust mit den Engeln über eine sündige Tochter Adams, die verwandelt und eine Tochter Gottes geworden ist.«[9] Gegen Ende Februar 1524 schreibt er an Johannes Brießmann in Königsberg: »Der Herzog von Bayern wütet über (alles) Maß, er metzelt nieder, richtet zugrunde und verfolgt das Evangelium mit aller Macht. Die edelste Frau Argula von Stauffen kämpft einen gewaltigen Kampf in diesem Land mit großem Geist und reich an Worten und Erkenntnis Christi. Sie ist wert, daß wir alle für sie beten, damit Christus in ihr (durch sie) triumphiere. Sie hat die Universität Ingolstadt mit Schriften angegriffen, weil sie Arsacius, einen jungen Mann zu einem schimpflichen Widerruf gezwungen haben.

Ihr Mann, schon von sich aus gegen sie ein Tyrann, wurde jetzt von seiner Präfektur vertrieben. Du kannst dir denken, was er tun wird. Sie lebt allein unter diesen Monstern – fest im Glauben, aber – wie sie selbst schreibt, – mitunter nicht ohne Furcht des Herzens. Sie ist ein einzigartiges Werkzeug Christi. Ich befehle sie dir an, auf daß Christus in seiner Weisheit durch dieses schwache Gefäß vernichte die Mächtigen und Herrlichen.«[10]

Im Januar 1524 nahm Luther selbst den Kampf zur Verteidigung der Lehrsätze auf, deretwegen Seehofer zum Widerruf gezwungen worden war. Seine theologische Verteidigung der Seehofer vorgeworfenen Lehrsätze schließt er hoffnungsvoll: »Man hat bisher der Bayern mit den Säuen gespottet. Nun hoffe ich, wird es besser mit ihnen werden. Denn dieser Zettel trüge mich denn, so dünkt mich, alle Säue in Bayerland sind in die berühmte Schule gen Ingolstadt gelaufen, und Doktorn, Magistri und eitel berühmte Universität geworden, daß hinfort eines besseren Verstands im Bayerland zu hoffen ist.«[11]

Offenbar schien es Argula aber so, daß Luther selbst noch nicht das volle Zeugnis für seinen Glauben abgelegt habe. Sie forderte ihn deshalb auf, zu heiraten. Er erwiderte – wie bereits erwähnt – daß er seiner Geschlechtlichkeit gegenüber nicht unempfindlich, kein Holzklotz oder Stein sei, daß er jedoch nicht beabsichtige zu heiraten, weil er täglich erwarte, als Ketzer den Tod zu finden.[12]

Als sich 1530 der Reichstag in Augsburg versammelte, konnte Luther selbst nicht daran teilnehmen, weil er unter dem Bann der Kirche und der Reichsacht stand. Stattdessen hielt er sich auf der Feste Coburg versteckt. Argula besuchte ihn dort, und sie aßen miteinander. An Käthe gab Luther Argulas Ratschläge weiter, wie sie Lenchen abstillen solle.[13] Er fügte hinzu, bald müsse er wohl sein Versteck auf der Coburg verlassen, weil es zu einem Wallfahrtsort zu werden drohe. Der Kurfürst fürchtete, Luthers Aufenthaltsort könne dem Kaiser bekannt werden, wenn allzuviele Leute davon wüßten.

Die Angelegenheit um Seehofer rief noch einige weitere Veröffentlichungen hervor. Unter anderem erschien in München eine bitterböse Satire, wahrscheinlich aus dem Kreis der Gegner des Münchner Minoritenguardian Kaspar Schatzgeyer.[14] Der Widmungsbrief ist an den Augustinerprior Wolfgang Cappelmeyer, ebenfalls München, gerichtet. Wäre dieser, so versichert der Briefschreiber, bei dem Verhör Seehofers anwesend gewesen, wäre Seehofer trotz seiner phantastischen Schriftkenntnisse, mit denen sich die Ingolstädter Professoren nicht messen konnten, vollständig widerlegt worden. Dann wird satirisch auf die Vorgänge um die Abschwörung eingegangen: Beim Umtrunk in einem Wirtshaus beraten die Professoren in mehreren Sitzungen, wie über den jungen ketzerischen Magister zu urteilen sei. Der erste, die Zierde der Universität, findet, daß Seehofer ein Ketzer sei, weil er gesagt haben soll, Laien und Frauen dürften Theologen sein. Das aber sei ohne Zweifel eine Häresie, denn ein Theologe muß geweiht sein, was bei einer Frau unmöglich ist. Außerdem ist eine Frau eben weiblich, ein Theologe jedoch männlich.

Bei der zweiten Sitzung bestehen die Mitglieder der juristischen Fakultät darauf, daß Seehofer nicht ohne Anhörung verurteilt werden darf. Also wird er hereingebracht und beginnt eine lange Verteidigungsrede mit vielen Bibelzitaten, die die Professoren langweilen. Deshalb unterbrechen sie ihn und schicken ihn wieder hinaus. Seehofer hat auch vom Glauben (lateinisch: *fides*) gesprochen. Als er wieder draußen ist, sagt der Rektor ratlos, er wisse nicht, was mit *fides* gemeint sei. »Ich wollte, ich hätte die *fides* (den Kredit) der Fugger in Augsburg statt der theologischen *fides*, denn ich weiß nicht, was ich sagen soll.«[15]

Ein dritter gibt zu, daß – wie Seehofer behauptet hat – viele Abschnitte bei Duns Scotus nicht aus der Schrift bewiesen werden können. »Das dürfen wir aber die Bauern nicht wissen lassen, die schon von der Argula von Stauff, die die Bibel auswendig kann, gesagt haben, daß sie gelehrter ist als wir, was aber nicht wahr ist, denn sie ist nicht auf der Universität gewesen.«[16] Die medizinische Fakultät hält sich mit ihrem Urteil zurück: Sie will erst nach Analyse einer Urinprobe Seehofers ein Urteil abgeben, ob er Ketzer sei oder nicht.[17]

Als nach dem Reichstag von Nürnberg 1524 klar war, daß das Wormser Edikt gegen Luther und seine Lehre formell zwar bestehen bliebe, faktisch aber nur von den katholischen Fürsten und Städten Süddeutschlands durchgesetzt werden würde, verhandelten diese in Regensburg über Maßnahmen und gegenseitige Hilfestellung. Argula schrieb einen Brief an diese Regensburger Versammlung und erklärte die Bestätigung des Wormser Edikts in Nürnberg für eine »Anrichtung des Satans«. »Nun seh ich euch irren«, sagt sie den Stadtvätern von Regensburg, die sich an den Reichstagsbeschluß zu halten gedenken, »darum kann ich's auf Befehl Gottes nicht unterlassen, euch zu vermahnen, wiewohl ich's gar wohl bedenke, mein werde gelacht.«[18] Das war ihre letzte öffentliche Stellungnahme zu den Auseinandersetzungen um die Reformation. Der Text ist nur lückenhaft überliefert.

In den nächsten vierzig Jahren enthielt sich Argula augenscheinlich aller öffentlichen Aktivitäten. Friedrich von Grumbach starb kurz nach Argulas Besuch bei Luther.[19] Zwei Jahre später verheiratete sie sich wieder mit einem Mann aus der Familie der Grafen von Schlick, die Besitzungen in Böhmen hatte. Die zweite Ehe scheint nur anderthalb Jahre gedauert zu haben, der Ehemann starb. Argula wurde von ihrem Erbe nicht vertrieben und war mit der Sorge für ihre Kinder und der Verwaltung ihrer Güter voll ausgelastet. Die Söhne Georg, Hans Georg und Gottfried widmeten sich ihren Studien nicht immer im wünschenswerten Maß und waren der Mutter eine rechte Anfechtung. Argula legte Wert darauf, sie von reformatorisch gesinnten Erziehern unterrichten zu lassen. Nach dem Tod des Vaters übernahmen sie seine Lehen. Georg starb 1539, Hans Georg 1544 und Gottfried trat als letzter Erbe ein. Die Tochter Apollonia wird nur kurz im Zusammenhang mit einer Krankheit erwähnt. Sie ist 1539, im selben Jahr wie ihr Bruder Georg, gestorben.[20]

Was ist aus Arsacius Seehofer geworden? Er konnte aus dem Kloster Ettal, in dem er nach dem Urteil der Universität Ingolstadt einsaß, fliehen und wurde protestantischer Pfarrer und Lehrer. Er war anscheinend ein ruheloser Mensch. In Thüringen, Preußen und Augsburg findet er Anstellungen, um kurze Zeit später wieder weiterzuziehen. Einflußreiche Reformatoren verwenden sich für ihn. In Württemberg hat er schließlich an mehreren Orten Predigerstellen inne. Bucer beklagt sich einmal über das taktlose Benehmen der Frau Seehofer.[21]

Über Argulas letzte Lebenszeit haben wir nur spärliche Nachrichten. Im Mai 1563, also ziemlich genau vierzig Jahre nach ihrem ersten Auftritt, schreibt der Herzog von Bayern an einen Magistrat in seinem Herrschaftsbereich, er habe »die alte Staufferin«, die Frau von Köfering, nun zum zweiten Mal eingesperrt, weil sie »den einfältigen und unverständigen Untertanen von Köfering (...) zum Abfall verursacht und zum Ungehorsam angereizt, sektische und von unser alten wahren katholischen Religion widerwärtige und verführerische Bücher vorgelesen, sie von allem christlichen Gottesdienst abwendig gemacht und sie zu ihr in ihre Winkelschul gezogen, sich des Friedhofsrechtes, so ihr nicht, sondern dem ordentlichen Pfarrer gebührt, eigenmächtig unterstanden, die Toten mit Ausschließung des fürgestellten Pastors und verächtlicher Unterlassung aller christlichen Ceremonien selbst zur Erden bestattet, sich also in fremde und ihr als einer Weibsperson von göttlicher Schrift, auch geistlichen und weltlichen Rechten verbotener Vocation fürwitzig eingedrungen.«[22] Die Münchner Räte machten den Herzog darauf aufmerksam, daß es für die Regierung unklug sei, in einer Zeit knapper Geldmittel die finanzkräftigen Sympathisanten der Reformation im Land durch Hochspielen solcher Kleinigkeiten zu vergrämen. Außerdem sei die alte Staufferin »ein altes erlebtes Weib, mit deren Alter und Unverstand auch Mitleid zu haben« sei.[23] Sie wurde freigelassen. Aus den Begleitumständen dieses Vorfalls kann man schließen, daß es sich bei der Frau von Köfering, die »alt Staufferin«, um niemand anders als Argula von Grumbach, verwitwete Gräfin Schlick, handelte.

Es liegt auf der Hand, daß die Beschreibung, die die Räte in München von der Staufferin gaben, darauf gerichtet war, des Herzogs Stimmung zu beeinflussen. Das Verhalten, das von Argula berichtet wird, beweist ansonsten nur, daß sie mitnichten alt und verlebt, keinesfalls schwach und blöde geworden war. Der Flachs hatte 30 Jahre lang im Verborgenen geschwelt, rauchte aber immer noch munter.

Bibliographie

Th. Kolde, Arsacius Seehofer und Argula von Grumbach, in: Beiträge zur bayerischen Kirchengeschichte XI, 1905, S. 49-77, 97-124, 149-188.

L. Theobald, Das Straubinger Urkundenbuch und das religiöse und kirchliche Leben Straubings im Mittelalter, in: Beiträge zur bayerischen Kirchengeschichte XXVIII, 1922, S. 116 – 123 und 153-164.

WA XV, S. 95ff.: Luthers Verteidigung für Seehofer.

WA Briefwechsel Bd. II, Nr. 509; Bd. IV, Nr. 706, 713, 800; Bd. V, 1581-1584

Felix Joseph Lipowski, Argula von Grumbach, München 1801

K. Stricker, Die Frau in der Reformation, Quellenhefte zum Frauenleben in der Geschichte Heft 11, Berlin 1933

Texte der *Argula von Grumbach:*
1 Wie ain Christliche Fraw des Adels (...) Sendtbrieffe/die Hohenschul zu Ingolstadt, 1523, (Herzog August Bibliothek Wolfenbüttel;)
2 Ein Christeliche schrifft, (...) Dem Durchleuchtigen (...) Wilhelmen/Pfaltzgrauen bey Reyn, 1523, Staatsbibliothek München; hier zitiert nach: Robert Stupperich (Hrsg.), Reformatorische Verkündigung und Lebensordnung, Klassiker des Protestantismus Band III (Sammlung Dieterich Band 268), Bremen 1963
3 Dem Durchleüchtigen (...) Johansen Pfaltzgrauen bey Reyn, 1523, (Herzog August Bibliothek Wolfenbüttel)

1992 erschien eine neue Arbeit über Argula von Grumbach:
Silke Halbach, Argula von Grumbach als Verfasserin reformatorischer Flugschriften, Europäische Hochschulschriften Reihe XXIII Theologie, Bd. 468, Frankfurt a.M. u.a. 1992

Anmerkungen

1. aus dem Schreiben Argulas an die Hohe Schul zu Ingolstadt
2. Kolde, S. 169-174, spricht von vier Kindern, nennt drei Söhne, Georg, Hans Georg und Gottfried mit Namen und gibt kurze Erklärungen über ihren Werdegang; Halbach, S.92, Anm. 5, wiederholt in Kurzform diese Informationen und ergänzt sie durch eine Angabe über die Tochter Apollonia

3. vgl. Anton Störmann, Die städtischen Gravamina gegen den Klerus am Ausgang des Mittelalters und in der Reformationszeit, Reformationsgeschichtliche Studien und Texte Heft 24-26, Münster 1915

4. aus dem Traktat an Herzog Wilhelm, Stupperich, S. 290ff.

5. Lipowski IV

6. Lipowski V; Auszüge auch bei K. Stricker, S. 45f.

7. Kolde, S.101

8. Lipowski IX

9. WA BR Nr. 706; siehe auch WA Br Nr. 509

10. WA BR Nr. 713

11. WA XV, S. 95ff., aus Luthers Verteidigung für Seehofer

12. WA BR Nr. 800, siehe auch Kap 1, Käthe von Bora, Anm.8

13. WA BR Nr. 1582, siehe auch Kap 1, Käthe von Bora

14. Kolde, S. 149f.

15. Kolde, S. 159

16. Kolde, S. 158

17. Kolde, S. 157

18. Kolde, S. 164

19. Bainton gibt als Todesjahr Friedrich von Grumbachs 1530 an. Halbach schreibt: »Sicher ist nur, daß sie (Argula) 1529 erstmals verwitwete ...«, a.a.O., S.91

20. Nach Halbach ist Apollonia 1539 gestorben und wie ihr Vater Friedrich von Grumbach in der Kirche von Lenting begraben, S. 91, Anm. 54

21. Kolde S. 177

22. Kolde, S. 164f.

23. Theobald, S. 162f. und Halbach, S. 298ff.

Elisabeth von Brandenburg
(1485 – 1555)

Elisabeth von Brandenburg wurde durch ihre Heirat in ein Geflecht von Familienbeziehungen verwickelt, das Harmonie in Glaubensdingen nahezu ausschloß. Sie war eine dänische Prinzessin, die Schwester Christians II., der das Luthertum in Dänemark eingeführt hat. Ihre Mutter Christine war die Schwester Friedrichs des Weisen und Johanns des Beständigen, die nacheinander Kurfürsten von Sachsen und Beschützer Luthers waren. Ihr Ehemann, Joachim I.(geb. 1484), der Kurfürst von Brandenburg, war der Bruder des Kardinal-Erzbischofs von Mainz, Albrecht von Hohenzollern, gegen den Luther seine 95 Thesen richtete. Joachim war noch unnachgiebiger in seinem katholischen Glauben als sein Bruder. Während des Reichstags in Worms 1521 gehörte er einer Kommission an, die Luther nach seinem dramatischen Bekenntnis brechen sollte. Joachim sagte zu Luther: »Herr Doktor, soviel ich ver-(be-)merke, so habt Ihr gesagt, Ihr wollt von Eurem Vornehmen (Vorsatz) nicht abstehen, Ihr werdet denn durch ge-(be-)gründete Schrift (-worte) anders unterwiesen.« – »Gnädigster Herr, ja, oder durch helle Ursachen«, antwortete Luther. Als der Kaiser das Edikt einbrachte, mit dem Luther unter den Bann gestellt werden sollte, verkündete Joachim es im Namen aller, obwohl es nicht von allen Fürsten unterzeichnet worden war. Er setzte es in seinem eigenen Herrschaftsbereich sofort in

Kraft.[1] Auf dem Reichstag von Augsburg 1530 griff er Luther wegen des Bauernkriegs an und redetete so heißblütig gegen die Ketzer, daß Papst Klemens glaubte, es »durchwehe den Sprecher Gottes Hauch.«[2]

Nichtsdestotrotz gab es zwischen dem Kurfürsten und seiner Frau in den ersten 25 Jahren nach ihrer Eheschließung keine religiösen Differenzen. Im April 1502 fand das Beilager, die offizielle Eheschließung statt, sie war 17 und er 18 Jahre alt. Er übertrug damals »unserer lieben Gemahlin« Schloß, Stadt und Amt Spandau mit allen dazugehörigen Rechten, Schäfereien, Mühlen, Fischereien usw. Im Fall ihrer Witwenschaft sollte sie daraus eine jährliche Rente von 6000 Gulden und Wohnung in Schloß Spandau bekommen. Man kann aus diesem Witwenerbteil keine außergewöhnliche Zuneigung ableiten, denn es war Teil eines Heiratsvertrages, den die Familien aushandelten. Aber vier Jahre später machte er eine Ergänzung zu dem Vertrag, »daß Wir aus sonderlicher Liebe, Freundschaft und Zuneigung, so Wir zu Ihrer Liebden tragen« die Jagdrechte in und um das Amt Spandau dem Leibgeding noch hinzufügen.[3] Elisabeth gebar ihm fünf Kinder, zwei Söhne und drei Töchter. Der älteste Sohn, der nach dem Vater Joachim hieß, kam 1505 zur Welt und wurde 1535 dessen Nachfolger als Kurfürst. Der jüngste Sohn Johann, geboren 1513, bekam die Provinz Küstrin. Die drei Töchter waren Anna (geboren 1507), die spätere Herzogin von Mecklenburg, Elisabeth (geboren 1510), die Herzogin von Braunschweig, der das nächste Kapitel gewidmet ist, und Margarete (geboren 1511), die Herzogin von Anhalt.[4] Alle Kinder wurden im katholischen Glauben erzogen, und die Kurfürstin selbst zeigte keinerlei Anzeichen für Abfall vom wahren Glauben. Als ihr Schwager, der Erzbischof von Mainz, ihr 1518 ein Stück vom Heiligen Kreuz zusandte, reagierte sie mit äußerster Dankbarkeit und dem Versprechen, es mit größter Hingabe zu verehren, fügte allerdings ein Postskriptum an: »Auch fügen wir Euer Liebe zu wissen, dass wir wahrlich in dieser Zeit mit Getränke des Weins gar in Mangel stehen und für unsere Person nicht versehen sind und können auch aus Mißwachs und Verderb desselben hier im Land und umher weder um Geld oder sonst bekommen. Darum bitten wir Euer Liebe, als unseren lieben Herrn und Bruder, gar freundlich und mit allem Fleiß, Sie wolle uns aus sonderlicher freundlicher Zuneigung abermals mit einem Fass guten rheinischen Weines brüderlich und freundlich versehen.«[5]

Nach fünfundzwanzig Jahren gemeinsamen Lebens mit einem katholischen Ehepartner wurde Elisabeth von der »lutherischen Ketzerei« angesteckt. Welcher Floh sie gebissen hat, können wir nur vermuten. Möglicherweise war es ihr Bruder, König Christian II. von Dänemark. Der hatte sein Königreich verloren und war im Exil – nicht ohne Grund, denn er war geldgierig und brutal. Er fand zeitweise Zuflucht bei dem Bruder seiner Mutter, dem Kurfürsten von Sachsen. Wir erwähnten bereits, daß er Katharina von Bora vor ihrer Heirat einen goldenen Ring schenkte. Natürlich war er auch öfter am Hof seiner Schwester und seines Schwagers in Berlin. Trotz der Differenzen in Glaubensfragen war Joachim aus dynastischen Gründen bereit, Christians Rückkehr in sein Königreich zu unterstützen. Elisabeth lieh ihm fast ihre gesamten Juwelen, Schmuck im Wert von 24 000 Gulden (die sie übrigens nie wiedersah).[6] Obwohl Christian weder ein vorbildlicher noch ein standfester Lutheraner war, wird er seiner Schwester zweifellos von Luther erzählt haben. Er hatte ihn eben erst besucht. Beeindruckender muß Christians Frau Isabella gewesen sein. Sie war die Schwester Kaiser Karls V., des großen Führers im katholischen Europa. Isabella war (in völligem Gegensatz zu ihrem Bruder) eine treue Anhängerin des lutherischen Glaubens und könnte Einfluß auf die Schwägerin gehabt haben.[7] Genausogut könnte Elisabeth mit reisenden Predigern zusammengekommen sein, die als Kaufleute verkleidet Luthers Traktate verbreiteten und Lutherlieder sangen. Joachim erließ ein »Kurfürstliches Gebot gegen Luthers deutsche Kirchenlieder«, in dem er das Singen, Lesen oder Lehren der Lieder Luthers wie seiner Anhänger in deutscher Sprache unter schwersten Strafen verbot. Aber er fügte ausdrücklich hinzu: »Denn unser Gemüt und Bedenken nie gewesen oder noch ist, die Heilige Schrift oder evangelische Wahrheit zu verbieten, sondern allein die Verfälschung der Bibel, so neulich unter Martin Luthers Namen ausgegangen.«[8] Vielleicht hat Elisabeth die Bibelübersetzung Luthers gekannt und gelesen. Nachdem eine Theologenkommission geurteilt hatte, sie enthalte hundert Irrtümer, wurde ihre Verbreitung von Joachim verboten.[9]

Trotz aller kurfürstlichen Vorsichtsmaßnahmen gelangte Joachims Frau zu der Überzeugung, daß Luther das Wort Gottes richtig auslegte. Um Ostern 1527 – ihr Mann befand sich zu dem Zeitpunkt in Schlesien – empfing Elisabeth das Abendmahl in beiderlei Gestalt aus der Hand eines lutherischen Pfarrers: Brot *und* Wein. Als Joachim zurückkam, erfuhr er, was sie getan hatte. Eine frühe Quelle sagt, daß die Tochter Elisabeth sie an den Ehemann verraten habe. Der Kurfürst war zornig, daß sein Wille in seinem eigenen Haushalt mißachtet wurde und gab seiner Frau bis Ostern 1528 Zeit, die Angelegenheit zu überdenken, sich zu unterwerfen und zum alten Glauben zurückzukehren. Joachims Beichtvater bedrängte Elisabeth unterdessen stärker: Er verlangte, sie solle am 1. November, also vor Ablauf der von Joachim gewährten Zeit, gemeinsam mit ihrem Mann die Messe nach herkömmlichem Ritus feiern. Daraufhin erhielt der Kurfürst Proteste seiner beiden Schwiegersöhne, Erich von Braunschweig und Albert von Mecklenburg. Er gab nach und wiegelte ab: Der Beichtvater habe seine Befugnisse überschritten. Es sollte bei der ursprünglichen Absprache – Bedenkzeit bis Ostern 1528 – bleiben. Gleichzeitig besprach sich Joachim mit seinen Beratern. Bischöfe und Geistlichkeit stellten fest, daß Elisabeths Vergehen weder mit der Todesstrafe belegt werden könne, noch zwingend zur Scheidung der Ehe führen müsse. Eine Scheidung sei – wie die Dinge lägen – wohl erlaubt, allerdings nicht zweckmäßig. Besser wäre, sie lebenslang streng von der Welt abgesperrt zu halten.

Als Ostern näher kam, wuchs Elisabeths Angst. Sie suchte Rat bei ihrem Onkel Johann von Sachsen. Der hielt Flucht für das beste und bot ihr Asyl. Er wies sie an, den Brief zu vernichten. Stattdessen schickte sie ihn zurück, und er blieb erhalten. Am 24. März, einige Tage vor Ostern, brach Joachim von Cöln a.d. Spree zu einem Besuch bei seiner Tochter Elisabeth und deren Mann Erich von Braunschweig auf; in der Nacht auf den 25. März kam es zur Flucht. Die Kurfürstin hatte die Unterstützung einer Hofdame, Ursula von Zedwitz, und eines Adeligen, Achim von Götz, gewonnen, der als Türknecht bei Hofe angestellt war. Götz öffnete die Türen im Schloß und das Tor zum Burggraben. Als Bäuerin verkleidet, ihre verbliebenen Juwelen bei sich tragend, stieg die Kurfürstin mit Türknecht und Hofdame zum Wasser hinab, kletterte in ein Boot und wurde am letzten Grab des Friedhofs vorbei gerudert. Dort gingen sie ans Ufer und wechselten in einen Wagen, der sie aus brandenburgischem Herrschaftsgebiet herausbrachte. Bei ihrer Flucht ist Elisabeth sicher von ihrem Bruder König Christian unterstützt worden. Möglicherweise hat er sie an der sächsischen Grenze erwartet und nach Torgau, in die Residenz des Kurfürsten von Sachsen, begleitet. Jedenfalls finden wir ihn dort später bei ihr. In Torgau ist

Elisabeth am 26. März angekommen, noch bevor der Kurfürst von Brandenburg nach Berlin zurückgekehrt war.[10]

Joachim war verständlicherweise aufgebracht über die Flucht und verlangte hitzig von Kurfürst Johann, daß er Elisabeth zurückschicken solle. Johann stellte sich auf den Standpunkt, daß Elisabeth nicht infolge physischer Gewaltanwendung, also entführt wurde, sondern aus freien Stücken gekommen sei. Er bot sich als Vermittler bei Verhandlungen zwischen den Eheleuten an. Die Führer Europas ermutigten Joachim, auf Elisabeths Rückkehr zu bestehen. Ferdinand von Österreich erklärte, sie habe kein Recht, ihren Gatten zu verlassen. Der Kardinal-Erzbischof von Mainz, ihr Schwager, ließ hören, sie hätte ihm ihr Anliegen vorlegen sollen. Er hätte eine Lösung gefunden. Sogar Philipp von Hessen, obwohl Lutheraner, bezweifelte laut, daß ihre Flucht richtig war. Aber gerade jetzt bewies Kurfürst Johann, daß er den Beinamen verdiente, der ihm später zuteil wurde: der Beständige. Er beauftragte eine Gruppe von Wittenberger Theologen, gutachterlich zur Flucht Elisabeths Stellung zu nehmen. Die Kommission widersprach Joachim und seinen Beratern. Er habe kein Recht, das Gewissen seiner Frau zu zwingen. Er könne auch als Ehemann nicht von ihr verlangen, das Abendmahl nur in einer Gestalt zu nehmen. Sie habe rechtlichen Grund gehabt, ihn zu verlassen, weil er seit zwei Jahren nicht mehr mit ihr zusammengelebt – »sich von Bett und Tisch, auch der Beiwohnung und gewöhnlicher, freundlicher Gemeinschaft (ab-) gesondert und enthalten« – und sich mit einer Reihe anderer – verheirateter und unverheirateter – Frauen vergnügt habe.[11]

Die Kommission nannte keine Namen, aber sie muß einen Fall vor Augen gehabt haben, der öffentlich geworden war. Kurfürst Joachim hatte die Frau eines gewissen Wolf Hornung verführt. Als sie Reue zeigte, verzieh ihr der Ehemann. Dann aber brachte sich Joachim wieder ins Spiel, und Hornung überschüttete seine Frau mit Vorwürfen. Diesmal loderte sie auf, es gab handfesten Streit zwischen den Eheleuten. Hornung verletzte seine Frau mit dem Messer. Sie floh und berichtete dem Kurfürsten. Hornung wurde des versuchten Mordes schuldig gesprochen und verbannt. Mittlerweile aber wollte die Frau eine Versöhnung mit ihrem Mann. Sie wurde jedoch so streng bewacht, daß Nachrichten nur heimlich durch zuverlässige Boten geschickt werden konnten und alle Bemühungen, ihn zu treffen, vergeblich waren. Sie wandte sich an Luther. Seine Antwort wurde abgefangen und ungeöffnet zurückgeschickt.

Luther schickte zwei beißende Briefe an den Kurfürsten. Hornung rief den Reichstag von Speyer an, der Joachim mit den Anschuldigungen des Ehemannes konfrontierte. Unter Anspielung auf Luthers Wort an ihn in Worms antwortete Joachim leichtherzig, »falls Dr. Martinus und andere es uns aus der Schrift rechtfertigen könnten, die Hure zur Frau zu nehmen«, werde er sie auch heiraten. Der Chronist des Reichstags fügte hinzu »und eine Hure zur Kurfürstin machen«.[12] Geistig gebrochen und völlig verarmt siedelte sich Hornung in einer sächsischen Stadt an. Er bekam von Kurfürst Johann Bauholz, um sich ein kleines Haus zu bauen.[13]

Auf all das ging Elisabeth nicht direkt ein, als sie sich für ihre Flucht und die Trennung von ihrem Mann rechtfertigte. In zwei Briefen schrieb sie, daß es außer der Religion auch noch andere, triftige Gründe für ihre Haltung gäbe. Sie wies Verhandlungen mit Joachim nicht zurück. Bedingung ihres Ehemanns war, sie müsse zur alten, katholischen Sitte zurückkehren. Ihre Bedingungen waren: garantierte Sicherheit für Leben und Besitz, Wiederaufnahme der ehelichen Beziehungen, die Erlaubnis, einen Prediger eigener Wahl zu haben und das Sakrament in beiderlei Gestalt empfangen zu können, sooft sie das wünsche.[14] Ihre Bedingungen wurden nicht akzeptiert, und so blieb sie, wo sie war. Den wiederholten Ehebruch hätte sie vergeben. Kompromisse in Glaubenssachen wollte sie nicht machen.

Nun folgten Jahre der Armut, der Sorge und der Einsamkeit. Ihr Mann schickte kein Geld. Ihre Söhne konnten nur wenig Geld am Vater vorbeischmuggeln und durften sie nicht besuchen. Sie lebte am Hof des Kurfürsten von Sachsen. Wir finden sie bald in Torgau, bald in Weimar, bald in Wittenberg. In einem undatierten Brief an Herzog Albrecht von Preußen schrieb sie, daß sie unter Gicht und Podagra, unter Krämpfen und Zahnreißen leide. Sie habe keinen Pfennig Geld, kein Schloß, keine Stadt, nicht Garten noch Wiese. Dabei brauche sie Ochsen, Kälber, Hammel, Schweine, Gänse, Hühner, Butter, Käse, Wein und Bier. »Stube und Kammer haben wir und nichts mehr. Zwischen hier und Ostern haben wir hier in unseren Händen nicht so viel, daß wir ein Ei dafür kaufen mögen. (...) Doch mögen wir Euer Liebden mit Grund der Wahrheit anzeigen, daß es uns so hart und nahe zwei Jahre nacheinander ergangen ist, daß wir Hungers halber erstorben und ganz und gar verschmachtet sind, davon nicht zu sagen ist.«[15] Dieser Brief muß nach einer Bemerkung auf dem Blatt auch ihren Söhnen zugekommen sein.

Diese Entbehrungen und Unsicherheiten griffen ihr seelisches Gleichgewicht an. 1537 wurde sie zur Pflege während einer schweren Krankheit ins Haus der Luthers gebracht. Ihre Tochter Margarete von Anhalt bot an, mit Dienstpersonal zu kommen und sie zu versorgen. Sie bat Luther, Unterkünfte zur Verfügung zu stellen. Er antwortete: »Nun habe ich, weil die Stadt allenthalben voll Volks und (...) alle Winkel vergeben und ganz voll sind, Eurer Fürstlichen Gnaden keine (passende) Wohnung können noch wissen auszurichten. Achte es deshalb nicht für nötig, daß Eure Fürstliche Gnaden bei der Frau Mutter sind, denn Ihre Gnaden, will's Gott, keinen Mangel soll haben, dazu ich keinen möglichen Fleiß sparen will. (...) Sollte nun Eure Fürstliche Gnaden sich darüber hinaus hierher begeben und keine bequeme Herberge, (...), haben noch bekommen können, haben Eure Fürstliche Gnaden selbst zu bedenken, daß es ganz unbequem sein würde.«[16] Vermutlich war Luther nicht allzu unglücklich über die Überfüllung. Er wollte die Kurfürstin woanders untergebracht wissen. Aber die Tochter reiste an und mit ihr zweifellos auch das Personal. Wer sein Bett nun mit anderen teilen mußte, um Platz für sie alle zu machen, wissen wir nicht.

Martin und Käthe Luther merkten bald, daß die Sorge für Elisabeth mehr war, als sie bewältigen konnten. Luther schrieb an den Kurfürsten und bat, er möge von der Last befreit werden. »Täglich kommen neue Vorfälle (mit ihr) hinzu, die mir Beschwernis und Ärger bringen. Sie kommt in die Wohnung, selbst ins Schlafzimmer. Diese Dame begibt sich einfach zurück auf eine (ich kann nicht sagen: Stufe gewöhnlichen Wahnsinns, so doch:) Stufe lächerlich kindischen Benehmens. Etwa an dem Tag, als sie etwas Bargeld bekommen hatte. Sie gab es verschwenderisch fort und schenkte es Leuten, die sie, wenn sie bei Sinnen ist, glühend haßt. (...) Sie ist ein Kind und bleibt (sorge ich) ein Kind. Es ist nichts, daß ein Rasender ein Schwert und ein Kind Geld in der Hand habe.«[17]

Noch dringlicher und kläglicher heißt es am Ende derselben Woche, »daß ich hinfort schier nicht mehr weiß, wie ich mich (ver-)halten soll. Sie war fein (gesund, ausgeglichen) geworden. Aber als das Geld von den Söhnen kam, da gings wieder los. Und ist kein Maß noch Aufhören des Verschwendens und Verschleuderns. Sie hat mir auch zwei Stürzbecher und hundert Goldgulden darinnen geschenkt. Aber ich kann und will sie nicht annehmen, aus vielen Ursachen. Das ärgert sie denn. Und nun steht die Sache also, daß ich des Wesens müde und (sie) gerne los wäre.

(...) Wenn's nicht anders sein will oder kann, so werde ich sie zuletzt immerhin gen Lichtenberg lassen ziehen in Gottes Namen.«[18]

Auch Elisabeth kam zu Besuch, die Tochter, die sie verraten hatte, jetzt aber demselben Glauben anhing wie die Mutter. Sie blieb ungefähr sechs Wochen bei ihr in Wittenberg und brachte Luther durch eine Indiskretion in große Verlegenheit. Sie erzählte ihrem Bruder die sicher aufgebauschte Geschichte, Luther habe in der Kirche in einer Weise gegen ihren Onkel, den Kardinal-Erzbischof von Mainz und gegen Herzog Georg gebetet, als seien sie vom Teufel besessen. Der Kurfürst erhielt daraufhin Protestbriefe. Luther bestritt, daß er die beiden in einem öffentlichen Gebet erwähnt habe. In Elisabeths Gegenwart am Tisch habe er wohl gesagt, er hielte dafür, daß Albrecht des Teufels sei und er gegen ihn beten wolle. Trotz dieses folgenreichen Zwischenfalls trug Luther der jüngeren Elisabeth nichts nach. Bei einer späteren Gelegenheit schickte er ihr Pflanzen eines Maulbeerbaumes und Feigen.[19]

Luthers Vorschlag, die Kurfürstin Elisabeth solle nach Lichtenberg umziehen, bezog sich auf ein Schloß, das der sächsische Kurfürst als Residenz für seine Cousine renovieren ließ. Unterdessen war nicht mehr Johann, sondern sein Sohn Johann Friedrich Herr in Sachsen. Er organisierte den Umzug. Luther besuchte die Markgräfin und berichtete später betrübt von ihrem Zustand. Er beklagte, wie diese fromme Fürstin von Gott heimgesucht werde. »Wir wissen nicht, was daraus werden wird, wie unser Herr Gott seinen Bau zurichtet.«[20]

Er muß damals nicht allzu glücklich über seine eigene Situation gewesen sein. Als sie zusammen aßen, wünschte Elisabeth ihm noch einmal 40 weitere Lebensjahre. »Das nur nicht!« antwortete Luther. »Wenn mir Gott das Paradies anböte unter der Bedingung, daß ich noch einmal 40 Jahre in diesem Leben bleibe, würde ich ablehnen. Ich würde eher einen Henker mieten, der mir den Kopf abschlüge.«[21]

Elisabeth mußte nicht in Lichtenberg bleiben. Als ihr Mann 1535 starb, hätte sie nach Hause zurückkehren können. Die Söhne luden sie dazu ein und sagten ihr zu, sie könne ihre Besitzungen in Spandau haben und die Jahresrente von 6 000 Gulden, die im Heiratsvertrag festgelegt war. »Ja,« gab sie zur Antwort, »und was ist mit dem Glauben?« Die Voraussetzung für ihre Rückkehr sei die formelle Zustimmung ihrer Söhne und der Stände in der Mark Brandenburg, daß sie in ihrem Leibgedinge, also in Spandau und den dazugehörigen Orten

Gütern, »dem reinen Wort Gottes folgen könne, wie es festgesetzt ist im Augsburger Bekenntnis.« Elisabeth verlangte also nicht nur für sich persönlich diese Freiheit, sondern auch für alle Personen in ihrem Herrschaftsbereich. Sie wollte – soweit das in ihrer Macht stand – ein streng verstandenes Luthertum zumindest in dem Teil des Landes einführen, in dem sie Einfluß besaß, hoffte dabei natürlich auf Auswirkungen darüber hinaus. Ihre Söhne mußten das aus verschiedenen Gründen zurückweisen. Sie hatten ihrem sterbenden Vater geschworen, keine reformatorischen Neuerungen einzuführen, sondern treu dem Kaiser zu folgen. Außerdem hatte Joachim II. nach dem Tod seiner ersten Frau Magdalena von Sachsen 1535 in zweiter Ehe eine Tochter des polnischen Königs, die katholische Prinzessin Hedwig, geheiratet. Er mußte zunächst Rücksicht auf sie und den Schwiegervater nehmen.

Immerhin könnte es bei einem Besuch in Spandau zu einem Konflikt in Religionsfragen kommen, die den polnischen König veranlassen könnten, sich einzumischen.[22] Ferdinand von Österreich warnte, daß eine Rückkehr Elisabeths unter den von ihr gestellten Bedingungen Probleme mit dem Reich bringen würde. Eine von Elisabeth im lutherischen Sinn regierte Enklave mitten im brandenburgischen Gebiet sei eine Schwächung der katholischen Position.[23] Immerhin waren Joachim und Johann der Hallischen Allianz der katholischen Fürsten beigetreten. Sie durften den Forderungen ihrer Mutter nicht entsprechen. Elisabeth blieb in Sachsen.

Die Zeit arbeitete für sie. Joachim konnte sich dem Einfluß der Reformation nicht entziehen. Am Allerheiligentag 1539 feierte er in Spandau einen Gottesdienst in der schlichten protestantischen Form und nahm das Abendmahl in beiderlei Gestalt. Kurz danach wurden ähnliche Gottesdienste in Berlin und weiteren Städten Brandenburgs gehalten. Sie folgten nicht der strengen Wittenberger Form und behielten manchen katholischen Zierat bei, waren aber unmißverständlich als Übergang zum Protestantismus gemeint. Joachim wiederholte nunmehr seine dringende Bitte, die Mutter möge heimkommen. Er könne nicht verstehen, warum sie sich noch an Kleinigkeiten aufhalte. Der jüngere Sohn Johann besuchte sie in Lichtenberg und verhandelte mit ihr. Aber sie blieb unzufrieden mit der Art und Weise, wie Joachim und sein Bruder bei der Einführung der Reformation vorgingen. In Brandenburg war mit Zustimmung der Wittenberger 1540 eine Kirchenordnung in Kraft getreten[24], die viele katholische Zeremonien bestehen ließ. Auf Vorhaltungen seiner Mutter antwortete Joachim, sie möge doch nicht den Zuflüsterungen eines jeden Priesters Glauben schenken. »Daß aber etlich Ceremonien mit Processionen und evangelischen Historien z.B. am Palmtage, in der Marterwoche, Auferstehung Christi, Auferstehung und Sendung des heil. Geistes am Pfingsttage, hier mehr, als in der Wittenbergischen Kirche, gehalten werden, geschieht nicht zum Ärgernis, sondern damit die unverständige Jugend neben der Lehre und dem Bericht um so viel besser das Verständnis erfassen und im Gedächtnis behalten kann. (...) Wir sind auch im Gebrauch der Ceremonien an die Wittenbergische Kirche so wenig als an die Römische gebunden. Sind doch bei den Alten in verschiedenen Landen und Orten die Ceremonien auch nicht ganz gleich gehalten worden; und da sie in den Hauptpunkten einig gewesen, haben sie in den Ceremonien Abweichungen geschehen lassen. (...) Aber wie dem Allen, so wundert uns doch, daß Euer Liebden dieses Artikels halben sich zu bekümmern und denselben so wichtig nehmen kann, da doch nichts darin enthalten ist, das dem göttlichen Wort zuwider wäre oder jemand ein Ärgernis geben könnte, (...) Endlich werden Euer Liebden doch auch mit Ihrer wesentlichen Wohnung von unserem Hoflager gesondert sein. Euer Liebden können daher Ceremonien halten und unterlassen, wie in Euer Liebden Gefallen steht. Darum lasse Euer Liebden solche Bekümmernis fahren. Euer Liebden wird es hier anders befinden und wir wollen uns mit derselben söhnlich und freundlich vereinigen.«[25]

In einem Brief vom Dezember 1539 nimmt Luther dem Berliner Probst Georg Buchholzer gegenüber Stellung zu Joachims langsamer und das Alte schonender Vorgehensweise: »Wenn Euch Euer Herr, der Markgraf und Kurfürst, will lassen das Evangelium Jesu Christi lauter, klar und rein predigen, ohne menschlichen Zusatz, und die beiden Sakramente der Taufe und des Leibes und Blutes Jesu Christi nach seiner Einsetzung reichen und geben, und will fallen lassen die Anrufung der Heiligen, daß sie nicht Nothelfer, Mittler noch Fürbitter seien, und das Sakrament in der Prozession nicht umhertragen, und (will) lassen fallen die täglichen Messen, auch die Vigilien und Seelenmessen für die Toten, und nicht lassen weihen Wasser, Salz und Kraut, und singen reine Responsorien und Gesänge, lateinisch und deutsch, beim Umzug oder Prozession, so geh in Gottes Namen mit herum und trag ein silbernes oder goldenes Kreuz und Chorkappe oder Chorrock von Samt, Seide oder

Leinwand. Und hat Euer Herr, der Kurfürst, an einer Chorkappe oder Chorrock, die ihr anzieht, nicht genug, so zieht der drei an wie Aaron, der Hohepriester, drei Röcke übereinander zog, die herrlich und schön waren. (...) Haben auch Ihre Kurfürstliche Gnaden nicht genug an einem Umzug oder Prozession, daß Ihr umhergeht, klingt und singt, so gehet siebenmal mit herum, wie Josua mit den Kindern Israel um Jericho ging, machten ein Feldgeschrei und bliesen Posaunen. Und hat Euer Herr, der Markgraf, ja Lust dazu, mögen Ihre Kurfürstliche Gnaden vorneher springen und tanzen mit Harfen, Pauken, Zimbeln und Schellen, wie David vor der Lade des Herrn getan hat, da die in die Stadt Jerusalem gebracht ward. Bin damit sehr wohl zufrieden, denn solche Stücke, wenn nur Mißbrauch ausgeschlossen bleibt, geben oder nehmen dem Evangelium gar nichts. Doch daß nur nicht eine Not(wendigkeit) zur Seligkeit, und das Gewissen damit zu verbinden (und ein Zwang, eine Bindung für die Gewissen) daraus gemacht werde. (...) Daß wir aber das (...) hier zu Wittenberg abgetan (haben), haben wir Ursachen genug gehabt, die vielleicht Ihr zu Berlin nicht habt. Wir wollen's auch nicht wieder aufrichten, wo (solange) nicht andere sonderliche Not(wenigkeiten) für (bestehen), daß wir's tun müssen. Denn es ist ein freies Ding und menschlicher Andacht Ordnung und nicht Gottes Gebot.«[26]

Die Kurfürstin besaß in diesen Dingen nicht das weite Herz Luthers. Sie war eher eine Vorläuferin jener englischen Puritaner, die die Tracht der Kleriker »die Lumpen des Antichrists« nannten. Sie wollte immer noch nicht zurückkehren. Nach Abschluß längerer Verhandlungen über Leibrente und religiöse Fragen erschien schließlich im August 1545 ihr Sohn Johann mit 500 Reitern in Lichtenberg, um sie nach 18 Jahren Abwesenheit nach Brandenburg zurückzuholen.[27] Sie war beeindruckt. Er bezahlte ihre Schulden und brachte sie nach Spandau. Er erklärte sich bereit, einen Pfarrer ihrer Wahl zu bestellen und zu bezahlen und garantierte ihr und ihrem Haushalt volle Gewissensfreiheit. Sie sollte frei sein zu reisen. Wenn sie in Spandau nicht zufrieden sei, könne sie nach Sachsen zurückkehren.

In ihrem Hauswesen leitete sie selbst die Familienandachten. Ihr letzter Hofprediger Andreas Buchovius sagte von ihr, sie habe aus ihm erst einen richtigen Prädikanten und Pfarrer gemacht. Die lange Leidenszeit hatte ihre seelische Gesundheit zu sehr angegriffen, ihr Geist blieb krank. Sie konnte das erlittene Unrecht nicht vergessen und hinter sich lassen, sondern blieb eine anklagende, tief unzufriedene, querulatorische Frau.

An Johann schrieb sie: »Wir können Eurer Liebden aus mütterlicher Treue nicht (ver-)bergen, daß der liebe fromme Gott aus väterlicher Liebe und Treue uns mit dem heiligen Kreuze mannigfaltig und reichlich begabt hat, beide mit Krankheit, Armut, Elend, Trübsal, Erschrecken, davon nicht zu sagen ist. Wir hätten nicht glauben mögen, daß solche Wesen auf Erden sein könnten, und mögen mit Hiob tröstlich sagen: Gott gab, Gott nahm, sein Name sei gebenedeit in Ewigkeit, Amen. Euer Liebden möge wissen, daß uns Euer Liebden noch den verflossenen Ostertermin zu tun schuldig ist, und Euer Liebden uns die lange Zeit her so ganz trostlos und elend in großer Krankheit (verlassen) habe, daß wir solche schändliche Armut in unserm Alter haben dulden müssen, daß wir nicht einen Heller noch Span mehr auf Erden haben gehabt, da wir einen Bissen Gewürz im Munde in unserer großen Versuchung zum Labsal und zur Erquickung gehabt. Wenn uns Gott aus besonderen Gnaden nicht erhalten hätte, so wäre es kein Wunder gewesen, wenn uns das Herz im Leibe vor Jammer und Elend entzwei gesprungen wäre.«[28]

Als sie fühlte, daß ihre Tage gezählt waren, bat sie ihren Sohn, den Kurfürsten, sie nach Berlin zu bringen, obwohl sie verzweifelt krank war. Sobald passende Unterkunft geschaffen war, wurde sie verlegt. Als sie im Sterben lag, gab es eine Mondfinsternis. Freunde fragten sie, ob sie das nicht als böses Omen ansähe. »Ach, was sagt ihr da von Klipsis! Klipsis (Finsternis)! Davor fürchte ich mich nicht; ich glaube und traue dem, der Sonne, Mond und alle Sterne, ja alle Creaturen erschaffen hat; der wird mich wohl erhalten. Ja freilich, wenn er nur bald käme, und holte mich! Zu ihm will ich; dieses Lebens bin ich müde und satt.«[29] Ihr Wunsch war es, ohne jedes Gepränge und päpstliche Zeremonien in einem Grab neben ihrem Mann beigesetzt zu werden[30]. Elisabeth starb am 10. Juni 1555 und fand ihre letzte Ruhestätte an der Seite Joachims I., den sie 27 Jahre vorher um ihres Glaubens willen verlassen hatte.

Bibliographie

1. Lebensbeschreibungen:
Adolf F. J. Riedel, Die Kurfürstin Elisabeth von Brandenburg in Beziehung auf die Reformation, Zeitschrift für preußische Geschichte und Landeskunde II, 1865, S. 66-100, und 354f.

Wilhelm Bauer, Elisabeth – Churfürstin von Brandenburg, die Bekennerin, in: Deutsche Blätter 1873; S. 521-540

Ernst D.M. Kirchner, Elisabeth von Dänemark, in: Die Churfürstinnen und Königinnen auf dem Throne der Hohenzollern I, Berlin 1866

2. Die Reformation in Brandenburg

Julius Heidemann, Die Reformation in der Mark Brandenburg, Berlin 1889

Paul Steinmüller, Einführung der Reformation in die Kurmark Brandenburg durch Joachim II, SVRG 76, 1903

3. Kultureller Hintergrund

Adolf W. Schmidt, Hofleben und Hofsitten der Fürstinnen im sechzehnten Jahrhundert, Zeitschrift für Geschichtswissenschaft II, Berlin 1844, S. 220-265

4. Einzelfragen

G. Berbig, Ein Gutachten über die Flucht der Kurfürstin Elisabeth von Brandenburg aus dem Schlosse zu Berlin, ARG VIII, 1910/11, S. 380-394

Rudolf Jakobi, Die Flucht der Kurfürstin Elisabeth von Brandenburg, Hohenzollern Jahrbuch XIII, 1909; S. 155-196

Ludwig Frege, Berlin unter dem Einflusse der Reformation im sechzehnten Jahrhundert, Beiträge zur Geschichte der Reformation in der Mark Brandenburg, Berlin 1839

Paul Zimmermann, Der Streit Wolf Hornungs mit Kurfürst Joachim I von Brandenburg und Luthers Betheilung an demselben, Zeitschrift für preussische Geschichte und Landeskunde XX, Berlin 1883, S. 310-343

Dokumente

Adolf F. J. Riedel, Codex Brandenburgensis, Berlin 1867

Abkürzungen

DRA	Deutsche Reichstagsakten, jüngere Reihe
SVRG	Schriften des Vereins für Reformationsgeschichte
Codex	Codex Brandenburgensis, hrsg. v. Riedel
ARG	Archiv für Reformationsgeschichte
WA BR	Weimarer Lutherausgabe, Briefwechsel
WA TR	Weimarer Lutherausgabe, Tischreden

Anmerkungen

1. DRA II, S. 597, 606, 654, 949;
2. Steinmüller, SVRG 76, 1903, S. 21ff.
3. Leibgedings-Verschreibung vom 12. April 1502 im Codex I, 11, Nr. 172, S. 127-128; Postskript a.a.O. Nr. 174, S. 129. Vgl. die Ehestiftungsurkunde

zwischen Kurfürst Joachim und Elisabeths Vater, König Johann von Dänemark vom 6. Februar 1500 im Codex III,3, Nr. 113, S. 134-136

4. Heidemann, S. 143ff.; Kirchner, S. 283ff.
5. Codex III, 3, Nr. 230, S. 271
6. Riedel, Elisabeth, S. 83
7. Kirchner (S. 231): Isabella »war zum lutherischen Bekenntnisse übergetreten und gerieth darüber mit ihren Brüdern Karl V. und Ferdinand in Zwiespalt. Letzterer hatte 1524 in Nürnberg erfahren, daß sie das heilige Abendmahl unter beiderlei Gestalt empfangen habe. Auf die bittern Vorwürfe desselben blieb sie standhaft in dem gewonnenen Glauben, und erklärte ihm, sie wolle sich nur an Gottes Wort halten, und müsse es sich gefallen lassen, wenn er sie nicht in ihrem Elende unterstützen und sie als Schwester verläugnen wolle.« – Jakobi, S. 190: Ferdinand von Österreich, der zweite Bruder Isabellas, schreibt an den Exilkönig Christian im April 1528, er solle auf seine Schwester Elisabeth Einfluß nehmen, damit sie zu den katholischen Gebräuchen zurückkehrt.
8. Frege, S. 217; Heidemann, S. 102ff.; Jakobi, S. 161
9. Steinmüller, S, 21-24
10. Diese Ereignisse werden von Riedel, S. 73ff., und Kirchner, S. 235ff., beschrieben. Bei Jakobi wird ausführlicher Rechenschaft abgelegt. Elisabeths Version ist in Codex III, 3, S. 359-362 zu finden.
11. Berbig, ARG 8, 1910/11, S. 380-394
12. DRA VII, S. 714
13. die ganze Geschichte bei Zimmermann, S. 310ff.; zur Unterstützung durch Kurfürst Johann: Zimmermann, S. 339
14. Riedel, S. 79ff.; Kirchner, S. 245f.; Jakobi, S. 171
15. Schmidt, S. 256f.; das Zitat stammt aus einem Brief Elisabeths an Herzog Albrecht von Preußen, der einem nachträglichen Vermerk auf dem Brief zufolge das Schreiben an Elisabeths Söhne weitergeleitet hat: Jakobi, S. 181f.
16. WA BR VIII, Nr. 3177, 26. Sept. 1537
17. WA BR VIII, Nr. 3185, 7. Nov. 1537
18. WA BR VIII, Nr. 3188, 16. Nov. 1537; Kirchner, S. 264f.
19. WA BR VII, Nr. 2160 und 2164, WA BR VIII, Nr. 3257, ARG 25, S. 80
20. WA TR III, Nr. 3644 ba
21. WA TR IV, Nr. 4647f.
22. Riedel, S. 85f; Kirchner, S. 253ff.; zu Hedwig von Polen Kirchner, S. 309ff.
23. Codex Supplement Nr. 123, S. 149
24. Heidemann, S. 219ff.
25. Riedel, S. 94f.
26. WA BR VIII, Nr. 3421, 4./5. Dez. 1539
27. Jakobi, S. 181 und Kirchner, S. 272
28. Riedel, S. 99; Kirchner, S. 274
29. Kirchner, S. 281
30. Bauer, S. 538f; Kirchner, S. 257 und 278

Elisabeth von Braunschweig
(1510 – 1558)

Keine der Frauen, die wir bisher vorgestellt haben, war politisch so einflußreich und wirkungsvoll wie Elisabeth von Braunschweig. Ihre Mutter, Elisabeth von Brandenburg, hatte durch ihre Flucht und das Exil nahezu völlig ihre politischen Einflußmöglichkeiten verloren. Die Tochter dagegen war von 1540 bis 1546 Regentin für ihren unmündigen Sohn Erich II. in Braunschweig-Calenberg-Göttingen und mischte sich auch nach dem Übergang der Regentschaft in die Landespolitik ein. Sie hat die Reformation in diesem Teil Niedersachsens eingeführt.

Elisabeth wurde 1525 im Alter von 15 Jahren mit Herzog Erich I. von Braunschweig-Calenberg-Göttingen verheiratet, einem vierzig Jahre älteren Mann. Erich hatte nach dem Tod seiner ersten Frau mit einer Mätresse gelebt[1], und Elisabeth verlangte bei der Heirat, daß er diese Frau mit einer Pension von 1000 Gulden entlassen solle. Als Elisabeth nach der Geburt der vier Kinder eine Zeitlang der ehelichen Beziehung nicht mehr gewachsen war und in eine persönliche Krise geriet, kehrte Erich zu der verstoßenen Partnerin zurück. Elisabeth deutete es zu seinen Gunsten: Die Frau habe Erich durch Giftmischerei und Zauberkunst wieder an sich gebunden. Die vermeintlichen Helfershelferinnen der Geliebten wurden als Hexen verbrannt, nicht jedoch die Mätresse

selbst. Als Genugtuung erreichte Elisabeth von Erich, daß ihr Leibge-
dinge vergrößert wurde und nunmehr fast das gesamte Fürstentum
Göttingen umfaßte. Das war die Grundlage für ihre starke politische
Position in der Folgezeit.[2]

In der Ehe mit Erich brachte Elisabeth drei Töchter – Elisabeth,
Anna Maria und Katharina – und den Sohn Erich zur Welt. Während
der ersten zehn Jahre ihrer Ehe gab es keine religiös motivierten Differenzen zwischen den Ehepartnern. Beide lebten selbstverständlich im
katholischen Glauben. 1538 jedoch bekam Elisabeth Besuch von ihrer
Mutter und ihrem Bruder Johann von Küstrin, der zu dieser Zeit schon
öffentlich erklärt hatte, er sei Anhänger der lutherischen Bewegung,
und evangelische Prediger in sein Land holte. Auf Johanns Anregung
hin lud die Schwester einen lutherischen Pastor namens Antonius Corvinus[3] ein, in Münden zu predigen. Corvinus, der eine Pfarrei in Witzenhausen innehatte, einem Ort in Nordhessen im Herrschaftsbereich
Philipps von Hessen, beeindruckte Elisabeth derart, daß sie noch im
selben Jahr öffentlich zum lutherischen Glauben übertrat. Herzog Erich
hinderte sie nicht daran. Er kommentierte ihren Schritt lediglich mit
dem Satz: »Weil uns die Frau in unserem Glauben nicht hindert, so
wollen auch wir sie in ihrem Glauben ungehindert und ungetrübet
lassen.«[4] Als Teilnehmer des Wormser Reichstags war Erich Zeuge gewesen, wie Luther standhaft und tapfer bei seiner Wahrheit geblieben
war. Obwohl er keineswegs gewillt war, auf Luthers Seite zu treten,
hatte dieses Erlebnis eine so starke Wirkung auf ihn gehabt, daß er
Luther eine Silberkanne mit einbeckischem Bier geschenkt hatte.[5] Für
sich selbst sagte er: »Mir frommet nicht mehr zu grübeln und zu for-
schen, was Lug ist und was Wahrheit; in dem Glauben, in dem ich
getauft bin und den der Herr bekennt, dem ich als Vasall gehorche, will
ich sterben.«[6] Erich war sich wohl kaum im klaren darüber, daß er Elisabeth wesentlich mehr als nur den gelegentlichen Empfang des Abendmahls in Brot und Wein erlaubte, als er ihr zugestand, ihrer eigenen
Überzeugung zu folgen. Denn sie war von Anfang an entschlossen, das
ganze Land zum evangelischen Glauben zu führen.

Die ersten Schritte dorthin waren schon von anderer Seite getan.
Die Städte Göttingen und Hannover hatten sich ihre religiöse Freiheit
bereits 1530 bzw. 1536 durch Zahlung einer großen Geldsumme in
die leeren Kassen des Herzogs erkauft und waren lutherisch geworden.

1539 folgte Northeim.[7] Elisabeths Pläne gingen über die Städte hinaus. Sie wollte auch in den ländlichen Gebieten die Reformation einführen und setzte ihre Absicht energisch in die Tat um.

Dieses Engagement verwickelte sie unweigerlich in Machtkämpfe, in denen religiöse und politische Ansprüche und Kräfte unentwirrbar ineinander verwoben waren. Deutschland bestand zu Beginn der Reformationszeit aus einer Vielzahl von Fürstentümern und dem Reich, dessen Oberhaupt Kaiser Karl V. war. Vorrangiges Ziel der kaiserlichen Politik war es, durch Reichstage und einen übergeordneten Gerichtshof ein Gleichgewicht herzustellen und zu erhalten, bei dem der eigene Einfluß hinreichend gewährleistet blieb. Die einzelnen Territorialherrscher hingegen versuchten, weitgehend unabhängig von der Zentralmacht den eigenen Einfluß zu festigen und womöglich zu erweitern. Aus diesem Grund kam es immer wieder zu kleinen, aber verheerenden Kriegen gegeneinander. Innerhalb der größeren Fürstentümer wiederholte sich dasselbe Spiel zwischen den einzelnen Adelsfamilien. Versuchten die Landesherren ihre Macht zu behaupten, so strebte der niedrige Adel nach mehr Unabhängigkeit von den Herrscherhäusern, deren Lehnsleute sie waren. Wie der Hochadel dem Kaiser widerstand, so widerstanden die Edelleute und die Bauern den Landesherren. Das spannungsvolle Wechselspiel zwischen einer Zentralmacht, nämlich dem Kaiser und seiner Verwaltung, auf der einen und den auseinanderstrebenden Ansprüchen und Bedürfnissen der verschiedenen Fürstenhäuser und Regionen des Reichs auf der anderen Seite hatte während des Mittelalters die Politik bestimmt und bisher Deutschlands politische Geschichte geprägt. Nun trennte der Streit um das christliche Bekenntnis alte, gewachsene Verbindungen zwischen Herrscherhäusern und brachte explosiven Sprengstoff in das ohnehin zerbrechliche und gefährdete System.

Zwar festigte sich mit der Zeit die administrative Gewalt innerhalb der kleinen staatlichen Einheiten auch gegen Widerstände. Hinzu trat aber ein weiterer Faktor, der die Anzahl der Kleinstaaten im Reich systematisch vergrößerte. Dieser Faktor war das Erbrecht, das die Berücksichtigung aller Söhne einer Familie beim Erbe vorsah. Aus diesem Grund war auch ein flächenmäßig großes Land wie Sachsen geteilt worden: hier das ernestinische Sachsen, das die Kurfürstenwürde innehatte, dort das albertinische Sachsen, dem nur Herzöge vorstanden. Ähnlich in Brandenburg: Joachim I., der Vater Elisabeth von Braunschweigs, hatte die kurfürstliche Würde an seinen ältesten Sohn Joachim II. weitergegeben, aber das Land um Küstrin an seinen jüngeren Sohn Johann. Eine entsprechende Erbteilung hatte Braunschweig hinter sich. Das Gebiet, das Erich I. regierte, wurde Braunschweig-Calenberg genannt. Angrenzend lag Braunschweig-Wolfenbüttel, regiert von Erichs Neffen Heinrich, der im Volksmund nach seinem Landesteil »Heinz der Wolf« hieß. Weil sich Minenrechte und andere Zuständigkeiten überschnitten, war diese Teilung im Grunde unhaltbar. Konsequenterweise strebte jeder der beiden Herrscher nach Wiedervereinigung oder mindestens dominierender Kontrolle des jeweils anderen, wobei Heinrichs Stellung stärker, sein politisch-militärischer Druck auf den Nachbarn größer war. Die Konflikte waren durch die besitzrechtlichen und politischen Konstruktionen vorprogrammiert und hatten erst in zweiter Linie etwas mit dem Charakter der beteiligten Personen zu tun.[8]

Nun kamen als weiterer Faktor die religiösen Fragen hinzu und gaben den Konflikten neue Akzente. Zunächst waren Erich und Heinrich katholisch und im selben konfessionellen Lager. In dem Augenblick, als Elisabeth konvertierte, wurde Heinrich ihr unversöhnlicher Gegner. Heinrich witterte in der neuen Konstellation Morgenluft, denn von der Religionsfrage war unweigerlich auch das Reich betroffen. Karl V. war entschlossen, den Protestantismus zu unterdrücken. Wenn die protestantischen Fürsten sich seinem Geheiß widersetzten, machten sie sich des Widerstands gegen die kaiserliche Oberhoheit schuldig, also genaugenommen der Revolution. Die protestantischen Fürsten versuchten, diese Schlußfolgerung zu entkräften, indem sie darauf aufmerksam machten, daß der Kaiser gewählt sei und daß seine Wähler ihn folglich auch wieder absetzen könnten und seine Regierung also auf die Unterstützung und dauerhafte Zustimmung der Kurfürsten angewiesen sei. Was aber, wenn die Wähler, also die Kurfürsten, untereinander zerstritten sind – wie in bezug auf die Reformation der Kirche? Friedrich der Weise und seine Nachfolger wurden Lutheraner. Joachim II. schloß sich ihnen an, aber Joachim I., Albert von Mainz und Richard von Trier blieben zusammen mit anderen katholisch. Die Theorie wurde zunehmend unhaltbar, und der protestantische Widerstand sah mehr und mehr aus wie ein Versuch, die ganze Struktur des Reiches zu kippen. Erich I. wollte in diesem gefährlichen Spiel neutral bleiben, aber die Zeiten erlaubten keine Neutralität.

Seine Position wurde zudem beständig durch die Aktivitäten seiner Frau kompromittiert. Elisabeth war leidenschaftlich bestrebt, dem Wort Gottes, wie es die Bibelübersetzung Martin Luthers ans Licht gefördert hatte, neu zum Leuchten zu verhelfen und den Glauben in Reinheit zur Geltung zu bringen. Dahinein mischten sich noch zwei andere Ziele, von denen sie hoffte, ihr erstes Anliegen werde davon gestärkt. Das eine Ziel war, ihr Erbteil zu behaupten, das aus der Stadt Münden (heute Hannoversch-Münden) mit dem angrenzenden Land und der Stadt Göttingen bestand. Dieses Leibgedinge war ihr bei der Heirat von Erich überschrieben worden. Sie war entschlossen, diese Stiftung niemals zu veräußern, einmal ihrer eigenen wirtschaftlichen Sicherheit wegen; zum anderen, weil sie das Gebiet in ihrem eigenen Namen verwalten durfte und demnach dort selbst gegen den Willen ihres Eheherrn das Luthertum einführen konnte. Ein drittes Anliegen Elisabeths bestand darin, Braunschweig-Calenberg für ihren Sohn Erich intakt zu halten.

Alle drei Anliegen zusammen machten sie zu einer Gegnerin Heinrichs von Braunschweig-Wolfenbüttel, der zäh und schlau seinen jüngeren Bruder Wilhelm elf Jahre lang gefangengehalten hatte. Der Vater, Heinrich der Ältere, hatte das salische Erbrecht eingeführt, nach dem der älteste Sohn den ungeteilten Besitz übernehmen konnte (Primogeniturordnung). Als Wilhelm sich verständlicherweise dagegen zur Wehr setzte, nahm Heinrich ihn solange in Haft, bis der Jüngere der vom Vater geschaffenen Rechtslage zustimmte. Schlauheit bewies er auch darin, wie er Klagen über seine Beziehung zu seiner Geliebten Eva von Trott behandelte. Er ließ das Gerücht ausstreuen, sie sei erkrankt. Dann gab er öffentlich ihr Ableben bekannt und veranlaßte eine große Beerdigung mit Messen und Vigilien für ihre verschiedene Seele. In der Zwischenzeit wurde ihr nicht ganz so toter Körper in ein versteckt gelegenes Schloß gebracht, woselbst sie ihrem verliebten Herrn noch eine Reihe Kinder gebar. Die Zeitgenossen waren weniger über die romantische Affäre schockiert, als über die »Frivolität, mit der er Gebräuche der Kirche zum Deckmantel seiner Gelüste mißbraucht hatte«.[9] Offensichtlich nahm Heinrich seinen Katholizismus als Glaubenssache leicht, aber als politische Entscheidung, nämlich für das katholische Kaiserhaus Habsburg, wog er ihm schwer. Trotz seiner Respektlosigkeiten hätte er nie die soziale Struktur von Bistümern, Diözesen und Abteien im Rahmen des Heiligen Römischen Reiches in Frage gestellt, geschweige denn angegriffen. Den lutherischen Glauben würde er in seinem Einflußbereich nie dulden.

Aus politischen wie aus religiösen Gründen war Elisabeth gezwungen, ein Gegengewicht gegen Heinrich zu suchen und wandte sich an Philipp von Hessen, den politischen Führer der Protestanten. Die wichtige Rolle, die Philipp für sie spielte, kam u.a. darin zum Ausdruck, daß sie plante, ihren Sohn Erich mit Philipps Tochter Anna zu verheiraten.[10] Ein weiterer Schritt war ihr Gesuch, Philipp möchte ihr Corvinus zunächst als seelsorgerlichen Berater und nach Erichs Tod 1540 als Organisator für eine Reformation in Calenberg überlassen.[11]

Damit brachte sie natürlich ihren Mann Erich in Verlegenheit. Der hatte zwar keine Lust, sich von dem anmaßenden Heinrich dominieren zu lassen, aber genausowenig wünschte er ein Bündnis mit dem allzu eifrigen Protestanten Philipp. Erich wußte genau, daß jede Unterstützung für das Luthertum Schwierigkeiten mit dem Kaiser heraufbeschwören mußte, den er auf einem Reichstag in Hagenau 1540 treffen sollte. Bevor er dahin aufbrach, machte er sein Testament. Für den Fall, daß Erich jun. beim Tod von Erich sen. noch minderjährig wäre, mußte ein Regent eingesetzt werden. Heinrich von Wolfenbüttel war im wohlverstandenen eigenen Interesse nur allzu bereit, sich dazu bestimmen zu lassen. Erich aber setzte Elisabeth als Regentin ein. Damit sie einen starken Schutz vor äußeren Bedrohungen hätte, brauchte sie einen Verbündeten. Auch diesen Part hätte Heinrich liebend gern gespielt. Ihn zu übergehen, wäre zudem politisch unklug gewesen. Damit Heinrichs Einfluß nicht zu groß werden sollte, erwog Erich, ihm einen weiteren Vormund zur Seite zu stellen, etwa Philipp von Hessen. Das wäre allerdings, als hätte man Wolf und Löwe in ein Joch gespannt. Philipp und Heinrich waren seit langem Gegenspieler, und die Konflikte zwischen ihnen verschärften sich ständig. Philipp verdächtigte Heinrich nicht ohne Grund, den Protestantismus mit Waffengewalt niedermachen zu wollen. Um Weihnachten 1538 wurde ein Sekretär Heinrichs von Philipps Leuten abgefangen. Bei Durchsuchung seiner Taschen fand man Dokumente, die sich gegen Philipp richteten und dessen Mißtrauen bestätigten. Der Konflikt zwischen beiden eskalierte schließlich. Philipp überfiel Heinrich, entführte ihn und hielt ihn von Oktober 1545 an zwei Jahre lang gefangen.[12] Um von vornherein auszuschließen, daß Heinrich und Philipp sich als Vormünder Erichs II. gegenseitig töteten, stellte Erich I. schließlich Heinrich in der Vormundschaftsfrage ganz hintan. Sein Testament bestimmte Philipp von Hessen und Joachim II. von Brandenburg, Elisabeths Bruder, zu Vormündern Erichs.[13]

Nachdem er derart seine Angelegenheiten geordnet hatte, begab sich Erich nach Hagenau. Dort befreite ihn der Tod aus allen Zwickmühlen der Politik. Er hinterließ vor allem leere Kassen. Es war nicht einmal genug Geld da, um den Rücktransport seines Leichnams zum Begräbnis zu zahlen. Die Leiche lag ein Jahr lang aufgebahrt, bis die finanziellen Mittel für die Überführung aufgebracht waren.[14]

Der Sohn Erich war beim Tod des Vaters zwölf Jahre alt und würde erst 1546 volljährig sein. Seine Mutter Elisabeth trat testamentsgemäß die Regentschaft an und übernahm die Amtsgeschäfte mit kräftiger Hand. Sie hatte in ihrem Leibgedinge Münden bereits einige Erfahrung in der Verwaltung erworben und konnte auf ein Team von eingearbeiteten Staatsangestellten und zahlreichen Bediensteten rechnen. Albert Brauch schätzt in seiner Dissertation aus dem Jahre 1930 die Zahl der zu versorgenden Personen in ihrer Wirtschaft auf 200. Er veröffentlicht Urkunden aus Elisabeths Verwaltung: vollständige Listen über Finanzdaten, juristische Angelegenheiten, Juwelen, Nahrungsmittel und Viehbestand, über Ochsen, Schafe, Hasen, Hühner, Gänse, Schinken, Käse, Butter, Wein und Bier. Elisabeth delegierte natürlich die Einzelheiten, behielt aber selbst die Aufsicht über das Ganze.[15]

Wichtiger als alle Verwaltungsangelegenheiten war für sie die Verbreitung des Wortes Gottes. Sie bat Philipp von Hessen um Überlassung eines Pfarrers. Er schickte ihr Antonius Corvinus, den lutherischen Pfarrer von Witzenhausen, der ihr 1538 schon einen Traktat gewidmet hatte. Corvinus war ein ebenso eifriger wie fähiger und furchtloser Mann. Für Elisabeths Reformation verfaßte er eine Kirchenordnung (Mai 1542) und eine Klosterordnung (November 1542), eine Ordnung zur Pfarrbesoldung und Verwaltung des Kirchenvermögens sowie eine Schulordnung. Im Mai 1546 folgte das Gesangbuch.[16] Die Kirchenordnung sieht vor, daß Priester, die mit einer Frau zusammenleben, ihre Partnerinnen heiraten. Wo nicht, werden sie entlassen. Die Klöster sollen nicht zwangsweise aufgelöst werden. Wer von den Mönchen und Nonnen in den Konventen bleiben will, dem oder der soll es erlaubt sein. Wer bleibt, ist jederzeit frei, zu gehen. Die Mönchskleidung soll abgelegt werden, und Mönche und Nonnen sollen normale »ehrliche schwarze Kleider« tragen und »hinfüro Unterröcke brauchen wie andere Christen« auch.[17] Corvinus unternahm Visitationen in allen Gemeinden und Konventen. Zeitweise begleitete Elisabeth ihn dabei. Das Reformationsunternehmen stellte sich als gefährlich heraus. Die religiöse Veränderung rief Gegner auf den Plan, die auch vor Gewalt nicht zurückschreckten. Corvinus geriet mehrmals in Lebensgefahr.[18]

Allergrößte Bedeutung maß Elisabeth der Erziehung ihres Sohnes im reformatorischen Glauben bei. Corvinus, der auch die Töchter Elisabeths unterrichtete, schreibt: »Wie hat mir's oftmals im Herzen so sanft getan, wenn Eurer Fürstlichen Gnaden herzlieber Sohn, mein gnädiger Fürst und Herr, auf den Knien vor dem Altar (in) eigener Person gesessen ist und die christliche Litania samt anderen edlen Knaben gesungen, und Eure Fürstliche Gnaden mit dem ganzen Frauenzimmer darauf geantwortet hat.«[19] Erich jun. war gründlich im Katechismus unterwiesen.

Als seine Volljährigkeit näherrückte, wollte seine Mutter ihn mit einer gesunden, lutherischen Frau verheiraten. Durch diese Ehe sollte auch der politische Einfluß des Herzogtums gestärkt werden. Elisabeth hatte einmal eine Verbindung Erichs mit der Tochter Philipps von Hessen im Auge gehabt.[20] Unterdessen hatte Philipp seinen Ruf als Führer des politischen Protestantismus durch seine Doppelehe im Jahre 1540 stark beschädigt und an Einfluß verloren. Der Hintergrund war, daß er in seiner Ehe mit Christina, der Tochter des Herzogs Georg von Sachsen, nicht glücklich war. Wie viele Fürsten suchte und fand er Befriedigung in einer außerehelichen Beziehung. Solange er katholisch gewesen war, hatte er deswegen mit seinem Gewissen keine Probleme. Je mehr er sich die lutherische Auslegung der Bibel zu eigen machte, desto stärker fühlte er, er sei unter diesen Umständen nicht würdig, zum Tisch des Herrn zu gehen. Er unterrichtete die lutherischen Theologen davon, daß es neben seiner Ehefrau eine andere Frau in seinem Leben gäbe, der er in Liebe zugetan sei, und fragte, ob er ihr gegenüber zur Zurückhaltung verpflichtet sei. Sie gaben einen vertraulichen

»Beichtrat« ab, demzufolge Bigamie in der Bibel nicht verboten ist und man vor seinem Gewissen eher eine Doppelehe verantworten könne als Promiskuität. Weil es aber im Gegensatz zum Reichsgesetz stehe, solle die zweite Ehe geheimgehalten werden. Wenn sich Philipp an Beichtrat und Dispens gehalten hätte, wäre die neue Frau als Konkubine betrachtet worden, und er hätte keinerlei Schwierigkeiten bekommen. Aber Philipp empfand die empfohlene Geheimhaltung als Lüge und machte die Eheschließung öffentlich. Damit war er in der Hand des Kaisers. Karl V. ließ Philipp wissen, er könne dem Bann des Reiches nur entgehen, wenn er sofort als Führer des Schmalkaldischen Bundes, d.h. der protestantischen Partei der Fürsten abdanke. Philipp hatte keine Wahl. Seine politische Position war untergraben, sein Einfluß stark beschnitten und seine Tochter keine aussichtsreiche Partie mehr für Erich II.[21]

Elisabeth ging in der weiteren Umgebung auf Suche und wurde im herzoglichen Sachsen fündig. Dort regierte Herzog Georg, ein wackerer Katholik und Lutherfeind. Da er keine lebenden männlichen Erben hinterließ, fiel das Land nach seinem Tod 1539 an seinen Bruder Heinrich, der zusammen mit seiner Frau Katharina, einer inbrünstigen Anhängerin des lutherischen Glaubens, die Reformation begünstigte. Die Kinder des Paares waren Moritz, nach dem Tod des Vaters nun der Herzog und aufsteigender Stern am politischen Himmel Deutschlands, und seine Schwester Sidonia. Sie war zehn Jahre älter als der siebzehnjährige Erich, dennoch fiel die Wahl von Mutter und Sohn auf sie. Elisabeth machte sich mit Erich auf die Reise nach Sachsen, um die nötigen Verabredungen zu treffen, und sprach unterwegs bei Luther vor, der den jungen Fürsten in Glaubensdingen examinierte und mit dem Ergebnis zufrieden war. Corvinus gegenüber meldet der Reformator aber Bedenken an: »Lieber Corvine, wir haben allhie mit herzlicher Freude eures jungen wohlerzogenen Fürsten christliches Bekenntnis angehöret, die wir uns durchaus wohlgefallen lassen. (...) Der Teufel aber ist listig und überaus geschwinde: so sind unsere geistlichen Bischöfe, Prälaten und alle gottlosen Fürsten der wahren christlichen Religion und unsere Feinde, durch welcher Autorität viele christliche Herzen abgewendet und verführet werden. Derhalben wollet mit Beten und Vermahnen immer für und für anhalten, denn man sich befürchten muß, wo der junge Fürst mit unseren Widersachern viel Gemeinschaft haben würde, durch derselben großes Ansehen er leichtlich zum Abfall könnte gereizt und getrieben werden.«[22]

Als Erichs Volljährigkeit näherrückte, verfaßte Elisabeth den »Unterricht für Erich II.« vom 1. Januar 1545, ein Regierungshandbuch, das Tschackert, der Corvinus-Biograph, als »die erste protestantische Staatslehre (...), die die Reformation hervorgebracht hat«, bezeichnet. Es enthält Anweisungen und Ratschläge für alle Angelegenheiten der Verwaltung, einschließlich der Mahnung, Gott, dem Kaiser und der Mutter zu gehorchen.[23] Elisabeth konnte sich keinen Loyalitätskonflikt zwischen der ersten und der dritten Autorität vorstellen. Die Erfahrung, daß die zweite weder mit der ersten noch der dritten zur Übereinstimmung zu bringen sei, stand ihr noch bevor.

Im Mai 1545 fand die Hochzeit mit Sidonia statt. Einige Zeit später wurde Erich volljährig. Einerseits war Elisabeth klar, daß nunmehr ihre Regentschaft dem Ende zuging. Sie machte Anstalten, die Verwaltung des Herzogtums an Erich zu übergeben und sich zurückzuziehen. Wichtigstes Indiz dafür war, daß sie sich wieder verheiratete. Als zweiten Ehemann wählte sie, offensichtlich rein aus persönlicher Neigung und ohne jedes politische Kalkül, Herzog Poppo von Henneberg, einen zurückgezogenen, wenig ehrgeizigen, auch mittellosen lutherischen Fürsten. Poppos Bruder Georg Ernst war seit 1543 mit Elisabeths ältester, nach der Mutter genannten Tochter verheiratet.

Gleichzeitig aber beanspruchte Elisabeth, ihr Witwenteil in Münden zu behalten und zwar mit noch weitergehenden Rechten gegenüber Erich II., als im ursprünglichen Vertrag vorgesehen waren. Sie verhandelte in diesem Sinn mit dem Sohn. Vermutlich war sie unsicher, ob Erich II. einen fähigen und in Glaubensdingen zuverlässigen Regenten abgeben würde. Sie mag begründete Zweifel gehabt haben, ob er stark genug sein würde, sich dem Einfluß Heinrichs von Braunschweig-Wolfenbüttel zu entziehen, bzw. ob er diesen Einfluß nicht vielmehr sogar wünschte. Sie behielt also ihr Witwenteil in Münden – sogar mit erweiterten Rechten. Ihr zukünftiger Ehemann Poppo hätte es lieber gesehen, gänzlich außerhalb Erichs und Heinrichs Einflußbereich eine unabhängige Herrschaft zu erwerben und schlug ihr deshalb vor, sie solle ihr Erbteil in Münden gegen eine Geldsumme ablösen und damit den verschuldeten Besitz einer hennebergischen Seitenlinie aufkaufen. Elisabeth lehnte den Vorschlag ab. Die Ehe kam trotzdem zustande: Am 31. Mai und 1. Juni 1546 fand in Münden die Hochzeit statt.[24]

Eine wichtige Herausforderung für Elisabeth war in der Folgezeit, für ihre Tochter Anna Maria eine vorteilhafte Heirat mit einem einflußreichen lutherischen Fürsten zu arrangieren. Höchst geeignet schien ihr Albert von Preußen, obwohl er 40 Jahre älter war als Anna Maria. Albert hatte gerade seine geliebte Frau Dorothea verloren und wäre wohl nicht darauf aus gewesen, bald wieder zu heiraten. Aber er hatte aus erster Ehe nur eine Tochter, als Nachfolger kam jedoch einzig ein Sohn in Betracht. Also ging er auf Elisabeths Angebot ein.[25] Erich nahm vor seiner Schwester kein Blatt vor den Mund: »Liebe Schwester, was zeigen sich Euer Liebden und wie kommen Sie darauf, daß Sie so gerne einen alten Mann nehmen? (...) Was wollen Euer Liebden mit dem alten Mann tun? Er ist so hübsch nicht, wie man ihn malt.« Souverän konterte Anna Maria: »Lieber Bruder, ich habe so mehr (lieber) einen alten weisen Mann als einen jungen Narren. Er ist so christlich und ehrlich (ehrenhaft). Er bleibt ja bei mir (ist mir treu), was Euer Liebden bei Eurer Gemahlin nicht tut.«[26] Elisabeth schrieb für ihre Tochter eine Abhandlung über die Ehe und das häusliche Leben. Darin heißt es: »Warum wollte doch ein Weib den schuldigen Gehorsam verweigern, so sie der Mann doch wiederum mit Liebe und Vernunft und keiner Bitterkeit regieren soll.«[27]

Elisabeth hätte ihre Tochter gerne zur Hochzeit im Februar 1550 nach Königsberg, der preußischen Hauptstadt, begleitet, aber sie meinte, sie werde zu Hause gebraucht. Ihr Ehemann Poppo war bereit, als »Anstandsdame« zu fungieren, und Elisabeth brachte seufzend das Opfer einer langen Trennung.[28]

Erich entwickelte sich völlig anders, als seine Mutter gehofft und erwartet hatte. 1546 bekam er eine Einladung zum Fürstentag in Regensburg. Zweifellos war er geschmeichelt, daß er als Achtzehnjähriger schon einen Platz unter den Reichsfürsten einnehmen sollte. Er mag sich vom Kaiser auch Hilfe gegen die Übergriffe Heinrichs von Wolfenbüttel erhofft haben. Elisabeth könnte ebenfalls so spekuliert haben, hat sich dabei aber nicht klargemacht, daß der Kaiser Lutheranern gegenüber nur dann zu Konzessionen bereit war, wenn sie politisch und militärisch in der Lage waren, Druck auszuüben. Elisabeth nahm Anstoß an den Kosten der von Erich geplanten Reise. Als er aufbrach, wurde er von 400 Reitern begleitet. Wenn sie nicht das Land auffressen wollten und jeden Ort, durch den sie kommen würden, ausplünderten, würde Braunschweig die Zeche zahlen müssen. Ihre größte Befürchtung betraf die Religionsangelegenheiten. Würde Erich sich in den Strudel der kaiserlichen, antilutherischen Reichspolitik ziehen lassen? Vor seiner Abreise empfing sie gemeinsam mit ihm Brot und Wein im Abendmahl und nahm ihm den Eid ab, er werde seinen Glauben nicht verlassen. Im Gespräch mit Corvinus erklärte Erich vollmundig, »Was Wir im Wams haben, wollen wir bei das liebe Wort setzen und davon nimmermehr weichen.« Als Corvinus das dem Hofprediger von Kassel erzählte, antwortete der: »Ah! mein Corvine, rühmet nicht so sehr; vielleicht hat der gute Herr ein Rotztüchlein in dem Wams gehabt, das will er bei dem Evangelium aufsetzen.«[29]

Die Befürchtungen Elisabeths wurden überreichlich erfüllt. Erich ließ sich von den kaiserlichen Schmeicheleien verführen und schloß sich der Partei des Kaisers an. Nach seinem Sieg über die Protestanten des Schmalkaldischen Bundes machte Karl V. im Augsburger Interim (1548) einige Zugeständnisse an die lutherische Seite, drohte aber um so deutlicher allen denen mit Gewalt, die sich ihm und der katholischen Grundlinie nicht fügen wollten. Einige norddeutsche Städte, Göttingen, Hannover und Braunschweig, vor allem Magdeburg, verweigerten sich dem Interim.[30] Auch Johann Friedrich von Sachsen wollte sich nicht in das kaiserliche Joch schicken. Obwohl seine Flügel beschnitten worden waren, wuchsen Philipp von Hessen jetzt neue Federn. Er schloß sich wieder den alten Freunden im Widerstand gegen die katholische Politik an. Die protestantischen Fürsten waren revolutionär geworden und bereit, eher die Ordnung des Reichs zerbrechen zu lassen, als in Glaubensdingen Kompromisse zu schließen.

Es gab allerdings eine nicht unbeträchtliche Anzahl, die nicht klar und eindeutig Position beziehen konnte oder wollte. Deren Führer war Moritz von Sachsen, Erichs Schwager.[31] Lutherische Glaubensbrüder nannten ihn den »Judas von Meißen« und einen »machiavellistischen Kopf«. Ihr Vorwurf: Er sei ohne religiöse Bindung und Verläßlichkeit nur auf Machterwerb und Machterhalt aus. Seine Politik war in der Tat widersprüchlich, denn es ging ihm um zweierlei. Einerseits war er Lutheraner und wollte die lutherische Reformation unterstützen. Andererseits war sein erstes politisches Ziel, die Herrschaft über beide Sachsen in einer Hand zu vereinen und selber Kurfürst zu werden, d.h. Johann Friedrich zum Rücktritt zu zwingen. Dieses Ziel war aber nur in Zusammenarbeit mit dem katholischen Kaiser erreichbar. Moritz hat niemals seinem lutherischen Glauben abgeschworen. Er schloß sich aber im Schmalkaldischen Krieg 1546-1547 der kaiserlichen Partei an und überfiel das andere Sachsen. Als die Protestanten in der Schlacht von Mühlberg 1547 geschlagen wurden, nahm er Johann Friedrich gefangen und wurde selber Kurfürst. Der Kaiser konnte 1548 den Protestanten das Augsburger Interim diktieren, und es schien, die Rebellen seien endgültig unterworfen.

Damals kehrte auch Erich nach Calenberg zurück in der Absicht, das Interim durchzusetzen und, wenn möglich weitergehend, die katholische Ordnung voll wieder einzuführen. Seine Frau Sidonia, die Schwester von Moritz, opponierte dagegen. Er drohte ihr, sie zu verstoßen, falls sie nicht ihren lutherischen Glauben widerriefe. Sie weigerte sich jedoch unverdrossen und standhaft, ihren Glauben aufzugeben.[32] Corvinus klagte, »Christus scheint im Schiffe der Kirche bis jetzt noch zu schlafen; aber wenn er erwacht ist, wird er den Sturm stillen. Daran zweifle ich nicht.«[33] Im Auftrage Herzog Erichs wurde Corvinus im November 1549 von spanischen Soldaten aufgegriffen und gefangengenommen[34]. Seine Bibliothek wurde verbrannt. Als der Erzbischof von Bremen, der gerade dazu gekommen sein muß, dies sah, protestierte er: Bücher seien ohne Schuld.[35] Corvinus wurde in Einzelhaft genommen. Nicht einmal seine Frau durfte mit ihm sprechen. Ein Schüler Corvins lief mehrmals fünf Meilen weit, um mit dem Gefangenen durch ein Fenster zu reden,[36] bis es vernagelt wurde.[37] Der Pfarrer Mörlin wurde aus Göttingen vertrieben.

Elisabeth, mit deren Einverständnis und Unterstützung Corvinus gegen das Interim aufgetreten war, klagte: »O, Herr Gott, tröste mich arme, elende, betrübte Mutter! Was hab ich geboren, was hab ich erzogen? Die erkannte Wahrheit verleugnen, ist eine Sünde, die noch (weder) hier noch zukünftig vergeben wird. Die armen Diener des göttlichen Wortes beleidigen, verfolgen, hin und her schleifen, schamführen, ist wahrlich Jesum Christum, unseren einigen Erlöser, Mittler und Fürsprecher, der unsere Sünde getragen, beleidigen, fangen und beschweren.«[38] »Denn unser Sohn hat uns mit diesem Spiel ins (Kranken-) Bette gebracht; steht er nicht ab, so wird er uns auch wohl dazu in die Erde bringen.«[39]

Sie wandte sich direkt an Erich: »Wie kommen Deine Liebden in den Jammer, Unsinn, Toben und Wüten gegen Gott, seine Diener und Kirchen, gegen uns, Deiner Liebden Gemahl, gemeine Landschaft und arme ausgesogene betrübte Untertanen? Haben Deine Liebden das in fremden Landen gelernt? Des erbarm sich Gott! Wollen Deine Liebden sich aber hierin nicht (be-) kehren, so strafe es Gott, wie er sich je und allewege an allen denen, die Christum, seinen Sohn, von seinem Stuhl stürzen wollten, gerächt hat. (...) *(und in einem beigelegten Zettel:)* Ach weh und immer weh über dich, wenn du dich nicht besserst und abläßt. Wie hast du uns so hart betrübt, daß wir gar hart darnieder liegen in großer Ohnmacht und Schmerzen. Noch, wiewohl wir sehr krank und von großem Heulen und Weinen so matt und schwach sind, daß wir den Brief nicht schreiben können, haben wir doch dem Schreiber vor unserem Bette dies alles in die Feder geredet, welcher es aus unserem Munde geschrieben. Wir müssen dir solches schreiben oder unser Herz müßte brechen; und so wir nicht riefen, so würden die Steine sprechen!«[40]

»Bedenk doch, hast du einen Blutstropfen, der Gott glaubt, wie es allen denen gegangen ist, die sich wider Gott gesetzt haben.«[41]

»(...) so ermahnen wir hiermit nochmals Deine Liebden, Ihres getanen Taufbundes (wegen), auch aller Ehre und Redlichkeit (wegen) und bitten durch Gott ganz mütterlich und freundlich, Deine Liebden wolle (...) (abstehen) von den abgöttischen Mißbräuchen und Greueln, so durch Menschen ohne göttlichen Befehl erfunden und in göttlicher heiliger Schrift, von der man ja nichts abnehmen und nichts zusetzen soll, mitnichten gegründet, sondern bei Verlust der Seelen Seligkeit zuhöchst verboten. Die Gefangenen erledige! (dh. laß die Gefangenen – Corvinus und den mitgefangenen Walter Hocker) – frei.«[42] (Brief vom 6. 1. 1550 aus Münden).

Erich antwortete am 13. 1. 1550 aus Erichsburg: »Hochgeborene Fürstin, freundliche, liebe Frau Mutter! (...) Wie wir Euer Gnaden geschrieben (haben), (...) und weil die Sachen nicht bei uns, wie Euer Gnaden vielleicht meinen möchten, sondern bei anderen stehen und liegen, so können wir noch zur Zeit überdies hierin für uns nichts unternehmen, schaffen und tun lassen. Es muß das auf sich beruhen und dabei bleiben. In vielen Schreiben Eurer Gnaden dieser und anderer Sachen halber (werden wir) vielleicht ohne einiges Nachdenken (...)

mit mancherlei unleidlichen, verdrießlichen und ungebührlichen Schmähworten geschwind und ungestüm von Eurer Gnaden angetastet, beleidigt und injuriiert. Das hätten wir uns zu Eurer Gnaden nicht versehen. Gedenken auch, uns nicht mit Eurer Gnaden in mannigfaltige Disputation und Schriftwechsel zu begeben und einzulassen. (...) Als freundliche Bitte: Eure Gnaden wolle uns mit solchen und dergleichen Schmähungen und Injurien (...) freundlich verschonen und (sie) nicht mehr, wie geschehen, ausbreiten, (uns) damit beschweren oder beleidigen. Denn es ist Eurer Gnaden bei jedermann mehr Nachteil und Verweis, (als daß es etwas) Rechtes gebären und wirken tut; kann auch von Eurer Gnaden wohl leicht (...) unterlassen werden. (...) Und in Summa: wir wollen uns in allen Sachen dermaßen fürstlich verhalten, daß wir es vor dem allmächtigen Gott, der Römischen Kaiserlichen Majestät, unserem allergnädigsten Herrn, dem ganzen Reich und jedermann wollen beständig und mit allem Grund und Fug aufrichtig verantworten.«[43]

Und noch einmal in einem Brief vom 15. 1. 1550: »Euer Gnaden schreiben (...) Doktor Mörlins halber. (...) Nun wissen wir uns zu entsinnen, nachdem uns glaubwürdig vorgebracht und (bei uns) angelangt (ist), daß (dieser) gemeinte, heillose, (...) unsinnige und tolle Pfaffe und unartige, lose Bub und Kalumniator (Beleidiger) die Kaiserliche Majestät, unseren allergnädigsten Herrn, und andere höchste Häupter des heiligen Reiches und Glieder unserer nächsten Sippe und blutsverwandte Befreundete und uns ohne einige Zurückhaltung und hindernde Gedanken ungescheut öffentlich auf der Kanzel und sonst mit allerlei nachteiligen, bösen, verdrießlichen und ungebührlichen Injurien, Schmähungen und Lästereien angegriffen, unter das Volk gebracht und ausgeschrien hat. (Wir lassen Euer Gnaden wissen,) daß wir nach Erfahrung dessen, (...) erstlich an Bürgermeister und Rat unserer Stadt Göttingen gnädiglich geschrieben und begehrt, gemeinten, höhnischen Buben, so von Eurer Gnaden vielleicht auf unsere Pfarre mag gesetzt, ordiniert und damit providiert (worden) sein, von unseretwegen (aus) unserer und ihrer Stadt, auch unseres ganzen Fürstentums (zu) verweisen. (...) (Er hat sich) auf viele Art sonst mit besonderem Fleiß unterstanden, (mit Hilfe der Briefe, die Eure Gnaden ihm zugeschickt haben und die heimlich umhergetragen und unter etlichen (aus) des Mörlins anhängender Rotte (...) ausgeteilt wurden), durch unnütze und famose

Vermahnung eine sonderliche und neue Rebellion, einen Bürgerkrieg und eine Meuterei zu erwecken und zu verursachen. (...) Sonderlich nun diesem Buben von Eurer Gnaden Beistand geschieht. (...) er jedoch hat vergessen und hintangestellt das wahre göttliche Wort, (hat) das höchste Laster, die Majestätsbeleidigung, zum öfteren begangen und getrieben. (...) Haben bis hierher in unserem Tun, Wandel und Wesen an allen Orten und vielen anderen Nationen uns nicht anders als gebührlich, ehrbar, aufrichtig und fürstlich gezeigt, unseres seligen Vaters und unsere Siegel und Briefe ohne Ruhm, redlich gegeben und wohl gehalten. (...) Und Euer Gnaden wissen, daß wir Euer Gnaden Sohn sind und nichts Lieberes auf der Welt als Euer Gnaden haben. Und wenn uns Euer Gnaden dermaßen, wie geschehen, verleumden, schänden und injuriieren, so schänden und schmähen ja Eure Gnaden Ihr eigen Fleisch und Blut. Zu welchem Ruhm und Ehren dasselbige Eurer Gnaden gereichen tut, das wollen wir Eurer Gnaden zu bedenken anheimgestellt haben. (...) Bitten aber freundlich, Eure Gnaden wolle uns hinfort (...) mit (...) Schelten verschonen und uns (...) unseren guten Leumund (...) nicht mehr anrühren und antasten. (...) Schließlich, so (sollen) Eure Gnaden wissen, nachdem wir Gott sei Dank wieder in unser Land und zu unseren Leuten gekommen sind, daß wir nun (...) in unserem Fürstentum die alte wahre christliche katholische Lehre und Religion, (...) die von unseren Ahnherren und Vorfahren von Fürsten zu Fürsten, auch (...) unserem freundlichen, lieben seligen Herrn Vater auf uns gebracht und von Eurer Gnaden erst abgetan und in Nichts gesetzt worden ist, wiederum aufrichten und stiften wollen. Bei diesem unserem vorgesetzten göttlichen und christlichen Werk aber ist uns auch glaubwürdig vorgebracht worden, als würde Euer Gnaden in unserem Fürstentum hin und wieder sich mit allerlei Unternehmungen (...) sehr bemühen, die Unseren zur Rebellion und Uneinigkeit zu reizen, unser Vorhaben abzuwehren, zu stürzen und umzustoßen (...) als wäre Eure Gnaden und nicht wir Herr im Lande. (...) (Wir wollen uns in allem so verhalten, daß wir es) vor Gott, der Römischen Kaiserlichen Majestät, unserem allergnädigsten Herrn, dem Heiligen Römischen Reich und der ganzen Christenheit mit Beständigkeit und begründet genug verantworten (können). (...) So bitten wir nochmals, uns mit weiteren ehrenrührigen (...) Schmähungen .. zu verschonen. (...) Im Fall, daß es aber nicht geschehen sollte, (...) so haben Eure Gnaden zu bedenken, daß wir es an höherer Stelle klagen und vorbringen müssen. (...) Und sollen Euer Gnaden vernehmen, daß Euer Gnaden uns mit dem (allem) nicht geringes Leid zugefügt und angetan haben, daß wir viel lieber für uns behielten, wenn Euer Gnaden uns dazu (es offen zu sagen) nicht besondere Ursache gegeben hätte.«[44]

Erich hatte natürlich Recht mit der Behauptung, die Pfarrer schleuderten auf ihn alle Flüche der Bibel und der Misthaufen, seit er nicht nur politisch die Seite des Kaisers vertrat, sondern auch die reformatorischen Neuerungen rückgängig machte. Es traf auch zu, daß die Verweigerung der Pfarrer Widerstand gegen den Landesherrn und also eine Form von – wenn auch gewaltloser – Rebellion war, die letztendlich die Verfassung des Reichs ins Wanken bringen mußte. Auch sein Hinweis, er kehre ja nur zum Glauben seines Vaters zurück, war richtig. Erich konnte nicht verstehen, wie seine Mutter in Freundschaft mit seinem katholischen Vater hatte leben können, aber ihm, ihrem Sohn gegenüber, nicht dieselbe Toleranz aufbringen konnte. Was er nicht verstand, war, daß sie an ihn als ihren Sohn hohe Erwartungen knüpfte. Sie hatte ihn im lutherischen Katechismus unterrichtet. Sie hatte vor Stolz gestrahlt, als er die Wechselchöre im Gottesdienst sang, hatte geglüht, als Luther ihn im Glauben geprüft hatte und tief gegründet fand. Für Elisabeth war dieser Sohn die Krönung ihrer Mühen. Erich dagegen errichtete wieder die Greuel der Verwüstung und näherte sich sogar Heinrich von Wolfenbüttel mit freundschaftlichen Gesten an. Elisabeth kam das wie die Freundschaft zwischen Pilatus und Herodes vor, die erst verfeindet waren, dann in ihrem Haß gegen Jesus zueinanderfanden.[45] Wie sollte die Mutter das verstehen können? Ende 1548 zog Erich nach Spanien zur Hochzeit des Kaisers Maximilian. Seinen Amtleuten gab er Anweisung, seine Befehle strikt zu befolgen und Corvinus nicht zu entlassen.

Elisabeth verschaffte dem von Erich vertriebenen Pfarrer Mörlin ein Pastorat in Preußen bei ihrem Schwiegersohn Albert. An Mörlin schrieb sie 1551 noch aus Münden: »(Ich) weiß nicht, ob ich ziehen (muß) oder bleiben (kann), ob ich etwas kriege oder nicht. Er (mein Sohn) ist wieder in Spanien und geht das Gerücht, er will Spanier ins Land bringen oder solche Leute, mit denen er was anfangen kann, an das kein ehrlicher Mensch dächte, geschweige denn es täte. Gott sei's geklagt, daß ich ein so übel geratenes Kind je geboren habe. Gott bekehr ihn.

(...) Wenn nicht, so erlöse mich der liebe Gott von seiner Tyrannei. Denn das natürliche Licht der Erkenntnis Gottes und die Liebe der Mutter ist in ihm gar sehr verfinstert. Er ist ein grausamer Mensch geworden, in dem keine Barmherzigkeit ist. Und ich sehe seine Verdammnis vor meinen Augen, was mir ein größerer Schmerz ist als all das andere. (...) Habe mein Wohl und Wehe auf Gott gesetzt; sein göttlicher Wille geschehe. (...) An meinem lieben Gott habe ich nie gezweifelt, auch (nicht) an meinem lieben (Schwieger-)Sohn, dem Herzog in Preußen und Markgraf Hans (Elisabeths Bruder Johann von Küstrin; Anm. d. Ü.). Sonst ist es aller Enden finster, daß ich keinen Freund erkennen kann. Daß mein Sohn, der Herzog in Preußen, Euch und Eurer lieben Hausfrau und Kinderlein 600 Mark verehrt hat, hör ich gerne. Ihr seid auch wohl wert; zweifelt nicht, der liebe Gott wird Euch durch den frommen Fürsten noch viel Gutes geben und vorlegen.«[46] Sie selbst hielt stand, zweifelte nicht und war unermüdlich in ihren Appellen an Fürsten, Amtleute, Stadträte und sogar an Heinrich von Wolfenbüttel,[47] um die Freilassung Corvins zu erreichen. Aber ihr Einsatz blieb jahrelang vergeblich. Die Räte Erichs, an die sie sich in Zeiten seiner Abwesenheit wandte, sagten ihr, die Befehle ihres Sohnes seien strikt zu befolgen. Ihnen seien die Hände gebunden.[48]

Dann drehte sich das Kaleidoskop erneut. Nach der Schlacht von Mühlberg 1547 überspannte der Kaiser mit dem Interim und der rücksichtslosen Ausnutzung seines Sieges den Bogen. Er hatte nach Mühlberg Landgraf Philipp und Kurfürst Johann Friedrich gefangennehmen lassen. Philipp war der Schwiegervater von Moritz und diesem sehr verbunden. Moritz hatte oft den Rat des klugen politischen Taktierers gesucht. Jetzt beschloß Moritz – genau wie es später Wilhelm von Oranien tat – »dieses spanische Ungeziefer aus dem Land zu werfen«. Er wandte dabei dieselben Tricks an, in denen die spanischen Kanzlisten so sehr versiert waren. Er ließ sich vom Kaiser Truppen geben, um an der Stadt Magdeburg die Reichsacht zu vollziehen, weil sie sich dem Interim nicht unterwarf. Moritz erhielt die Unterwerfung der Stadt kampflos mit dem Versprechen, sie brauche das Interim nicht anzuwenden. Dann griff er mit seiner Armee unerwartet den Kaiser an und zwang ihn zur Flucht über die Alpen. Er hätte bei diesem Überraschungscoup den Kaiser sogar gefangensetzen können, aber er war klug genug zu wissen, daß ein gefangener Kaiser genauso nutzlos ist wie ein gefangener Papst. Nach diesem Schlag waren die Protestanten wieder Herren der Lage, und Moritz suchte Wege, den Frieden in Deutschland endgültig zu sichern und die konfessionelle Frage zu lösen. 1552 brachte er den Frieden von Passau zustande, der 1555 zum Frieden von Augsburg führte. In diesem Religionsfrieden wurden die Protestanten reichsrechtlich anerkannt, sie bekamen einen gesicherten Status.[49]

1552 wurden Johann Friedrich und Philipp von Hessen als Folge des Passauer Friedens freigelassen. Elisabeth wandte sich in der Sache des gefangenen Corvinus sofort an Philipp und erinnerte ihn daran, daß er ihr den Witzenhausener Pfarrer nur ausgeliehen habe. Er, Philipp, solle ihn jetzt von Erich zurückfordern.[50] Das war aber nicht mehr nötig. Mit der Wende kehrte Erich aus Spanien zurück. Angesichts der veränderten Situation drehte er sich wie ein Wetterhahn und versöhnte sich mit seiner ihrerseits zur Vergebung bereiten Mutter. Er führte das Luthertum wieder ein und ließ die Gefangenen frei. Corvinus hatte in der Haft so sehr gelitten, daß er die Freilassung nur um wenige Monate überlebte. Er starb am 5. April 1553.[51]

Die Bekehrung des Sohnes stellte Elisabeth nicht ganz zufrieden. Es gab immer noch Heinrich von Wolfenbüttel, der ihr in ihrer Herrschaft Münden zunehmend Schwierigkeiten bereitete. Seine Übergriffe und sein Einfluß drohten all ihre Anstrengungen zunichtezumachen. Auf Erich war Heinrich nach dem erneuten Frontenwechsel auch nicht gut zu sprechen. Warum also sollte Erich ihn nicht verjagen, wie Moritz den Kaiser verjagt hatte? Das konnte freilich ohne Hilfe Dritter schwerlich gelingen. Elisabeth suchte vergeblich nach Bündnispartnern unter den protestantischen Führern, Moritz und Philipp winkten ab. So brachte sie ein Bündnis zwischen Erich und dem Markgrafen Albrecht von Brandenburg-Kulmbach zustande. Er regierte eine der vielen Teilherrschaften Brandenburgs und hatte den Beinamen Alcibiades, um ihn von den vielen anderen Albrechts und Alberts unterscheiden zu können. Elisabeth hatte großes Interesse an einem Schlag gegen Heinrich. Sie entwickelte eine rege Verhandlungtätigkeit und versetzte beinahe all ihren Schmuck, um die Aktion ihres Sohnes und Albrechts gegen ihren Erzfeind zu unterstützen und zu finanzieren.[52]

Als Erich und Alcibiades alle Vorbereitungen für den Angriff getroffen hatten, sahen sie sich plötzlich mit einer verblüffenden Allianz konfrontiert. Denn auch Heinrich hatte sich nach Partnern umgesehen.

An seiner Seite stand Philipp von Hessen, der ihn vor langer Zeit gefangengenommen hatte. Mit von der Partie war auch Moritz, Erichs eigener Schwager. Das Motiv für dieses Bündnis war nicht religiöser Art, sondern inspiriert vom deutschen Nationalgefühl.[53]

Albrecht Alcibiades war ein Mann ohne Prinzipien, ein käuflicher Abenteurer, immer bereit, Unruhe zu stiften oder sich Unruhen anzuschließen. Er hatte Moritz zuerst gegen den Schmalkaldischen Bund unterstützt und später gegen den Kaiser. Aber anders als Moritz hatte Alcibiades kein Interesse daran, Deutschland zu befrieden. Er verdingte sich nach dem Frieden von Passau an Frankreich, wechselte anschließend auf die Seite des Kaisers, weil der ihm Land versprochen hatte, das den Bischöfen von Bamberg und Würzburg weggenommen werden sollte. Er war ein Irrlicht, das überall in Deutschland kleine Brände entfachte. Die deutschen Fürsten, Protestanten wie Katholiken, konnten diesen unzuverlässigen Gesellen nicht dulden. Es war ein Ding, dem Kaiser in Glaubenssachen zu widerstehen, ein anderes, aus Abenteuerlust das Reich in Brand zu stecken.

Im Juli 1553 entschied die Schlacht von Sievershausen den Fall. Alcibiades mit Federbusch am Helm griff mit dem Schwung eines Heinrich von Navarra an. Moritz fiel, er war gerade 32 Jahre alt. Heinrich von Wolfenbüttel verlor zwei Söhne. Nichtsdestotrotz war es sein Tag. Alcibiades mußte sich zurückziehen. Vier Jahre lang führte er noch ein ziel- und planloses Leben. Erich hatte keine Wahl: Er unterwarf sich dem Sieger Heinrich. Der Preis für eine milde Behandlung war die Vertreibung Elisabeths. Sie mußte Münden, ihre Herrschaft, aufgeben. Schon vor Kriegsbeginn war sie besserer Handlungsmöglichkeiten halber mit ihrer jüngsten Tochter Katharina nach Hannover gezogen. Nach der verlorenen Schlacht mußte sie in der Stadt, in der sie erhebliche Schulden hatte, bleiben. Sie hoffte vergeblich, das Blatt von dort aus noch einmal wenden zu können.

Ihr Ehemann Poppo teilte ihre Hoffnung nicht. Deshalb zog er es für seine Person vor, nicht nach Hannover zu kommen, einmal wegen der unsicheren Straßenverhältnisse und der Drohungen Heinrichs. Zum anderen lag ihm daran, die Grafschaft Henneberg nicht in Elisabeths Fehde mit Heinrich hineinzuziehen. Elisabeth interpretierte Poppos Fernbleiben auf ihre Art. Als Poppo ihr berichtete, der Türkis aus seinem Hochzeitsring sei zersprungen, verdächtigte sie ihn der Untreue.

Mit der erzwungenen Preisgabe von Münden waren Elisabeths Ein-
kommensmöglichkeiten abgeschnitten. In bitterer Armut versuchte sie
drei Jahre lang ihr nacktes Leben zu fristen. Katharina mußte in den
hannoverschen Konventen, die nicht aufgelöst worden waren, betteln
gehen. Die vielen Briefe Elisabeths an Albert von Preußen sind ein be-
ständiges Klagelied. Sie hat kein Holz, schreibt sie ihm, und keinen
Pfennig Geld. Ihr einstiger Haushalt, den sie auf 238 Personen bezif-
fert, war zerschlagen. Ihre Mutter in Spandau schickte ihr einen Koch,
aber was nützt ein Koch, wenn nichts zu kochen da ist? Albert schickte
zehn Ochsen. Sie berichtete, daß sie vom Transport zwar abgemagert
seien, aber leicht fetter gefüttert werden könnten. Krankheiten machten ihr zu schaffen. Sie brach sich ein Bein. Freunde verhielten sich
unentschieden. Ihr Sohn warf ihr beständig vor, daß sie ihn in diesen
Schlamassel hineingezogen habe. Und ihr Bruder Joachim sagte, sie sei
selbst an ihrem Elend schuld.[54]

Ihre Briefe sind ein Klagelied, ihre Lieder ein Psalmenbuch. Sie at-
men Beständigkeit, Liebe und Freude. Sie sind keine große Dichtung.
Das Versmaß ist stockend und die Reime ungenau, aber es durchpulst
sie ein entschiedener Geist. Hier ein Gedicht, das sie schrieb, als sie
Braunschweig aufgeben mußte.

> *Braunschweig, ich laß dich fahren.*
> *Ich fahre dahin mein Straßen,*
> *Ist nicht wider meinen Dank.*
> *Der liebe Gott wolle es walten.*
> *Der mich tue weiter erhalten*
> *Zu seines Namens Ehr.*
>
> *Ich scheide von hie mit Wissen,*
> *leide lieber Unrecht, denn tue.*
> *Ich hab euch treulich geliebet*
> *wie eine Mutter ihre Kinder.*
>
> *Da trag' ich vor Gott rein Gewissen.*
> *Dem sei dafür Lob.*
>
> *Der liebe Gott wolle mich geleiten,*
> *Die heilige Dreifaltigkeit mich schützen,*

> Bewahren mich vor Unfall
> Die auserwählten Engel,
> Mich bewahren an allen Enden
> und sicher bringen nach Haus.

Ein anderes Lied spricht von der Freude an Gott in Notzeiten:

> Fröhlich will ich sein
> Gott zu Lob und Ehren,
> denn er ist mein Trost,
> wahre Hilfe auf Erden.
> So er nur bleibt mein Gott,
> mir gar nichts gebricht,
> an ihm wahrlich ich genug finde.

> Fröhlich will ich sein,
> daß Gott die Feinde
> Des Kreuzes wird überwinden.
> Darum werf ich auf ihn
> meine Anliegen und Not.
> Er kennt sie wohl.
> Mir kann wahrlich nichts mißlingen.

Eine wesentliche Erleichterung und Unterstützung für die Exilierte war die Anwesenheit der Tochter Katharina. Von ihr schreibt sie:

> Allein Gott in der Höh sei Ehr
> Und Dank für seine Gnade,
> Der mir das Fräulein Katharina zart
> Zum Töchterlein hat begnadet.
> In seiner Furcht sie lebet gar,
> Gezieret mit Gottseligkeit, ist wahr,
> zu seinem Lob und Ehren.

> Das dank ich Gott in Ewigkeit
> und preise seine Gnade,
> Die groß' Wohltat mir erzeiget hat.

Lobet ihn ohn' alle Maße.
Die hilft mir tragen das Kreuze schwer,
Läßt die Welt nicht abwenden sich.
Das wolle ihr Herr bezahlen.[55]

Im März 1555 kam es unter Vermittlung von Albert von Preußen und Joachim II. nach langen und schwierigen Verhandlungen zu einer Einigung zwischen Erich und ihr über die Entschädigung für die verlorene Besitzung Münden. Elisabeth erhielt 5500 Taler als Handgeld und weiter jährlich 5000 Taler, die ihr Sohn an ihren Wohnsitz ausliefern sollte. Sie konnte Hannover verlassen, durfte aber nicht nach Münden zurückkehren, sondern begab sich zusammen mit Katharina zu ihrem Mann Poppo in dessen Herrschaft, das hennebergische Amt Ilmenau. Das Zusammenleben mit Poppo gestaltete sich spannungsreich. Es fiel der machtbewußten und -gewohnten Frau schwer, sich der neuen Realität anzupassen, daß sie nämlich nunmehr in Poppos Herrschaftssphäre lebte und nicht mehr eigenständig regieren konnte.[56]

Zusätzlich verstärkte sich die Entfremdung zwischen ihr und ihren Kindern. Erich arrangierte eine Ehe für Katharina mit dem katholischen Edelmann Wilhelm von Rosenberg, der Besitzungen in Böhmen besaß. Erich traf die Absprachen mit seinen Schwestern und informierte die Mutter erst, als die Entscheidung bereits gefallen war. Elisabeth war tief gekränkt von diesem Verhalten. Die Hochzeit Katharinas fand in Münden ohne sie statt. Eine Begegnung mit der Tochter und dem neuen Schwiegersohn kam zunächst nicht zustande, denn Elisabeth erlitt auf der Reise einen Schwächeanfall und mußte die Fahrt abbrechen. Das frischverheiratete Paar hatte es eilig, nach Böhmen zu kommen. Deshalb warteten sie die Genesung Elisabeths nicht ab. »O das sei dir, lieber Gott im Himmel, geklagt! Ist doch kein Bauer, kein Sau- oder Kuhhirt, der nicht Mutter und Vater zu seiner Hochzeit lüde! O lieber Herr Gott und Vater, womit habe ich das versündigt! Was habe ich nur für eine Sünde begangen, daß man mich so behandelt?«[57] weinte sie. Sie wurde zurück nach Ilmenau gebracht und erholte sich von dem Kollaps. Aber für ihre unmittelbare Umgebung war sie zunehmend schwer zu ertragen. Ihre Herrschsucht und ihr Kampfgeist wurden zu einer Quelle vieler Auftritte zwischen den Eheleuten. Zeichen körperlichen und geistigen Verfalls, tobsuchtartige Anfälle mehrten sich und ließen schließlich an ihrer seelischen und geistigen Gesundheit zweifeln. Als ihr Zustand sich sehr verschlechterte, teilte sich Herzog Poppo mit Elisabeths Frauen in die Pflege der Patientin und sorgte mit großer Zartheit für sie. Sie starb am 25. Mai 1558 im Alter von 48 Jahren.[58]

Sie konnte nicht ahnen, daß ihre große Niederlage in Wahrheit ein Sieg war. Selbstverständlich nicht in bezug auf Erich. Er diente weiter dem Kaiser: in Holland, Spanien und Italien. Er starb in Pavia und wurde dort begraben. 1555, kurz vor ihrem Zusammenbruch, schrieb Elisabeth ein Trostbuch für Witwen. Sie schreibt, der Witwenstand sei eine »Übung göttlichen Wesens. Darnach eine Vergeltung der Eltern. Denn da lernet man einmal, wie sauer wir ihnen worden sein zu erziehen und zu nähren. Denn niemand weiß, ohne der Kinder erzogen und gehabt hat, wie sauer sie einem worden und was Mühe und Arbeit es gekost. (...) Darum sollen wir den Eltern danken.«[59]

Elisabeths Sieg zeigte sich im Triumph ihrer Sache. Der alte Wolfenbütteler, geschlagen vom Tod seiner zwei Söhne und nicht länger gereizt durch Elisabeths Sticheleien, wurde so zahm, daß er in seinem Herrschaftsgebiet den lutherischen Glauben zuließ. Ganz Braunschweig trat zum Augsburger Bekenntnis über, nicht in Folge fürstlicher Zwangsmaßnahmen, sondern aus Überzeugung, aus freier Einsicht, die sich den Leiden und den Mühen evangelischer Prediger wie beispielsweise Corvinus, Hocker und Mörlin verdankte und keinesfalls zuletzt den Leiden der Frau, die ihnen tapfer mit festen Schritten voranging: Elisabeth von Braunschweig.

Bibliographie

Ingeborg Mengel, Elisabeth von Braunschweig-Lüneburg und Albert von Preußen. Ein Fürstenbriefwechsel der Reformationszeit, Veröffentlichung der historischen Kommission für Niedersachsen 13/14, 1954

Adolf Brenneke, Herzogin Elisabeth von Braunschweig-Lüneburg, die hannoversche Reformationsfürstin, als Persönlichkeit, ZNGKG 38, 1933, S. 140-170

Paul Tschackert, Herzogin Elisabeth von Münden, Hohenzollern Jahrbuch III, 1899, S. 49–65;

ders., Briefwechsel des Antonius Corvinus, Quellen und Darstellungen zur Geschichte Niedersachsens IV, Hannover, Leipzig 1900

ders., Antonius Corvinus Leben und Schriften, Quellen und Darstellungen zur Geschichte Niedersachsens III, Hannover, Leipzig 1900

A. Kurs, Elisabeth, Herzogin von Braunschweig-Calenberg, geborene Prinzessin von Brandenburg, Halle 1891

Friedrich Koldewey, Heinz von Wolfenbüttel. Ein Zeitbild aus dem Jahrhundert der Reformation, Schriften des Vereins für Reformationsgeschichte 2, Halle 1863

Albert Brauch, Die Verwaltung des Territoriums Calenberg – Göttingen während der Regentschaft der Herzogin Elisabeth 1540-46, Quellen und Darstellungen zur Geschichte Niedersachsens 38, 1930

Hilde Liederwald, Die Ehe des Grafen Poppo von Henneberg mit der Herzogin Elisabeth von Braunschweig, Neue Beiträge zur Geschichte deutschen Altertums, Heft 23, Schmalkalden 1931, S. 37 88

Franz Koch, Briefe der Herzogin ELisabeth von Braunschweig-Lüneberg, ZNGKG X, 1905, S. 231-266, und ZNGKG XI, 1906, S. 89-146

Heinrich Bornkamm, Kurfürst Moritz von Sachsen zwischen Reformation und Staatsräson, Zeitschrift für Geisteswissenschaft 1, 1938-39, S. 398-412

Freiherr von der Goltz-Greifswald, Lieder der Herzogin Elisabeth von Braunschweig-Lüneburg, Gräfin von Henneberg, zu Hannover von 1553 bis 1555 gedichtet, ZNGKG XIX, 1914, S. 147-208

Abkürzungen

ZNGKG	Zeitschrift der Gesellschaft für niedersächsische Kirchengeschichte;
WA BR	Weimarer Lutherausgabe, Briefwechsel
ADB	Allgemeine Deutsche Biographie

Anmerkungen

1. Mengel, Nr. 35, S. 52
2. Brenneke, Persönlichkeit, S. 151f.
3. Tschackert, Corvinus Leben, S. 83; ders., Briefwechsel Nr. 57
4. Kurs, S. 11
5. Kurs, S. 9
6. Kurs, S. 8
7. Tschackert, Corvinus Leben, S. 107; ders., Herzogin S. 7; ders., Briefwechsel Nr. 69, 81ff. u.ö.
8. Brenneke, Persönlichkeit, S. 152f.
9. Koldewey, S. 9-10
10. Tschackert, Corvinus Leben, S. 96; ders., Briefwechsel Nr. 134
11. Tschackert, Corvinus Leben, S. 85 und 96; ders., Briefwechsel Nr. 134 und 135
12. Tschackert, Corvinus Leben, S. 56
13. Brenneke, Persönlichkeit, S. 154; Tschackert, Briefwechsel Nr. 141, Anm. 1; ders., Corvinus Leben, S. 94, Anm. 1
14. Tschackert, Herzogin, S. 52
15. zur ökonomischen Seite der Regentschaft Elisabeths siehe ausführlich Brauch

16. Tschackert, Corvinus Leben, S. 97ff., 103ff., 105ff. und 146f.; Tschackert, Briefwechsel Nr. 134 und 135 (zum Wechsel in Calenbergische), Nr. 241-243 (zum Gesangbuch), Nr. 141, Anm. 2, und Nr. 281 (zur Kirchenordnung)
17. Tschackert, Corvinus Leben, S. 104; ders., Herzogin, S. 53
18. Tschackert, Corvinus Leben, S. 136; ders., Briefwechsel, Nr. 161, 233, 238
19. Tschackert, Corvinus Leben, S. 150, Anm. 2
20. Tschackert, Briefwechsel Nr. 134
21. Brenneke, Persönlichkeit, S. 162; Tschackert, Briefwechsel Nr. 80, 99, 101; Luthers Beichtrat war auch von Corvinus unterschrieben worden
22. WA BR Nr. 4059; Tschackert, Briefwechsel Nr. 215
23. Tschackert, Herzogin, S. 58ff.
24. für Einzelheiten siehe Liederwald
25. Mengel, Nr. 14 a
26. Mengel, Nr. 54, S. 74
27. Tschackert, Herzogin, S. 63
28. Mengel, Nr. 57, S. 80; Nr. 216, S. 224-228, in diesem Brief ist die Rede davon, daß sie »ein Jahr und fünfzehn Wochen von ihrem Herrn gewest«, also getrennt gewesen ist. Für die Behauptung Baintons in einer Anmerkung, die Trennung habe vom 10. Dez. 1549 bis zum 2. Sept. 1553 gedauert, konnte ich in der von ihm benutzten Literatur keinen Beleg finden (Anm. d. Übers.); Koch, S. 143; genauere Details auch bei Liederwald
29. Tschackert, Corvinus Leben, S. 154, Anm. 1 und 154ff.
30. Tschackert, Corvinus Leben, S. 166
31. Bornkamm
32. Tschackert, Corvinus Leben, S. 165f.
33. Tschackert, Corvinus Leben, S. 162 ders., Briefwechsel Nr. 266 vom 4.1.1548
34. Tschackert, Briefwechsel, S. 298
35. Tschackert, Corvinus Leben, S. 178
36. Tschackert, Corvinus Leben, S. 182ff., 185 und 186
37. Koch, Nr. 59, S. 112
38. Tschackert, Corvinus Leben, S.178f.; ders., Briefwechsel Nr. 293
39. Tschackert, Briefwechsel Nr. 294
40. Tschackert, Corvinus Briefwechsel, Nr. 297
41. Tschackert, Corvinus Leben, S. 179; ders. Briefwechsel Nr. 293
42. Koch, Nr. 45, S. 93
43. Koch, Nr. 50
44. Koch, Nr. 52
45. Koch, Nr. 55, S. 107
46. Koch, Nr. 81, S. 139
47. Tschackert, Briefwechsel Nr. 310
48. Koch, Nr. 44; Tschackert, Corvinus Leben, S. 181 ders., Briefwechsel Nr. 293, 297, 299, 300, 303, 312, 314, 317, 320, 323, 324, 330, 331, 334
49. Bornkamm, Anm. 29
50. Tschackert, Corvinus Leben, S.187; ders., Briefwechsel Nr. 331
51. Tschackert, Briefwechsel Nr. 352

52. Goltz, S. 157

53. Bornkamm, S. 408

54. Andere Zeichen von Kummer und Erschöpfung: Mengel, Nr. 213, 216, 255; Goltz, S. 198; Kurs, S. 32

55. Goltz, Nr. 3, 6, 8

56. Die Darstellung folgt hier und im weiteren der von Liederwald, S. 75ff., die Bainton kennt und an anderer Stelle auch benutzt. Liederwalds Version beruht auf archivalisch gründlicheren Arbeiten als die populären Darstellungen bei Goltz und Kurs, die sich ihrerseits auf eine biographischen Arbeit aus dem Jahr 1839 von Havemann beziehen. Baintons Interpretation folgt Goltz und Kurs und lautet folgendermaßen: »Nach dreijährigem Exil bekamen Albert von Preußen und Joachim II. vom Kaiser die Erlaubnis, sie wieder in Münden einzusetzen. Gemeinsam mit Katharina kehrte sie zurück. Erich arrangierte ohne Elisabeths Wissen eine Ehe für Katharina mit einem katholischen Edelmann, der Besitzungen in Böhmen hatte. Tief gekränkt entschloß sich Elisabeth dennoch, an der Hochzeit teilzunehmen. Aber Erich informierte sie falsch über den Hochzeitstermin, und als die Mutter eintraf, war Katharina bereits verheiratet und auf dem Weg nach Böhmen.« Diese Darstellung ist so verkürzt, daß sie sachlich nicht zu befriedigen vermag. Vgl. auch Tschackert, Corvinus Leben, S. 194-196

57. Tschackert, Herzogin, S. 57, Anm. 2

58. Brenneke, Persönlichkeit, S. 168; auch Liederwald sehr ausführlich.

59. Tschackert, Herzogin, S. 65

Frauen aus Täuferkreisen

Bei Frauen aus den Täuferkreisen verfügen wir in keinem einzigen Fall über ausreichend Informationen, um auch nur annähernd so ausführlich über ein Leben Rechenschaft zu geben, wie es bei den vorausgegangenen Frauen möglich ist. Protokolle von Prozessen und Briefe von Eheleuten lassen nur knappe Einblicke zu.

Ich gebe zunächst das wörtliche Protokoll eines Verhörs. Es handelt sich um ein Mädchen aus Holland, von dem wir nur den Vornamen kennen: Elisabeth. Holland stand während der Zeit unter katholischer Herrschaft.

»Den 15. Januar des Jahres 1549 wurde Elisabeth gefangen genommen. Als nämlich diejenigen, die sie fangen sollten, ins Haus kamen, wo sie wohnte, fanden sie daselbst ein lateinisches Testament. Als sie nun Elisabeth in Händen hatten, sagten sie: Wir haben den rechten Mann, wir haben nun den Lehrer; dann sagten sie weiter: Wo ist dein Mann, der Lehrer Menno Simon?

Sie brachten sie auf das Rathaus; tags darauf aber nahmen zwei Büttel[1] sie zwischen sich und brachten sie ins Stockhaus (Gefängnis). Nachher ward sie vor den Rat gestellt und auf den Eid gefragt, ob sie auch einen Mann hätte?

Elisabeth	antwortete jedoch: Es ist uns nicht erlaubt zu schwören, sondern unsere Worte sollen sein: Ja, ja; nein, nein; ich habe keinen Mann.
Die Herren:	Wir sagen, daß du eine Lehrerin seist, welche die Menschen verführt; solches haben wir auch von dir sagen gehört; wir wollen wissen, wer deine Freunde seien.
Elisabeth:	Mein Gott hat mir geboten, daß ich meinen Herrn und meinen Gott lieben, daneben aber meine Eltern ehren soll; darum will ich euch nicht sagen, wer meine Eltern seien; denn daß ich um des Namens Christi willen leide, ist meinen Freunden keine Unehre.
Die Herren:	Hiermit wollen wir (dich) doch verschonen; aber wir wollen wissen, welche Menschen du gelehrt hast?
Elisabeth:	Ach nein! Meine Herren, lasset mich doch in dieser Sache zufrieden, und fragt mich über meinen Glauben; davon will ich euch gerne Rechenschaft geben.
Die Herren:	Wir wollen dir schon so bange machen, daß du es uns sagen wirst.
Elisabeth:	Ich hoffe durch Gottes Gnade, daß er meine Zunge bewahren wird, daß ich keine Verräterin werde, und meine Brüder nicht dem Tode überantworte.
Die Herren:	Wer war dabei, als du getauft wurdest?
Elisabeth:	Christus sprach: Fragt diejenigen darum, die dabei waren, oder die es gehört haben.
Die Herren:	Nun merken wir, daß du eine Lehrerin seiest, denn du willst es Christo nachmachen.
Elisabeth:	Nein, meine Herren, das sei ferne von mir, denn ich achte mich nicht höher als der Ausfegsel, welches aus des Herrn Hause gekehrt wird.
Die Herren:	Was hältst du denn von dem Hause Gottes? Hältst du unsere Kirche nicht für das Haus Gottes?
Elisabeth:	Nein, meine Herren, denn es steht geschrieben: Ihr seid der Tempel des lebendigen Gottes (2 Kor 6, 16) Wie Gott spricht: Ich will in ihnen wohnen und wandeln (Lev 26.11).
Die Herren:	Was hältst du denn von unserer Messe?
Elisabeth:	Meine Herren, ich halte nichts von eurer Messe; halte aber viel von allem, was mit Gottes Wort übereinkommt.

Befrager:	Was hältst du von dem hochwürdigen, heiligen Sakramente?
Elisabeth:	Ich habe mein Leben lang in der Heiligen Schrift von einem heiligen Sakrament nicht gelesen, wohl aber von dem Abendmahle des Herrn (sie führte auch die Schrift an, die davon handelte).
Die Herren:	Schweige, denn der Teufel redet durch deinen Mund.
Elisabeth:	Ja, meine Herren, dies ist eine kleine Sache, denn der Knecht ist nicht besser als sein Herr.
(Die Herren:	Du sprichst mit einem hochmütigen Geist.
Elisabeth:	Nein, meine Herren, ich spreche mit einem freien Mut.)[2]
Die Herren:	Was redete der Herr, als Er seinen Jüngern das Abendmahl gab?
Elisabeth:	Was gab Er ihnen, Fleisch oder Brot?
Die Herren:	Er gab ihnen Brot.
Elisabeth:	Blieb aber der Herr nicht daselbst sitzen? Wer wollte denn des Herrn Fleisch essen?
Die Herren:	Was hältst du denn von der Kindertaufe, da du dich hast wiedertaufen lassen?
Elisabeth:	Nein, meine Herren, ich habe mich nicht wiedertaufen lassen; ich habe mich einmal auf meinen Glauben taufen lassen; denn es steht geschrieben, daß den Gläubigen die Taufe zukomme. (Sie leitete die Taufe von dem Bekenntnis des Petrus Matth. 16,15f. ab.)
Die Herren:	Sind denn nun unsere Kinder verdammt, weil sie getauft werden?
Elisabeth:	Nein, meine Herren, das sei ferne von mir, daß ich die Kinder richten sollte.
Die Herren:	Suchest du deine Seligkeit nicht in der Taufe?
Elisabeth:	Nein, meine Herren, alles Wasser im Meere kann mich nicht selig machen, aber die Seligkeit besteht in Christo, und er hat mir geboten, Gott, meinen Herrn, über alle Dinge, und meinen Nächsten wie mich selbst zu lieben.
Die Herren:	Haben die Priester auch Macht, die Sünden zu vergeben?
Elisabeth:	Nein, meine Herren, wie sollte ich das glauben? Ich sage, daß Christus der einzige Priester sei, durch welchen die Sünden vergeben werden.

Die Herren:	Du sagst, daß du alles glaubst, was mit der Heiligen Schrift übereinkommt. Hältst du denn nicht an den Worten Jakobus?
Elisabeth:	Ja, meine Herren, wie sollte ich nichts davon halten?
Die Herren:	Hat er nicht gesagt: Gehe zu den Ältesten der Gemeine, daß sie dich salben und für dich bitten (Jak 5,13)?
Elisabeth:	Ja, meine Herren, aber wolltet ihr denn sagen, daß ihr von derselben Gemeine seid?
Die Herren:	Der Heilige Geist hat euch alle selig gemacht, ihr bedürfet weder der Beichte noch des Sakramentes.
Elisabeth:	Nein, meine Herren, ich bekenne wohl, daß ich die Satzungen des Papstes, die durch des Kaisers Befehle bestätigt sind, übertreten habe; aber beweiset mir in einem einzigen Artikel, daß ich mich an meinem Herrn und Gott versündigt habe, so will ich Ach und Weh über mich armen und elenden Menschen rufen.

Das Vorstehende ist das erste Bekenntnis. Hinterher stellten sie dieselbe abermals vor den Rat und führten sie in den Folterturm, wobei auch der Scharfrichter Hans gegenwärtig gewesen ist.

Hiernächst sagten *die Herren:* Wir sind nun schon lange in der Güte mit dir zu Werke gegangen, wenn du aber nicht bekennen willst, so wollen wir dich mit der Strenge angreifen.

Der *Anwalt* sprach: Meister Hans, greife sie an.

Meister *Hans* antwortete: Ach nein, meine Herren, sie wird wohl freiwillig bekennen.

Als sie aber nicht freiwillig bekennen wollte, setzte er ihr Daumeisen an ihre beiden Daumen und an die beiden vordersten Finger, daß das Blut zu ihren Nägeln herausspritzte.

Elisabeth sprach: Ach, ich kann es nicht länger ertragen.

Die Herren sagten: Bekenne, so wollen wir deine Pein erleichtern.

Sie aber rief den Herrn ihren Gott an: Hilf mir, o Herr! Deiner armen Dienstmagd, denn du bist ein Nothelfer.

Die Herren riefen alle: Bekenne, so wollen wir deine Pein erleichtern, denn wir haben dir gesagt, daß du bekennen, nicht aber Gott, den Herrn, anrufen sollst;

Sie aber sprach beständig zu Gott, ihrem Herrn, wie oben berichtet worden ist; und der Herr erleichterte ihre Pein, so daß sie zu den Her-

ren sagte: Fraget mich, ich will euch antworten, denn ich fühle keine
    Pein mehr in meinem Fleische, wie zuvor.

Die Herren: Willst du noch nicht bekennen?

Elisabeth: Nein, meine Herren!

Da setzten sie ihr zwei Schraubeisen an, an jedes Schienbein eins.

Sie sagte hierauf: Ach, meine Herren, beschämt mich nicht, denn es hat
    noch kein Mann meinen bloßen Leib angetastet.

Der Anwalt sagte: Nein, Jungfrau Elisabeth, wir wollen dich nicht un-
    ehrlich antasten;

Dann fiel sie in Ohnmacht, und einer sagte zum andern: Vielleicht ist
    sie tot.

Als sie aber wieder erwachte, sprach *sie*: Ich lebe und bin nicht tot.

Da schlugen sie alle Schraubeisen los und setzten ihr mit schmeichelnden Worten zu.

Elisabeth: Warum versucht ihr mich mit solchen schmeichelnden
    Worten? So pflegt man mit den Kindern umzugehen.

Sie konnten von ihr weder zum Nachteile ihrer Brüder in dem Herrn,
noch sonst eines Menschen, auch nicht das Mindeste herausbringen.

Die Herren: Willst du alle Worte, die du vorher bekannt hast, wieder-
    rufen?

Elisabeth: Nein, meine Herren, sondern ich will sie mit meinem Tode
    versiegeln.

Die Herren: Wir wollen dich weiter nicht mehr peinigen. Willst du
    uns nun gutwillig sagen, wer derjenige ist, der dich ge-
    tauft hat?

Elisabeth: Nein, meine Herren, ich habe ja gesagt, daß ich solches
    nicht bekennen will.

Hierauf ist im Jahre 1549, den 27. März, das Urteil über Elisabeth
gefällt, wodurch sie zum Tode verurteilt worden ist, nämlich in einem
Sacke ertränkt zu werden; sie hat also ihren Leib Gott aufgeopfert.«[3]

Über dieses Verhör hinaus haben wir kaum Informationen über Elisabeth. Wir wissen, daß sie aus guter Familie stammte. Ihre Eltern gaben
sie in einen Konvent in Ostfriesland, in dem sie Latein lernen und in den
Besitz einer lateinischen Bibel kommen konnte. Sie tauchte tief in die
biblische Lehre ein und begann zu zweifeln, daß das Klosterleben das
wahre christliche Leben sei. Sie beschloß, im Vertrauen auf Gottes Hilfe

aus dem Konvent zu fliehen. Bei diesem Unternehmen wurde sie von den Milchmägden des Klosters unterstützt. Ihren ersten Unterschlupf fand sie bei einer mennonitischen Familie in Leer. Aber die Familie fürchtete, man sei ihr auf der Spur, und brachte sie nach Leeuwarden. Hier wurde sie gefangengenommen. Das ist alles, was wir wissen, und man mag sich wohl wundern, daß wir überhaupt soviel wissen.

Wurde ihr Verhör mitgeschrieben? Wenn ja, wie kam der Bericht in die Hände eines täuferischen Märtyrerchronisten? Was die erste Frage angeht, sind wir nicht auf Vermutungen angewiesen. Wir besitzen sowohl von kirchlichen als auch von zivilen Gerichten detaillierte Protokolle von Verhören. Sie sind sicher erst lange nach ihrer Abfassung öffentlich zugänglich geworden. Der Märtyrerspiegel, in dem sich der Bericht über Elisabeth befindet, ist erst nach 1660 veröffentlicht worden. Da war Holland unter protestantischer Herrschaft, und es ist leicht vorstellbar, daß die Akten geöffnet wurden. Daneben sind auch noch Briefe von Menschen erhalten, die zum Tod verurteilt waren und die die Empfänger aufbewahrt haben.[4]

Der springende Punkt in der Biographie Elisabeths ist, daß sie Wiedertäuferin war, d.h. daß sie ihre Taufe hatte wiederholen lassen. Die Bezeichnung »Wieder-«täufer war eine polemische Bezeichnung aus dem Mund der Gegner, die behaupteten, die Taufe von Erwachsenen, die als kleine Kinder bereits getauft worden waren, bedeute die Wiederholung der Taufe. Aber diejenigen, die so genannt wurden, wiesen diese Argumentation mit dem Hinweis zurück, die Kindertaufe sei überhaupt keine Taufe, sondern nur ein »Tauchen im Römischen Bad«. Sie nannten sich selbst einfach Täufer, Baptisten. Der Reichstag von Speyer bedrohte sie 1529 mit der Todesstrafe. Dieser Beschluß wurde von Katholiken und Protestanten gleichermaßen gutgeheißen und mitgetragen. Die Katholiken pflegten die Opfer zu verbrennen, die Protestanten ertränkten sie. Daß Elisabeth von Katholiken ertränkt wurde, ist eine Ausnahme von der Regel. Ein Grund für die Härte im Vorgehen gegen die Täufer war die Neubesinnung auf das Römische Recht, den Codex des Kaisers Justinian. Darin wird die Todesstrafe gegen alle vorgeschrieben, die die Taufe wiederholen.

Aber im Fall der Wiedertäufer ging es den staatlichen Behörden um mehr als die Unterdrückung eines antiquierten Ritus. Die Täufer waren eine Bedrohung für das ganze System der spätmittelalterlichen Gesellschaft, in der Staat und Kirche eng verknüpft waren und jeder aufgrund seiner Taufe in der Kindheit zu beiden Gemeinschaften gehörte. Die Täufer glaubten nicht an die Möglichkeit einer christlichen Gesellschaft. Sie lehnten die bruchlose Ineinssetzung von bürgerlicher und religiöser Person, die ununterscheidbare Nähe von Staat und Kirche ab. Dagegen lehrten sie, die Menschheit sei gespalten. Es gebe die Einmal-Geborenen und die Wieder-Geborenen. Nur wer im Geist wiedergeboren sei, dürfe getauft werden. Nur durch die wirklich Glaubenden werde die Kirche konstituiert. Sie wird herausgerufen aus der Welt und gesammelt unter dem Befehl und Wort Gottes. Der Staat umfasse alle Menschen. Die Kirche dagegen umfasse nur die Gemeinschaft der wahren Christen. Deshalb dürften nach täuferischem Verständnis Staat und Kirche nicht so eng miteinander verbunden, ja beinahe identisch werden wie in der mittelalterlichen Gesellschaft geschehen. Die Kirche müsse eine freiwillige Gemeinschaft sein. Niemand dürfe gezwungen werden, einzutreten oder zu bleiben, denn die neue Geburt aus dem Geist könne nicht erzwungen werden. Zwang habe keinen Platz in der Religion.

Bei den Täufern der Reformationszeit treffen wir schon auf jene Grundsätze, die viel später bei der Entstehung der USA eine wesentliche Rolle gespielt haben: Trennung von Staat und Kirche, die Freiwilligkeitskirche und die Glaubensfreiheit.

Bei den Täufern kamen weitere Aspekte hinzu, die sie in den Augen der zeitgenössischen Autoritäten subversiv erscheinen ließen. Die Täufer bemühten sich, die Regeln der Bergpredigt in alltägliche Lebenspraxis umzusetzen. So leisteten sie zum Beispiel keinen Eid. Durch Eid wurden aber damals alle vertraglichen Vereinbarungen besiegelt. Jahrhunderte nach ihnen verlangten die Quäker das Recht, auf den Eid verzichten zu dürfen und einfach durch ihr Wort Versprechen und Vereinbarungen zu bestätigen. Die Täufer nahmen auch die Anweisung wörtlich, dem Bösen nicht zu widerstehen, den Feind zu lieben und die andere Wange hinzuhalten. Sie erkannten zwar an, daß die weltliche Regierung von Gott eingesetzt ist, wie der Apostel sagt (Römer 13), und daß der Herrscher das Schwert trägt, um die Guten zu schützen und die Bösen zu bestrafen. Aber der Gebrauch des Schwerts wurde – so ihre Lehre – um der Sünde willen eingesetzt und wird von Sündern wahrgenommen, um andere Sünder in Schranken zu halten. Die Heiligen dagegen sollen sich selbst nicht ins Recht setzen, sondern lieber leiden. Darum kann ein Christ nicht Soldat sein oder Ratsherr, denn diese kommen zuzeiten in die Lage, andere töten zu müssen.

Um dieser Bibelauslegung willen wurden die Täufer von den Katholiken und von vielen Protestanten als Ketzer verurteilt. Luther hielt sie für aufrührerisch. Er meinte, mit ihren Ansichten lockerten sie das Gefüge der Gesellschaft in gefährlicher Weise. Denn wenn alle Christen Pazifisten wären und sich weigerten, das Schwert zu gebrauchen, würde die Zwangsgewalt des Staates letztendlich untergraben und wirkungslos.

Diese Umstände erklären, warum wir so wenig über die Frauen der Täufer wissen. Sie konnten sich nicht in einer Gemeinde als Pfarrfrauen einrichten. Die Männer, die die Bewegung führten, lebten als Ausgestoßene, Outlaws. In den späten zwanziger und frühen dreißiger Jahren des 16. Jahrhunderts wurde einer nach dem anderen gefangen, verbrannt, ertränkt oder enthauptet. Oft genug teilten die Frauen das gleiche Schicksal. Wenn sie überlebten, mußten sie in einer abweisenden oder mißtrauischen Gesellschaft allein auf sich gestellt die Kinder aufziehen. Es gab unter den Täufern zudem weniger gebildete Frauen als unter den Protestanten. Wenn in einer Bewegung die akademisch ausgebildeten Führer niedergemacht werden, nimmt der Bildungsstand in der Gesamtgruppe ab.

Unsere Informationen beziehen wir zum größten Teil aus den Berichten über Prozesse und aus Märtyrerchroniken. Die Prozeßakten enthalten vielfach nur lange Listen mit Namen: Namen von verhörten Personen, bzw. schon Verurteilten. In einem Schreiben des Rates der Stadt Augsburg an den Rat von Regensburg findet sich zum Beispiel eine lange Liste von Personen, die zwischen dem 13. April und dem 9. Mai 1528 wegen ihrer Zugehörigkeit zu den Wiedertäufern aus der Stadt Augsburg ausgewiesen wurden. Die Liste wird weitergegeben für den Fall, daß diese Personen in Regensburg auftauchen. Dann soll der dortige Rat dafür Sorge tragen, daß die Aufgeführten ihr ungutes Treiben abstellen, bzw. daß sie bestraft oder auch dort aus dem Land verjagt werden. Die Liste enthält viele Namen von Frauen: Getraut Heisesin, Afra Schleichin, Anna Berchtoldmairin, Magdalena Seitzin, Anna Kochin, Elizabeth Wollschlagerin, Margareth Berchtoldin, Martha Beckin, Maxencia Wisingerin, Elizabeth Leitlin, Anna Malchingerin, Anna Butzin, Regina Weisshaubtin und noch viele andere[5]: Namen,

Namen, Namen. Sie stehen für bewegende Leidensgeschichten. Nimmt man sie zusammen, erhält man das, was Historiker »Geschichte« nennen: Tausend Schicksale, an die nur noch ein Name erinnert; Millionen leidgeprüfte Gesichter, die in die Vergangenheit und ins Vergessen zurückgesunken sind.

Viele Berichte offenbaren ein unglaubliches Durchhaltevermögen der Frauen und eine unglaubliche Hartnäckigkeit der Autoritäten, deren Anmaßung sie ausgeliefert waren. Die Berichte, aus denen wir zitieren, stammen vom Ende des Jahrhunderts, als die Todesstrafe seltener wurde und die Strafe stattdessen in Gefängnis oder Verbannung bei Konfiszierung des Besitzes bestand.

Im folgenden gebe ich Aufzeichnungen über ein Ehepaar wieder, das in Bittenfeld, Amt Waiblingen, Generalat Lorch, lebte. Die Texte umspannen einen Zeitraum von zwei Jahren:[6]

Herbst 1573	»Melchior Staib und sein Weib Anna sollen nach des Pfarrers Anzeige äußern, sie wollen lieber von Hab und Gut ziehen, als zur Kirche gehen. Die vom Gericht zeigen dem Spezial an, sie wissen nicht, was mit den beiden vor den fürstlichen Räten gehandelt wurde. Melchers Bruder, einer des Gerichts, zeigt an, sie sagen, wenn sie einmal in die Kirche gingen, wäre es ebensoviel, als wenn sie stets drein gingen, wollen auch nicht drein gehen.«
Frühjahr 1574	»Melchior Steb (Staib), der sich des Wiedertaufs angenommen, hat sich geweigert, die Geldstrafe für Nichtbesuch der Kirche zu entrichten. Seit er mit seinem Weib verhaftet war, geht er wieder in die Kirche. Sein Weib Anna, eine rechte Wiedertäuferin, geht nicht zur Predigt und zum Abendmahl, und alle Ermahnung ist bei ihr vergeblich.« Über einen Zeitraum von 38 Jahren können wir anhand von Visitationsberichten das Schicksal einer Frau aus dem Ort Oßweil, Amt Markgröningen, Generalat Maulbronn, verfolgen.[7]
24. August 1574	»Im letzten Sommer sind fast alle sektischen Personen hinweggezogen. Nur Maria, Alexander We-

169

bers Weib, ist noch vorhanden, die selten in die Kirche und gar nicht zum Abendmahl geht, tut doch keinen Schaden und hat keinen Anhang.«

Frühling 1575 »Maria, Alexander Webers Weib, geht in keine Kirche, viel weniger zum Nachtmahl, und wird sich nicht leicht vom Streit abwenden lassen. Man weiß nicht, ob sie ausläuft und der Wiedertäufer Konventikel besucht.«

Herbst 1575 »Maria, Alexander Webers Hausfrau, die bei zwei Jahren nicht in die Kirche gekommen, ist nicht erschienen, als der Superintendent nach ihr schickte, und hat sich entschuldigt, sie müsse ihrem schaffenden Gesinde kochen. Ihr Mann Alexander geht fleissig in die Kirche.«

Frühling 1576 »Maria, Alexander Webers Weib, geht weder zur Predigt, noch zum Abendmahl. Ihr Mann geht zur Predigt, hat aber in drei Jahren nur einmal kommuniziert.«

Herbst 1576 »Alexander Weber hat sich jetzt drei Jahre des Abendmahls enthalten. (…) Maria, Alexander Webers Weib, ist nicht erschienen, obwohl der Schultheiß ihr von wegen unseres gnädigen Fürsten und Herrn aufs Rathaus geboten hatte. Sie geht weder zur Predigt noch zum Abendmahl.«

Frühling 1577 »Maria, Alexander Webers Weib, und Christina, Michel Godels Weib, beide württembergisch, gehen nicht zur Predigt und zum Abendmahl.«

November 1577 »Maria, Alexander Webers Weib, und Christina, Michel Godels Weib, sind noch verstockt und halsstarrig.«

1583 »Maria, Alexander Webers Weib, geht in keine Kirche, ist oftmals mit ihr gehandelt (verhandelt) worden, auch vor den Räten, aber alles vergebens und umsonst. Am Rand: Es ist ihrethalb um weiteren Bericht geschrieben.«

25. Februar 1586 »Befehl an den Superintendenten und den Vogt in Markgröningen wegen einer Wiedertäuferin.

170

Maria, Alexander Webers Weib aus Oßweil, schon seit zwanzig Jahren Wiedertäuferin, sollte bei der Kanzlei erscheinen, war aber verschwunden. Der Vogt zu Gröningen hatte am 20. Januar 1586 den Befehl erhalten, gute Achtung auf sie zu haben; er hatte sie alsdann verhaftet und examiniert. Sie erklärte, bei ihrer Meinung bleiben und darauf sterben zu wollen, wie der Vogt am 18. Februar berichtete. Sie mußte nun auf der Kanzlei erscheinen, wo sie sich erbot, künftig die Predigten zu besuchen. Sie wurde auf Bezahlung ihrer Atzung aus der Haft zu ihrer Haushaltung entlassen. Doch soll gute Achtung auf sie wegen Erfüllung ihres Versprechens gegeben werden.«

14. September 1608 »Maria, Alexander Webers Witwe, Wiedertäuferin, die vor 40 Jahren wiedergetauft worden, bleibt und beharrt halsstarrig auf ihrem Irrtum, will über (gegen) alle Vermahnung nicht zur Predigt gehen, ist also auf erfolgten Befehl ins Gefängnis gesetzt, darin sie noch enthalten (gehalten) wird.«

1609 Maria, Alexander Webers Weib, welche ihrem selbsteigenen vor dem Spezialis getanen Bekenntnis nach sich vor 40 Jahren hat wiedertaufen lassen, bleibt beharrlich noch auf ihrem Streit, geht nicht zur Predigt. Doch kann man nicht erfahren, daß sie zu Oßweil Leute verführe. Spezialis hat zur Zeit der Visitation mit ihr (ver-)handeln wollen, aber sie hat sich nicht finden lassen.

Am Rand: Es ist hiebevor unseres gnädigen Fürsten und Herrn Meinung gewesen, daß man solchen Leuten ihren Streit nicht nachsehen, sondern sie eher aus dem Land schaffen solle. Wenn nun dieses Weib die Predigten nicht besuchen wollte, möchte man zum wenigsten den Kerker oder Band oder Fesseln gebrauchen, damit ihr zu ihrem Mutwillen dannoch keine Lieb geschehe.«

1610	»Alexander Webers Weib, die Wiedertäuferin, welche vor 40 Jahren wiedergetauft worden ist, bleibt noch immer eigensinnigerweise auf ihrem Irrtum, besucht keine Predigt, zum großen Ärgernis der Gemeinde. Begehrt der Spezialis Bescheid, was ferner gegen sie vorzunehmen sei. Am Rand: Weil diese halsstarrige Wiedertäuferin hohen Alters und kindisch ist, auch niemand zu verführen begehrt, wäre es Gott zu befehlen und künftig mit ihr Geduld zu tragen, weil man alle gradus (Stufen der Abschreckung) mit ihr versucht hat.
ca. *1612*	»Alexander Webers Wittib, eine Wiedertäuferin, hat sich vor einem halben Jahr zu unserer christlichen Konfession bekannt und bis dahin beständig erzeigt. Am Rand: Gott sei es gedankt.«

Aus Großgartach im Amt Brackenheim haben wir eine Notiz aus dem Jahr 1608 [8]. Sie entstand bei oder nach der Herbstvisitation:

»Jakob Bingel, ein alter, lediger Gesell, hält mit zwei alten Schwestern haus, die auch noch unverheiratet sind. Jakob ist unserer Konfession, die beiden Schwestern werden für Wiedertäuferinnen gehalten; durch den Spezial ist mit ihnen gehandelt worden. Die eine, Anna genannt, besucht die Predigten, kommuniziert aber nicht; sie sagt, wenn ihre Zeit komme, wolle sie auch das Nachtmahl empfangen; sie möchte vielleicht zu gewinnen sein. Die andere, Apollonia, die auf die 80 Jahre alt ist, geht in keine Kirche, bekennt, daß sie auf einen Sonntag samt anderen, auf die 20 Personen, die ihr unbekannt seien, im Spitalwald, der nach Heilbronn gehört, in einer wiedertäuferischen Predigt gewesen sei.«

Die protestantische Bewegung brachte unausweichlich große Veränderungen in das Zusammenleben der Menschen, auch in das eheliche Zusammenleben. Jede Revolution, jeder Bürgerkrieg hat weittragende Konsequenzen bis in private, persönliche Verhältnisse wie die von Eheleuten hinein. Soziale Veränderungen können trennen, und sie können verbinden. Wir haben schon gesehen, daß Katharina von Bora, Katharina Zell und Wibrandis Rosenblatt durch die Gemeinschaft des Glaubens mit ihren Ehemännern verbunden waren, während bei Elisabeth von Brandenburg und Argula von Grumbach der Glaube die Ehepartner einander entfremdet hat. Diese beiden Möglichkeiten treten bei den Ehepaaren aus dem Umfeld der Täufer noch krasser in Erscheinung. Weil die Strafen für die Zugehörigkeit zur Gruppe so streng und umfassend waren, weil die Gefahr für das eigene Leben und das des Ehepartners und der Kinder so groß war, konnte es beinahe nur radikale Verbundenheit bis in den Tod oder klare Trennung geben.

Gegen Ende des Jahrhunderts eröffnete sich den Täufern ein Asyl, eine Zufluchtsstätte in Böhmen. Aber nur wenige konnten diese Chance nutzen. Die, die in feindlicher Umwelt gemeinsam für den Glauben einstehen mußten, wurden durch das Leiden fest aneinandergeschmiedet. Die, die sich auf zwei verschiedenen Seiten befanden, kam es hart an, eine liebevolle Beziehung mit der Ablehnung der religiösen Einstellung des Ehepartners zu verbinden.

In den Chroniken der täuferischen Märtyrer finden sich hingebungsvolle Briefe von Eheleuten, von denen einer oder beide im Gefängnis sind. Obwohl voneinander getrennt, ist ihre Gemeinschaft nicht unterbrochen. Über bevorstehende Hinrichtungen wird den Freunden gegenüber nicht geschwiegen. Hier ist der Abschiedsbrief von Hendrik Verstralen an seine Frau, geschrieben in der Erwartung, daß das Todesurteil bald vollstreckt wird.

»Ach, meine Janneken, mein Schaf, wie schwer fällt es mir, von dir, und den Kindern zu scheiden! Ach, wie tief liegt ihr in meinem Herzen begraben; dies verursacht mir jetzt einen großen Streit; der Herr wolle mir zum Siege helfen, damit mir die Krone des Lebens bereitet werden möge, (...) Ach, mein geliebtes Weib, mein Schaf, meine Liebe! Ich sage dir aus dem Innersten meiner Seele Dank für deinen tröstlichen Brief, den du mir gesandt hast; (...) Der Brief hat mir mehr Sorgen von meinem Herzen genommen, als alle Güter wert sind, die auf dem Erdboden sind. (...) Ferner bitte ich dich, meine allerliebste Frau, trage doch Fürsorge, solange du lebest, für meine jungen Schäflein, mein Susanneken, meinen Abraham und meinen Isaak, damit sie doch in der Furcht Gottes auferzogen werden mögen. (...)

Der, welcher dem wilden Esel, der vor Durst in der Wüste schreit, sein Futter gibt, und die jungen Raben speiset, die zu Gott schreien, wie David sagt, wird dich auch speisen, mein liebes Schaf, wenn du, meine Witwe, mein auserwähltes Schaf, mit meinen jungen Waisen zu Gott schreien wirst; (...) So will ich auch dir, mein liebes Weib, mein Fleisch und Blut, gute Nacht sagen; gute Nacht, meine beständige Nothelferin, gute Nacht, getreue Freundin auf Erden; der Herr sei gelobt, der dich mir gegeben hat, du mein Schaf, die mich allezeit in meiner Trübsal getröstet hat. Gute Nacht, meine Susanna, mein Abraham, mein Isaak; gute Nacht, Janneken, meine Allerliebste auf Erden, die mir sechs Kinder geboren hat; ich hoffe bald bei dreien derselben in der Ruhe zu sein. Der allmächtige Gott, dem kein Ding unmöglich ist, und der alles in seiner Hand hat, wolle dich, mein auserwähltes Weib, mit den anderen drei unschuldigen Schäflein zu seinem ewigen Leben bewahren.«[9]

Ein Briefwechsel zwischen Hieronymus Segerß und seiner Frau Lysken Dirks blieb erhalten. Sie wurden beide 1551 in Antwerpen getrennt gefangengehalten. Beide wurden gefoltert und erlitten den Tod.

Der Ehemann schreibt: »Ach, mein liebes Weib! Ich habe das verheißene Land auch von der Ferne gesehen! Ich hoffe, bald in die schöne Stadt zu kommen, von welcher Johannes schreibt, welche schön ausgezieret ist; ihre Grundsteine sind zwölf köstliche Steine und ihre Mauern und Straßen von klaren und lauterem Golde; (Offb 21,16), (...)

Ich danke dem Herrn, daß du in deinem Umgange mit mir so demütig gewesen bist; ich wollte wohl ein Jahr lang bei Wasser und Brot für dich sitzen, und auch zehnmal des Todes sterben, wenn du damit befreit werden könntest. Ach, könnte ich dir mit meinen Tränen und mit meinem Blute helfen, wie gern wollte ich für dich leiden, aber mein Leben kann dir nicht helfen. Darum sei doch zufrieden; ich will den Herrn noch mehr für dich bitten; ich habe auch diesen Brief mit Tränen geschrieben, weil ich hörte, daß du so betrübt seiest, und bitte dich, du wollest mir schreiben, wie es um dich stehe.«

Lysken antwortet: »Mein geliebter Mann in dem Herrn. (...) Ich wünsche uns beiden den gekreuzigten Christum zur ewigen Freude und Stärke.«

Darauf antwortet der Ehemann: »Als ich deinen Brief las und hörte, wie es mit dir stand, (...) so hüpfte mein Herz und mein Geist vor Freude auf, so daß ich den Brief nicht auslesen konnte, sondern ich mußte meine Kniee vor dem Herrn beugen, Ihm danken und Ihn für Seine Kraft, Seinen Trost und Seine Freude loben. (...) Ich bin so voller Freude, Trost und Fröhlichkeit, als ich jemals gewesen bin, (...) ich hätte auch nicht gedacht, daß ein Mensch solche Freude im Gefängnisse haben könnte, denn ich kann Tag und Nacht vor Freude kaum schlafen. (...) Ach, ich wollte, daß ich ihnen (den Brüdern im Glauben) mit meinem Blute helfen könnte, ich wollte gerne für sie leiden.

Darum siehe, mein geliebtes Weib in dem Herrn, laß uns auf den Vollender Jesum sehen, wie er um unseres Heils willen bis in den Tod vorgewandelt ist; (...) wir werden mit Ihm auf Seinem Throne sitzen; wir werden mit weißen Kleidern angetan werden.«

Lysken: »Noch einmal wünsche ich meinem lieben Manne in dem Herrn und mir den gekreuzigten Jesus zur unvergänglichen Freude, und eine unvergängliche Liebe bis in Ewigkeit. (...) Mein herzlich geliebter Mann im Herrn, du hast zum Teil schon eine Versuchung ausgestanden, in welcher Versuchung du standhaft geblieben bist. (...) Ich bitte den Herrn darum mit Weinen, daß Er mich auch tüchtig machen wolle, um Seines Namens willen.«

Hieronymus: »Ich berichte dir, daß ich mich sehr gefreut, als ich deinen Brief gelesen habe, weil du schreibst, du bätest den Herrn mit weinenden Augen, daß er dich auch tüchtig machen wolle, um Seines Namens willen zu leiden. Meine Geliebte, sorge nicht, sondern bitte den Herrn mit demütigem Herzen, daß Er uns geben wolle, was unserer Seele am ersprießlichsten ist; solches wird er ohne Zweifel tun, und wird uns nicht über unser Vermögen versucht werden lassen.«

Noch ein Auszug aus seinem letzten Brief vor der Hinrichtung: »Ach, mein liebes Schaf, (...) erschreck auch nicht vor ihrer Peinigung, denn mehr können sie nicht tun, als ihnen der Herr zuläßt, denn sie können kein Haar von deinem Haupte kränken ohne den Willen des Vaters, der im Himmel ist. (...) Hiermit will ich dich dem Herrn und dem Wort seiner Gnade anbefehlen und will meinen Abschied hier in dieser Welt von dir nehmen, denn ich glaube nicht, daß ich dein Angesicht mehr sehen werde, hoffe dich aber in kurzer Zeit unter dem Altare Christi wiederzusehen.«[10]

Während ein gemeinsamer Glaube eine Ehe festigt, kann ein unterschiedlicher Glaube eine Ehe trennen. Einige Täufer sagten, daß eine Ehe nicht mehr besteht, wenn es zwischen den Eheleuten keine Übereinstimmung im Blick auf Gottes Wort gibt. 1531 klagte Balthasar Spillman aus Tellikon in der Schweiz dem Rat, seine Frau Adelheid Schwarz aus Watt, die schon zweimal wegen Wiedertäuferei im Gefängnis gewesen war, habe ihren Eid erneut gebrochen und sei zu der

Sekte zurückgekehrt. Sie habe ihn mit sieben Kindern alleingelassen. Er beantrage jetzt die Scheidung. Der Rat beschloß, auch die Frau einzubestellen, um beide Seiten zu hören. Starrköpfig weigerte sie sich, der Aufforderung durch eine weltliche Macht Folge zu leisten. Der Rat erlaubte dem Mann aber nicht die Scheidung mit der Begründung, daß viele, die in ähnlicher Lage wären, dann das gleiche Begehren geltend machen könnten und eine große Anzahl von Trennungen die Folge wäre. Stattdessen verhängte der Rat eine schwere Strafe für den Fall, daß ein Ehepartner den anderen verläßt.[11]

In anderen Fällen waren die Paare bereit, ihre Ehe trotz unterschiedlichen Glaubens fortzusetzen, wurden aber durch Gesetze getrennt. Ein Partner wurde verbannt oder verhaftet, bzw. die Angst davor trieb ihn oder sie auf die Straße. Wir haben den Bericht des Täufers Heinz Günther von Ettinghausen, der sich seit seinem Anschluß an die Täufer versteckt halten mußte. Seine Frau kam mit den Kindern in sein Versteck, um ihn zu warnen. Er verbarg sich noch zwei weitere Tage, nahm dann ein Pferd und begab sich zum Haus seines Schwagers. Der sah einen Amtmann vorbeigehen und riet ihm, weiterzufliehen, bevor das Haus durchsucht würde. Zu Fuß machte Günther sich zu einer Gruppe von Täufern auf, die ihn mit Freuden aufnahmen. Seine Frau und die vier Kinder machten ihn wieder ausfindig und besuchten ihn. Er bat sie, das nicht zu tun, denn sie würden alle gefangen und ertränkt werden. Alle weinten. Sie blieben zwei Tage bei ihm. Dann machte er sich weiter auf die Flucht ins Mährische.[12]

Aus der Pfälzer Gegend haben wir eine Bittschrift von Barbara German, der Frau des Täufers Hans German, die mit ihrem Mann nicht eines Glaubens war. Er war 1601 des Landes verwiesen worden, dann aber auf Bitten seiner Frau in der Zeit der Weinlese gegen das gräfliche Verbot zurückgekommen, um seiner Frau zu helfen. Sie konnte den Weinberg nicht allein bebauen, denn sie war der harten körperlichen Arbeit nicht gewachsen und hatte zudem eine Schar Kinder am Rockzipfel. Daraufhin war der Mann mit einer schweren Geldstrafe belegt und der Frau damit gedroht worden, wenn sie oder er nicht schnellstens zahlten, werde der Weinvorrat, den sie auf den Markt bringen wollten, konfisziert. Darauf wandte sich Barbara German an ihren Landesherrn mit der Bitte, daß der Graf aus christlicher Barmherzigkeit die Strafe mildern, mehr Zeit einräumen und bedenken möge, daß ihr

Mann nicht aus eigenem Antrieb, sondern auf seiner Frau Bitten gegen das Verbot gehandelt habe.[13]

Zehn Jahre später – 1611 – schickt der Ehemann erneut eine Bittschrift an den Grafen von Leiningen, die erhalten ist. In der Zwischenzeit hatte Barbara German sich ihrem Mann angeschlossen und das Gut ebenfalls verlassen müssen. Drei der fünf Kinder waren bei den Eltern, die beiden anderen waren in Familien untergebracht. Dem Ehepaar war erlaubt worden, innerhalb von sechs Wochen und drei Tagen seinen Besitz zu verkaufen, aber Hans German konnte so schnell keinen Käufer finden. Unter diesen Umständen war es ihm unmöglich, die Familie zu ernähren. Er bat um die Erlaubnis, Einnahmen aus seinem Grundbesitz (bzw. der Verpachtung) beziehen zu dürfen. Was die zurückgelassenen Kinder anging, so hatte ihm der Schultheiß versichert, sie seien in den neuen Familien besser versorgt, als die Eltern es könnten. Trotzdem: German und seine Frau wollten die Kindern gern einmal sehen. Könnte »Eure fürstliche und gräfliche Gnaden« ihnen nicht einen Besuch gestatten?[14]

Aus dem Jahr 1539 haben wir eine Bittschrift von Ursula Weinbergin an den Kämmerer und den Rat zu Regensburg: »(...) Ehrbare und weise, gnädige und gunstvolle Herren. Meine demütige Bitte: Eure fürstliche Wohlgeboren wollen mein Anliegen günstig und in Gnaden vernehmen. (...) nachdem Gabriel Weinperger, mein Hauswirt (Ehemann) Mißglaubens (Ketzerei) wegen in Euer Wohlgeboren und fürstliche Festung und Gewahrsam gekommen (ist) und sich also die Sache ganz langwierig mit ihm zuträgt, (bin) ich derhalben samt meinen kleinen Kindern ohne Hilfe ihres Vaters verlassen (...)

Das (ist) mir beschwerlich, daß ich also und meine Kinder meines Hauswirts Treue und Fürsorge, auch täglicher Erhaltung (er-)mangeln und entbehren muß. Wenn aber ich und meine Kinder auf die Länge der Zeit mit meinem Hauswirt länger häuslich (zusammen) wohnen würden, so wäre ich der Hoffnung und Zuversicht, so ich selbst persönlich bei meinem Hauswirt sein sollte, daß ich ihn soviel um meinet und der Kinder willen bereden könnte, daß er von seiner Haltung abstehen wird. Denn mein Hauswirt ist kein Vorsteher, der andere Leute in solche Irrungen durch seine eigene Weisung oder Lehre geführt hat. (Es ist) niemand durch ihn gereizt oder verführt (worden), (...) (nur) was er durch Zuhören (bei) anderen Mißlehrern (Ketzern) gehört hat und (worin er) unterwiesen worden ist. Weil mir an meiner und meiner Kinder täglicher Nahrung gelegen und ich in Besonderheit mit meinem Hauswirt zu reden hätte, (...) ist demnach an Eure fürstliche Wohlgeboren, mir günstig sein zu wollen und gnädig verordnen zu lassen, daß ich mit meinem Hauswirt die anliegende Notdurft in gebührlicher Weise bereden und verhandeln kann, damit die Sache zu einem Besseren gebracht werden möchte. Ich will ewig erfunden werden, um ein langes Leben Eure fürstliche Wohlgeboren, auch um glückliche Regierung Gott zu bitten.«

Dem Gesuch wurde stattgegeben.[15]

Einige der o. g. Prozesse fanden vor katholischen, andere vor protestantischen Gerichten statt.

Bevor wir die Frauen der Täufer verlassen, wollen wir noch den Brief einer Mutter an ihren Sohn und den Brief eines (anderen) Sohnes an seine Mutter vorstellen. Im Jahr 1587 schrieb eine verwitwete Täufermutter aus Altenmarkt in Mähren an ihren Sohn, einen Schreiner, der in Hessen geblieben war:

»Deswegen ist meine ganz freundliche Bitte und Begehren an Euch, Ihr wolltet Euch doch eines (anderen) bedenken und sonderlich Du, lieber Sohn, der Du selbst hier gewesen bist und selber gesehen, auch wohl erkannt und verstanden hast den Unterschied zwischen uns und der Welt; daß nämlich niemand die Seligkeit anderwo zu erhoffen hat, als in der rechten und wahren Gemeinde Christi, welche wahrhaftig durch Gottes Wort auf dem Grund der Apostel erbaut ist. Ich bin eigentlich aus Gottes Gnade in meinem Herzen ganz sicher und gewiß, daß dies das rechte Volk Gottes und der Weg zum ewigen Leben ist. Das will ich Euch zu bedenken gegeben haben, daß Ihr selbst nicht wollt zu kurz (wenig) tun, sondern Eurer Seelen Heil bedenken und dasselbe suchen, was Euch am allerbesten und nützlichsten wäre. So habe ich Euch vormals mehr geschrieben, daß ihr in diesem und allem guten Rat den Brüdern folgen solltet, damit ich doch vor meinem Abscheiden mich Eurer zu erfreuen hätte. Und Du, lieber Sohn, (es) verlangt mich doch Deinetwegen und (ich) wollte gerne wissen, ob Du denn gar keinen Mut oder Herz hättest, hierher zu ziehen. Du hast mich und alle Deine Geschwister hereingezogen, denn wir sind Dir gefolgt. Und nun hältst Du allein dich in dem ungerechten Leben und der Welt auf, was mich sehr bekümmert. Wenn

Du nicht bald hierherkommst, wirst Du mich, wie ich meine, nicht mehr lebend finden.«[16]

Der Sohn, der an seine Mutter schreibt, ist Landgraf Philipp von Hessen, der einzige Fürst im 16. Jahrhundert, der niemanden seines Glaubens wegen zum Tod verurteilt hat.[17] Er schrieb im April 1525 offenbar als Antwort auf Vorhaltungen seiner Mutter, die ihn wegen Begünstigung evangelischer Umtriebe im Land ermahnt hatte:

»(...) Daß ich der Menschen Gewissen verbinden (binden, zwingen) sollte, in das Kloster oder heraus zu gehen oder zu bleiben, das will ich – so Gott will – nicht tun. Es steht mir auch solche Gewalt nicht zu, sondern es steht bei eines jeglichen Gewissen. Daß ich aber sollte (ver-)wehren, (die) deutsche Messe zu halten und den Kanon heraus (d.h. beiseite) zu lassen, das kann ich nicht tun und will ich nicht tun, sofern mir Gott seine Gnade nicht entzieht. Denn ich weiß, wenn ich es täte, wäre es gegen Gottes Gebot. Daß auch Euer Liebden schreibt, daß auch der Kaiser würde Ursache an mir (gegen mich) haben, das halt (meine) ich nicht. Denn ich bin ja Gott mehr schuldig, gehorsam zu sein als den Menschen, (...) Will jemand mir etwas (an-)tun des Wortes Gottes halben, so will ich es gern um Gottes Willen leiden, und will auch darum gern verfolgt und verachtet sein. (Ich) bitte Gott alle Tage, daß er mir wolle Gnade geben, daß ich es wohl tun könne. Was Eure Liebden schreibt, daß Gott will haben, daß wir Werke tun, das ist wahr. Aber wir müssen erst einen guten Glauben haben. Wenn der nicht da ist, so sind die Werke falsch. Man muß auch eben wahrnehmen, was für Werke es sind. Wo es die Werke sind, die Gott geboten hat, so halten wir sie billig. Wo es aber Werke sind, die wir selbst erdichtet haben und dadurch meinen, selig, fromm oder gerecht zu werden, oder Gnade dadurch zu erlangen, so sind sie nicht recht. (...) Darum darf Euer Liebden nicht mir (allein) glauben, sondern sehe an die Epistel, die Paulus schreibt (...) Was auch Euer Liebden (mir) anzeigt (...) der Kirchen und Klöster halben, so will ich Euer Liebden nicht verbergen, daß ich das (aus keinem anderen Grund) tue, als (darum) daß ich besorgt bin, weil soviele Mönche und Nonnen weglaufen, daß da (aus den Klöstern) nichts weggetragen werde. Denn ich bin nicht geneigt, jemandem etwas zu nehmen, wenn ich dessen nicht bedarf. Daß ich aber Prediger hin und herschicke, das leugne ich gar nicht. Ich tue es billig, denn es ist mir von Gott befohlen und es tut auch Not, daß man allenthalben gute Prediger schickt, auf daß nicht durch ungelehrte Leute ein Aufruhr werde. Es ist auch meine Meinung gar nicht, daß man sollte Mönchen und Nonnen das Ihre nehmen. (...) Schließlich ist meine freundliche Bitte an Euer Liebden, daß mir Euer Liebden zugute wollten halten, daß ich Euer Liebden in dem nicht folge, worin ich Gott mehr schuldig bin, ihm Gehorsam zu leisten als Euer Liebden. Aber in den Dingen, die Gott nicht betreffen, will ich gern gehorsam sein.«[18]

Bibliographie

Tilleman van Braght, Het Bloedig Tooneel, Erstauflage 1660, Zweitauflage Amsterdam 1685, Wiederabdruck in der Bibliotheca Ne(d)erlandica II, S. 91-(1)92 mit Anmerkungen; der hier zugrunde liegende Bericht steht in Bd. II, S. 91 – 94; ich gebe den Text nach der deutschen Ausgabe wieder: Thielemann J.v. Braght, Der blutige Schauplatz oder Märtyrerspiegel der Taufgesinnten oder Wehrlosen Christen, Zweiter Teil, Hrsg. Mennonitisches Verlagshaus, Scottdale, Pennsylvanien, ⁶1962

Quellen zur Geschichte der Täufer
Bd. I: Herzogtum Württemberg, hrsg. Gustav Bossert 1930;
Bd. IV: Baden und Pfalz, hrsg. Manfred Krebs, 1951;
Bd. V: Bayern II. Abteilung, hrsg. Karl Schornbaum u.a. 1950; (zitiert: Täufer)

Quellen zur Geschichte der Täufer in der Schweiz
Bd. 1, hrsg. Leonhard von Muralt und Walter Schmid, 1952, Nr. 357; (zitiert: Täufer-Schweiz)

Urkundliche Quellen zur hessischen Reformationsgeschichte
Bd. II, 1525-1547, 1954;
und IV, (Wiedertäuferakten 1527 – 1626), hrsg. Walter Köhler, Walter Sohm u.a., 1951ff., Nr. 130; (zitiert: UQHR)

Anmerkungen

1. Bainton folgt der niederländischen Textausgabe, S. 91, Anm. 2; und spricht von zwei Prämonstratensermönchen.
2. Der Wortwechsel in Klammern fehlt in der deutschen Ausgabe, steht aber im niederländischen Originaltext und wird auch von Bainton mitübersetzt.
3. van Braght, S. 61-62
4. vgl. andere Texte bei van Braght
5. Täufer V, S. 19f.
6. Täufer I, S. 381 und 402

180

7. Täufer I, die im folgenden zitierten Visitationsausschnitte finden sich auf den Seiten 421, 445, 460, 466, 474, 485, 498, 559, 605, 801, 809, 822 und 833
8. Täufer I, S. 804 und 805
9. van Braght, S. 405- 408
10. van Braght, S. 81-96
11. Täufer-Schweiz, Nr. 357, S. 338
12. UQHR IV, Nr. 130, S. 313 – 315, 1. Febr. 1546
13. Täufer IV, Nr. 300, S. 318f., vor Mai 1601
14. Täufer IV, Nr. 312, S. 335f., vor Juni 1611
15. Täufer V, Nr. 59, S. 82f., Nov.-Dez. 1539
16. UQHR IV, Nr. 211, S. 498f.
17. UQHR IV, Nr. 150 B, S. 348
18. UQHR II, Nr. 4, S. 7

Katharina Melanchthon und Anna Zwingli
(Zwei Kurzbiographien)

Am Ende möchte ich noch kurz zwei Frauen vorstellen, denen leicht derselbe Raum in diesem Buch zugestanden hätte wie den vorangehenden.

Die erste ist Katharina Krapp, die Tochter des Wittenberger Ratsherrn und Bürgermeisters Krapp und Ehefrau Philipp Melanchthons. Als Melanchthon 23 Jahre alt war, gab Luther ihm den Rat, in den heiligen Stand der Ehe zu treten. Das war anno 1520 und fünf Jahre vor Luthers eigener Eheschließung. Philipp fürchtete, im Fall einer Heirat der »Bigamie« schuldig zu werden, denn er war nach seinem Verständnis der Wissenschaft angetraut. Aber unter dem Drängen der Freunde verlobte er sich mit Katharina. »Ich sage nicht, daß sie mir unerwünscht wäre, oder daß ich ihr kühl gegenüberstünde. Sie ist vielmehr ein Mädchen von solchem Charakter, solcher Gemütsart, wie ich es von den unsterblichen Göttern mir hätte wünschen müssen.«[1] In einem Brief an Spalatin vom September 1520 schreibt er: »(...) ich habe habe mich verlobt; mag es Glück und Segen bringen! Jetzt handelt sich's noch darum, wie ich die Freunde ins Unrecht setze, die das Geschrei erheben werden, nun sei es um meine Studien geschehen. Denn eher werde ich den Geist aufgeben und das Licht, als die wahre Wissenschaft.«[2] Es gelang ihm, den Ansprüchen beider »Bräute« gerecht zu werden und Harmonie herzustellen zwischen ihnen. Als Jahre später ein Besucher aus Frankreich kam, um den berühmten Mann zu sehen, fand er den »gelehrten Professor in der Stube, in der einen Hand ein Buch, in der andern das Wiegenband, um das Kleine einzulullen.«[3] Er und Katharina waren 37 Jahre lang glücklich verheiratet. Sie kümmerte sich beharrlich um seine anfällige Gesundheit. »Sie denkt immer, ich sterbe Hungers,« klagt er, »wenn ich nicht vollgestopft bin wie eine Wurst.«[4] Sie hatten vier Kinder: Anna, geboren 1522, heiratete 1536 einen Studenten ihres Vaters und starb schon 1547 nach einer unglücklichen Ehe; Philippus, geboren 1525, wurde Universitätsnotar in Wittenberg, wo er auch hochbetagt 1603 starb; Georg, geboren 1527, starb mit zwei Jahren im Kleinkindalter; und schließlich Magdalena, geboren 1531, die einen angesehenen Arzt heiratete und 1576 an ihrem 45. Geburtstag starb.

Ein Reibungspunkt in ihrer Ehe war Katharinas Liebe zu ausgelassener Geselligkeit. Wenn sie und ihre Gäste sich zuweilen »übergroßer Fröhlichkeit« hingaben, dämpfte der Herr des Hauses die Geselligkeit entweder durch bloße Anwesenheit oder auch schon mal durch direktes Eingreifen: »In den Scherz mischte er auch Ernst«, sagt der Freund und älteste Melanchthon-Biograph Camarius[5]. Obwohl die Freigiebigkeit und Sorglosigkeit beider Melanchthons im Umgang mit Geld diejenige Martin Luthers noch weit übertraf, gab es zwischen den Eheleuten deswegen keinen Streit. Sie waren sich darin zu ähnlich. Melanchthon verkaufte Geschenke, um die Not der Armen zu lindern. Er war stolzer Besitzer einer Münzensammlung und bot einmal einem Gast an, sich die eine oder andere davon auszusuchen. Der Besucher besaß die Dreistigkeit, sich alle auszubitten. Melanchthon zögerte, gab sie ihm aber. Wie gesagt: Katharina konnte darüber nicht gut Klage führen. Sie verhielt sich nicht anders als ihr Mann. Es wäre ein hübsches Dissertationsthema, wer von beiden die Rechnungen bezahlte und auf wessen Kosten.

1557 starb Katharina. Ihr Mann befand sich zu dieser Zeit in Worms, weit entfernt von Wittenberg, um Verhandlungen in Religionsangelegenheiten zu führen. Ein Freund brachte ihm die Nachricht nach Heidelberg, wo Melanchthon sich in einer Verhandlungspause aufhielt. Gefaßt schrieb er in einem Brief an die Universität Wittenberg: »Obgleich ich viele menschliche Gründe sammle, die meinen Kummer lindern sollen, nämlich: (...) daß die Heftigkeit der Krankheiten, an denen sie litt, noch zugenommen haben würde, und daß sie, wenn ich vor ihr gestorben wäre, noch viel mehr hätte erdulden müssen, (...) so bricht doch die Liebe zu ihr (...) immer wieder mit einer solchen Gewalt hervor, daß ich dem Schmerze fast erliege.«[6]

Gegenstand der zweiten Skizze soll die Frau Ulrich Zwinglis, Anna Reinhart, sein. Beide gehören nicht in den Bereich Deutschland, sondern in die deutschsprachige Schweiz.

Anna Reinhart war die Tochter des Wirts zum Rößli in Zürich. Sie hatte aus erster Ehe bereits drei Kinder. Der erste Ehemann, Hans, stammte aus der erlauchten Familie der Meyer von Knonau. Sein Vater Gerold begrüßte die Leidenschaft seines Sohnes für die Gastwirtstochter keineswegs und arrangierte stattdessen eine Verbindung mit einem Adelshaus. Der Sohn vereitelte jedoch die Pläne des Vaters und heiratete Anna, was zu seiner Enteignung führte. Um seine Frau und die wachsende Zahl Kinder zu ernähren, mußte er bei den Schweizer Söldnern Dienst nehmen. Dreizehn Jahre nach ihrer Heirat kam er gesundheitlich ruiniert nach Hause zurück und starb 1517.

Trotz der Entfremdung zwischen ihm und seinem Vater nannte Hans seinen einzigen Sohn Gerold. Als das Kind drei war, nahm das Kindermädchen es mit auf einen Spaziergang über den Fischmarkt, wo der Großvater vor einem Cafe saß und etwas trank. Ein kurzer Blick in das Gesicht des Jungen weckte in ihm eine Erinnerung, und der alte Mann ließ das Kind zu sich bringen. Als er erfuhr, der Junge sei Gerold, sein Enkel und Namensvetter, nahm er das Kind auf seine Knie und weinte. Gerold junior lebte von da bei den Großeltern, bis diese 1520 starben.

Anna Reinhart war seit fünf Jahren Witwe, als sie 1522 den Zürcher Reformator Zwingli heiratete. Sie vertauschte die Seidenkleider, die sie als Frau eines Adligen tragen durfte, gegen die einfache Tracht, die für eine Pfarrersfrau schicklich war.

Annas Kindern aus erster Ehe, dem Sohn Gerold und den Töchtern Margaretha und Agathe, war Zwingli ein ebenso teilnahmsvoller Vater wie den vier nächsten, die er zusammen mit Anna hatte: Regula (1524), Wilhelm (1526), Huldreich (1528) und Anna (1530). Nach einem Eintrag Zwinglis in der Hausbibel ist die Tochter Anna schon als Kleinkind gestorben. Wilhelm starb im Studentenalter 1541 in Straßburg.

Der Sohn Huldreich wurde Pfarrer und Professor für die hebräische Sprache. Regula heiratete 1541 den späteren Nachfolger Bullingers, Rudolf Gwalter, und starb 1565.

Wir wissen wenig über Zwinglis Familienleben. Es gibt einen Brief, in dem er seiner Frau zur Geburt eines Sohnes gratuliert und Grüße an die anderen Kinder sagen läßt. Zwingli erlaubte keine Musik in der Kirche, aber er fand, seine Fähigkeiten auf der Laute und der Geige seien sehr nützlich, um zu Hause die Kinder zu beruhigen.

1531 brach der zweite Religionskrieg zwischen den Schweizer Kantonen aus. Nach dem wenig überzeugenden Frieden, der dem ersten Kappeller Krieg mit den Katholiken 1529 gefolgt war, befürwortete Zwingli einen Schlag der protestantischen Kantone, um ihr Recht auf Nichteinmischung zu verteidigen. Sein Rat wurde zurückgewiesen. So konnten die Katholiken die Initiative übernehmen und auf Zürich marschieren. Völlig überrascht mußten sich die Zürcher der Schlacht stellen. Zwingli war nicht nur als Kaplan, sondern als Mitkämpfer mit Helm und Schwert dabei.

Am 11. Oktober 1531 verlor Anna ihren Mann, ihren Sohn Gerold, einen Bruder, einen Cousin und einen Schwiegersohn. Capito tröstete sie: »(...)unser ganzes Evangelium hat einen schweren Verlust erlitten durch den Hingang Eures lieben Ehegemahls. Ihr habt alles Leid auf einmal und unversehens empfunden; (...) wer wollte nicht Mitleid mit Euch haben? Aber Gott sei Lob, der Euch solchen Gemahl gegeben hat, (...) Denn man wird seiner nicht vergessen, und die Seinen wird jederman lieb haben allewegen.«[7] Bucer schrieb: »Euch, liebe Frau und Schwester im Herrn, bitte ich aufs Ernstlichste, wollet uns verständigen, wozu wir Euch und den armen Waisen möchten beraten und behilflich sein. Darin wollen wir uns treu erweisen.«[8]

Hilfe bekam sie nach dem Tod ihres Mannes vor allen Dingen von seinem Nachfolger, dem jungen Pfarrer Bullinger. Der nahm sie und die beiden Kinder, die noch bei ihr lebten, in seinen eigenen Haushalt auf. In Bullingers Familie lebten mit seiner Frau und den eigenen Kindern noch seine Eltern und Zwinglis Familie, insgesamt 15 Personen.

Es kam wirklich der Tag, an dem ein evangelischer Pfarrer nahezu gezwungen war zu heiraten, um die Echtheit seiner Überzeugung zu beweisen. Bei allem Respekt vor Luther und seinen Nachfolgern, vor den

Leistungen der Protestanten: Das respektlose Wort Kierkegaards über den Reformator war nicht ganz aus der Luft gegriffen. Es hätte ein Brett sein können – aber heiraten hätte er müssen, früher oder später. Als Kenneth Scott Latourette einmal vorgeworfen wurde, daß er allein lebe, gab er zurück, er wisse nicht, was schlimmer sei, der erzwungene Zölibat des katholischen Klerus oder die erzwungene Heirat bei den protestantischen Pfarrern.

Bibliographie

Bainton referiert in diesem Kapitel zwei Aufsätze:
Paul Mehlhorn, Die Frauen unserer Reformatoren, Religionsgeschichtliche Volks-
    bücher IV. Reihe, 27. Heft, Tübingen 1917
Oscar Farner, Anna Reinhart, Zwingliana III, 1920, S. 229 – 245
Aus diesen Texten habe ich einige Informationen zusätzlich in den Text eingearbei-
tet.

Anmerkungen

1. Mehlhorn, S. 21
2. Mehlhorn, S. 21
3. Mehlhorn, S. 24
4. Mehlhorn, S. 24
5. Mehlhorn, S. 23
6. Mehlhorn, S. 27
7. Farner, S. 241
8. Farner, S. 242

Nachwort der Übersetzerin →

Marion Oleitz

Die Reformation der Kirche ist Männersache. So habe ich es an der Universität gelernt. Luther, Melanchthon, Zwingli, Calvin, Bucer, Karlstadt, Bugenhagen, Friedrich der Weise, Philipp von Hessen, Hermann zu Wied ... – eine wahrhaft beeindruckende, endlose Männerriege. Seit ich in der Gemeinde arbeite, denke ich, so kann es nicht gewesen sein; so funktioniert Kirche nicht. Die Wirklichkeit der christlichen Gemeinde ist anders. Seit ich mit Feministischer Theologie in Berührung gekommen bin, sage ich, die Darstellung der Reformation als Männersache ist einseitig, ist nur die halbe Wahrheit. Und halbe Wahrheiten sind gar keine Wahrheiten, sondern Falschmeldungen.

Auf der Suche nach der anderen Hälfte der Wahrheit ist mir das Buch von Roland H. Bainton, *Women of the Reformation in Germany and Italy*, erschienen 1971 im Augsburg Publishing House Minneapolis, Minnesota, in die Hände gekommen.

Seit Anfang der zwanziger Jahre bis zu seinem Ruhestand in den sechziger Jahren war R. H. Bainton Professor für Kirchengeschichte an der Yale Divinity School, Fachmann für Reformationsgeschichte, Lutherforscher und Kenner der frühen Täufergeschichte. Im Vorwort schreibt er, daß sein Interesse für die »Randgruppen«, die Marginalisierten, ihn dazu gebracht habe, nach den Frauen der Reformation zu fragen und sie darzustellen. Er formuliert damit eine der Triebfedern heutiger Feministischer Theologie und Kirchengeschichtsschreibung: die unsichtbar und unhörbar gemachten Frauen in der Kirche und in den christlichen Gemeinden aus ihrer Randständigkeit und Vergessenheit herauszuholen und ihnen in Wissenschaft und Forschung den Platz zurückzugeben, den sie als Täterinnen wie als Opfer in Tat und Wahrheit eingenommen haben.

Im vorliegenden Sammelband hat er in unterschiedlicher Breite neun Frauen aus dem Umkreis der protestantischen Reformation Deutschlands sowie Protokolle über Frauen aus Täufergruppen vorgestellt. Die amerikanische Ausgabe enthält sechs weitere Kapitel. Sie sind Guilia Gonzaga, Caterina Cibo, Vittoria Colonna, Isabella Bresegna, Renee von Ferrara und Olympia Morata gewidmet, Frauen, die an der reformwilligen Bewegung im italienischen Katholizismus theologisch, gesellschaftlich und materiell zum Teil unter erheblichen persönlichen Risiken Anteil hatten. Bei der Herausgabe der deutschen Übersetzung wurde auf diesen zweiten Teil des Buches verzichtet.

1977 erschien im selben Verlag in den USA ein weiteres Buch Baintons: *Women of the Reformation from Spain to Scandinavia* (Frauen der Reformation von Spanien bis Skandinavien). Darin sind – freilich in sehr geraffter Form – 27 weitere Frauen skizziert. Sie kommen aus Spanien, Portugal, Schottland, England, Dänemark, Norwegen, Polen, Schweden, Ungarn und Böhmen.

Im Vorwort zur englischen Ausgabe bemerkt Bainton in diesem Zusammenhang zu Recht, daß er den Begriff Reformation weit faßt, nämlich auf alle Kräfte im Europa des 16. Jahrhunderts bezieht, die die Notwendigkeit einer Reform der Kirche erkannten und sich in der einen oder anderen Weise für sie einsetzten, auch wenn diese Bemühungen nicht zur Gründung neuer Kirchengebilde führten, sondern im Rahmen der katholischen Kirche verblieben oder im Zuge der Gegenreformation untergingen.

Ein von Bainton betontes Anliegen ist die Darstellung der sozialen, wirtschaftlichen und gesellschaftlichen Voraussetzungen und Folgen der reformatorischen Bewegung, im Falle dieser Veröffentlichung: der Folgen vor allem für die in sie einbezogenen, von ihr betroffenen Frauen. Sein Buch bietet genügend Material, um sich von diesen Aspekten annähernd ein Bild zu machen. Meines Erachtens bleiben aber gerade an dieser Stelle bei Bainton Fragen offen.

– Warum Frauen wie Katharina von Bora oder Ursula von Münsterberg ins Kloster gingen, wird in dem Kapitel über letztere durchaus deutlich. Was bedeuten aber die genannten und die verschwiegenen Gründe für die soziale Stellung von Frauen? Was bedeutet die soziale Herkunft der Frauen für ihr Leben und ihren Stand im Kloster?

- Die Reformation hat Frauen aus dem zwielichtigen, abhängigen Status von Priester- und Mönchsliebchen, »Bübinnen«, in den geachteten Stand bürgerlicher Ehefrauen versetzt. Sie hat sich vehement für die unter den Gebildeten der Zeit verachtete Lebensform der Ehe eingesetzt, also die relative rechtliche Absicherung der Frauen und ihrer Kinder betrieben. Das ist ihr sicher hoch anzurechnen.

- Andererseits hat die Reformation die klösterliche Lebensform als eine mögliche Lebensform für Frauen aus theologischen Gründen abgeschafft. Im Umfeld Luthers wird das rigoros getan, ohne daß demgegenüber neue Lebensformen für Frauen erkundet, erprobt oder etabliert würden. Die Alternative, die Luther geflohenen Nonnen bot, war Heirat oder Rückkehr in die Ursprungsfamilie (die doch gerade Ursache für den Eintritt vieler Frauen ins Kloster war). Die Reformation um Luther reduzierte also Wahlmöglichkeiten für Frauen. Mit dem Modell Kloster wurden auch ähnliche soziale Lebensformen wie Beginenhöfe abgelehnt und bekämpft, ohne zu prüfen, ob darin Chancen evangelischer Lebensführung enthalten seien. Die Reformation schuf weder neue soziale Lebensmodelle für Frauen, noch ging sie kreativ gestaltend mit den vorhandenen um. Sie beteiligte sich vielmehr an der (frühbürgerlichen) Fixierung von Frauen auf ihre Rolle als Ehefrau und Mutter. Daß die Klosterordnung der Elisabeth von Braunschweig sehr stark das Lebensrecht der Klöster sicherte, hat neben politischen, sicher auch den Grund, daß diese soziale Problematik erkannt und berücksichtigt wurde, ohne doch Zukunftsperspektiven zu eröffnen.

- Der gelehrte Universitätsprofessor Luther tritt in den Stand der Ehe. Er wird viel Tinte brauchen, um den Gebildeten unter den Verächtern der Ehe darzulegen, warum die Ehe ein achtbarer Stand auch für Akademiker ist. Der große Humanist Erasmus von Rotterdam kann nur spotten, als sein ehemaliger Freund und Mitstreiter Oekolampad so tief fällt und sich verheiratet. Melanchthons Freunde sehen durch die Eheschließung des Meisters die Wissenschaft gefährdet. Die Reformatoren haben einiges zu tun, ihre Ehre und die ihrer Frauen zu verteidigen.

- Auf der anderen Seite ist aber – gerade auch bei Luther – eine merkwürdige Ambivalenz gegenüber Frauen, besonders gebildeten Frauen, zu beobachten, die m.E. nicht allein auf die lange

Zeit seines Mönchseins zurückgehen kann. Neben der dankbaren Würdigung dessen, was Käthe für ihn, Argula von Grumbach etwa für die Reformation bedeuten, finden sich Äußerungen, die man nur mit dem Wort chauvinistisch angemessen beschrieben kann. Biographen – und mit ihnen auch Bainton – fassen das unter »scherzhaften Umgang mit dem anderen Geschlecht«. Ich bin mir da nicht so sicher und plädiere dafür, diese da zutagetretende höchst befremdliche Ambivalenz noch einmal genauer unter die Lupe zu nehmen.

Das sind einige Fragen, die sich an Baintons Darstellung stellen lassen. Erklärtermaßen sind allerdings seine Kapitel nur »sketches« – Skizzen. Es wäre auch nicht fair, von ihm einen ausgeführten feministisch-theologischen Ansatz zu erwarten, der die genannten Gesichtspunkte mitberücksichtigte. Bainton legte – ich wiederhole: 1971 – eine Fährte, der man folgen kann, von der man mit gutem Grund und im Blick auf die Quellen sicher auch abweichen darf. Sein großes Verdienst ist, in einem Bereich gefragt und geforscht zu haben, der für die überwiegende Mehrzahl der Kirchengeschichtler bis heute schlicht uninteressant ist. Er zeigt in eine Richtung, in der es noch eine Menge zu entdecken, zu lernen und fragen gibt. Das macht sein Buch wichtig.

Die einzelnen Kapitel sind aus unterschiedlichen Anlässen entstanden. Das ist der amerikanischen Ausgabe anzusehen, vor allem den Anmerkungen, die in ihrer Ausführlichkeit und Gründlichkeit je nach Kapitel in der englischen Fassung stark voneinander abweichen. Zum Kapitel über Argula von Grumbach z. B. mußte der Anmerkungsteil erheblich überarbeitet und ergänzt werden.

Die Texte über Katharina Zell und Wibrandis Rosenblatt waren an anderer Stelle in Aufsatzsammlungen zum ersten Mal veröffentlicht und sind in den *Women of the Reformation*, 1971, zum zweiten Mal abgedruckt worden.

Nachdem ich die von Bainton angegebene Sekundärliteratur zur Kenntnis genommen hatte, war es notwendig, an verschiedenen Stellen sachliche Korrekturen anzubringen. Mit Ausnahme der Arbeit von Silke Halbach über Argula von Grumbach habe ich dabei nur die Texte zugrundegelegt, die Bainton selbst verwendet, jedoch sprachlich mißverstanden, nur oberflächlich zur Kenntnis genommen oder aus dem Gedächtnis fehlerhaft zitiert hat.

An einigen Stellen habe ich Personennamen, Jahreszahlen oder Informationen zur Reformationsgeschichte allgemein ergänzt, um Zusammenhänge zu verdeutlichen und um Geschichte und Lebensgeschichte klarer einander zuordnen zu können. Deshalb geht der deutsche Text in mancher Hinsicht über eine Übersetzung hinaus.

Die Zitate aus Primärquellen hat Bainton im Zuge der Übersetzung meistens zusammengefaßt. Das ist verständlich und erleichtert englischsprachigen Leserinnen und Lesern die Lektüre. Bei der Wiedergabe der Originaltexte konnte ich nicht ebenso verfahren, sondern mußte die Stellen im ursprünglichen Wortlaut zitieren. Dadurch hat sich der Textumfang erheblich vergrößert. Der Stil des 16. Jahrhunderts ist umständlich und weitschweifig, folglich mühsam zu lesen.

Rechtschreibung und Zeichensetzung bei Wiedergabe von Primärquellen – letztere fehlt in vielen Texten ganz – habe ich modernen Gepflogenheiten angepaßt. So sind die Texte lesbar. Sie bleiben auch in dieser Gestalt noch charakteristisch für Personen und Zeit, auch sperrig und fremd genug, daß sie zur Auseinandersetzung und zum genauen Lesen zwingen. Der Gewinn beim relativ leichtgemachten Lesen wiegt m.E. den Verlust an »Originalität« auf.

Neuwied, im Januar 1995 *Marion Obitz*

Zur Geschichte des Christentums

Kurt Aland
Kirchengeschichte in Zeittafeln und Überblicken

2. Auflage. 125 Seiten.
Originalausgabe.
[3-579-01411-0] GTB 1411

Ein Nachschlagewerk für alle, die
einen kurzen Überblick über die
Geschichte des Christentums,
eine rasche und zuverlässige
Übersicht über 2000 Jahre öku-
menischer Kirchengeschichte
gewinnen wollen.

Kurt Aland
Die Reformatoren

Luther, Melanchthon, Zwingli, Calvin. Mit einem Nachwort zur
Reformationsgeschichte. 4. Auflage. 159 Seiten.
[3-579-05204-7] GTB 204

Die Reformation ist nicht nur ein historisches Ereignis. Sie hat
Kräfte freigesetzt, die bis in die Gegenwart hinein wirken. Die
Beiträge dieses Buches zeigen, in welcher Weise die Reformation
innerhalb und außerhalb Deutschlands durchgeführt wurde,
welche Voraussetzungen gegeben und welche Widerstände zu
überwinden waren. Seit Jahrzehnten die erste, für jeden ver-
ständliche Darstellung des Lebens und Wirkens der Reformatoren aus einer Feder.

Gütersloher Verlagshaus